Handwörterbuch der Kriminologie

und der anderen strafrechtlichen Hilfswissenschaften

unter Mitberatung von

Professor Dr. Graf Gleispach, Berlin / Generalstaatsanwalt i. e. R. Dr. Hafner, Karlsruhe / Oberverwaltungsgerichtsrat Dr. Hagemann, Berlin / Reichsgerichtsrat Dr. Hartung, Leipzig / Professor Dr. Kohlrausch, Berlin / Professor Dr. Müller-Heß, Berlin

herausgegeben von

Alexander Elster und **Heinrich Lingemann**

Dr. jur. in Berlin — Landgerichtsdirektor in Köln

17. Lieferung

Unlauterer Wettbewerb — Vernehmungstechnik

Berlin und Leipzig 1935

Verlag von Walter de Gruyter & Co.

Inhalt der 17. Lieferung

schon die Grundlage einer Wettbewerbsordnung ist.

Daß sogenannter unlauterer, ungehöriger Wettbewerb vorliegen kann, auch wenn kein bestimmter einzelner Mitbewerber verletzt wird, wird insbesondere dadurch bewiesen, daß die Strafbestimmungen sowie der § 13 UWG. deutlicher Beweis für die generelle Rechtswidrigkeit, d. h. für den Verstoß gegen die Wettbewerbsordnung sind. Der Staatsanwalt und gewerbliche Verbände werden da zur Hilfe gegen solche Wettbewerbshandlungen herangezogen, und es darf in diesem Zusammenhang insbesondere auf die AV. des Preuß. Justizministers vom 16. VIII. 1927 (JMBl. 288) hingewiesen werden, die bestimmt, daß bei allen Zuwiderhandlungen gegen das Wettbewerbsgesetz dann, wenn (gemäß § 13 UWG.) ein Verband zur Förderung gewerblicher Interessen den Strafantrag stellt, in der Regel ein öffentliches Interesse an der Strafverfolgung anzunehmen ist.

Das Gesetz gegen den unlauteren Wettbewerb hat so für die Lösung des Problems den gangbaren Weg bezeichnet. Einmal dadurch, daß es in seinem § 1 schlechthin die sittenwidrige Wettbewerbshandlung untersagt und daß es in den Paragraphen bis 12 nicht die Schädigung eines bestimmten Wettbewerbers im Auge hat, und weiter dadurch, daß im § 13 der Anspruch auf Unterlassung der ungehörigen Wettbewerbshandlung auch von jedem Angehörigen des betreffenden Geschäftszweiges und sogar von jedem Verband zur Förderung gewerblicher Interessen geltend gemacht werden kann. Dazu kommt, daß die Verletzungen der §§ 4, 6—10, 11, 12, 15, 17—20a Strafverfolgung nach sich ziehen und zwar bei 4, 6, 10 und 11 als Offizialdelikt, bei den übrigen als Antragsdelikt behandelt werden.

Bestraft werden folgende Tatbestände:

§ 4. Wissentlich unwahre Anpreisung des eigenen Geschäfts, eigener Waren und Leistungen.

§§ 6—10. Gewisse Verstöße im Ausverkaufs- und Räumungsverkaufswesen (Waren aus Konkursmasse, Vorschieben und Nachschieben, unerlaubte Geschäftseröffnung, Zuwiderhandlung gegen obrigkeitliche Vorschriften).

§ 11. Warenmengenverschleierung.

§ 12. Angestelltenbestechung.

§ 15. Wissentlich unwahre Äußerungen zur Betriebsschädigung eines anderen Erwerbsgeschäfts, seines Inhabers oder seiner Waren und Leistungen.

§§ 17—20a. Verletzung und Verrat von Betriebs- und Geschäftsgeheimnissen.

Buße (§ 26) kann nur neben einer Strafe verhängt werden. Im übrigen wird ihre Funktion durch den Schadenersatzanspruch ersetzt. Die Regelung des Schadenersatzanspruchs geschieht nach den allgemeinrechtlichen Sätzen (§§ 249 BGB.); er beruht auf tatsächlich in ursächlichem Zusammenhang mit dem unlauteren Verhalten entstandenem Schaden und auf Verschulden (Vorsatz oder Fahrlässigkeit, auch culpa in eligendo, Eintreten in weitem Maße für die Handlungen) der Angestellten. Die Schadenersatzforderung bezieht sich auch auf entgangenen Gewinn. Da der Schadenersatzanspruch sich meist nicht substantiieren läßt und nach Lage der Sache überhaupt mehr allgemeine Geschäftsgrundlagen und Aussichten betrifft, so wird seine Höhe im wesentlichen durch Schätzung zu ermitteln sein; dabei kann es vielfach auf geldliche Abschätzung von Imponderabilien ankommen, da es sich beim unlauteren Wettbewerb zumeist um die Schädigung des guten Namens, also um werbemäßig in Betracht kommende Immaterialgüter handelt. Auch die mit Strafe bedrohten Wettbewerbshandlungen können mit der Unterlassungsklage verfolgt werden; diese wird nicht (ebenso wenig wie der Schadenersatzanspruch) durch die Strafverfolgung konsumiert, und ebenso kann natürlich eine offizial zu verfolgende Handlung durch strafrechtliche Privatklage verfolgt werden.

2. Einige für ein gegebenenfalls polizeiliches Einschreiten wichtigere Fälle. Während die besonders häufig zur Anwendung kommenden §§ 1 und 16, die Generalklausel also und die Bestimmung über den Namens- und Bezeichnungsmißbrauch, von grundsätzlich großer Bedeutung im Kampfe gegen den unlauteren Wettbewerb sind, liegt ihre Praxis doch wesentlich auf zivilrechtlichem Gebiet. Über sie soll also an dieser Stelle nicht näher gesprochen werden. Ebenso auch nicht über das vorwiegend kriminelle Gebiet der Industriespionage und des Geheimnisverrats, weil darüber bereits im Art. „Industriespionage" (oben Bd. I, S. 716ff.) das Erforderliche gesagt worden ist.

Die Frage, wie weit überhaupt der Polizeibehörde eine Zuständigkeit bei der Bekämpfung von Wettbewerbsverstößen zukommt, ist durchaus nicht geklärt. Diese Unklarheit hängt einmal mit dem Fehlen eines Reichspolizeigesetzes, weiter mit der methodischen Verschiedenartigkeit der einzelnen Teile des Gesetzes gegen den unlauteren Wettbewerb zusammen und ferner insbesondere mit dem Umstand, daß wir jetzt deutlich in einer Entwicklung der Erkenntnis begriffen sind, die von dem mehr privaten Charakter des Rechtsgutes eines Wettbewerbsschutzes zu der Anerkennung einer Wettbewerbsordnung als Rechtsgut geht (s. oben zu 1). Daher ist es auch begreiflich, daß diese Frage der Befugnis der Polizeibehörde für die Bekämpfung des unlauteren Wettbewerbs bisher sowohl in der Praxis wie in den Kommentaren keine nennenswerte Rolle gespielt hat, aber seit der Errichtung und Betätigung des „Werberats der deutschen Wirtschaft" in lebhafte Erörterung gekommen ist (s. unten zu 4).

Jedenfalls aber muß der Polizeibehörde für alle strafbaren Tatbestände des unlauteren Wettbewerbs und für einige andere, die ganz offensichtlich die öffentliche Ordnung mehr als das bloße private Interesse berühren, eine vorbeugende und helfende Betätigung eingeräumt werden, soweit (wenn wir den Wortlaut des § 14 des Preuß. PolVerwG. vom 1. VI. 1931 heranziehen) „im Rahmen der geltenden Gesetze die nach pflichtmäßigem Ermessen notwendigen Maßnahmen zu treffen sind, um von der Allgemeinheit oder dem Einzelnen Gefahren abzuwehren, durch die die öffentliche Sicherheit oder Ordnung bedroht wird", wobei unter „öffentlicher Sicherheit" im wesentlichen ein Schutz vor solchen Schäden verstanden wird, „die entweder den Bestand des Staates oder seiner Einrichtungen oder das Leben, die Gesundheit, Freiheit, Ehre oder das Vermögen des Einzelnen bedrohen", sei es daß die Gefährdung von Naturereignissen ausgeht oder „von Handlungen oder Unterlassungen von Menschen, insbesondere von dem Bruch einer Norm der öffentlichen oder privaten Rechtsordnung" (in letzterer Hinsicht aber nur subsidiär, also wenn nicht die Justizbehörden zuständig sind bzw. ein Notstand schnell zu beseitigen ist). Daß krasse Fälle unlauterer Wettbewerbsbetätigung, bei denen die gerichtliche Auseinandersetzung zu spät kommen würde, um sichtbare und beunruhigende Vorgänge zu beseitigen, oder bei denen die Strafverfolgung durch polizeiliche Hilfe vorbereitet oder gesichert zu werden Anlaß gegeben ist, ein Einschreiten der Polizei rechtfertigen, muß angenommen werden.

Die strafbaren Verstöße wurden bereits oben zu 1 aufgeführt.

Es sei demgemäß nur noch auf Folgendes ein wenig näher eingegangen, ohne daß aber auch diese Gebiete hier einigermaßen erschöpfend behandelt werden oder den ganzen Umkreis der so zu umschreibenden Fälle bedeuten könnten.

a) Ausverkauf, Räumungsverkauf, Sonderveranstaltungen. Die Bestimmungen der §§ 6ff. UWG. haben durch die VO. vom 9. III. 1932 (RGBl. I, 121) und das G. vom 26. II. 1935 (RGBl. I, 311) eine gründliche Neugestaltung erfahren. Dabei ist die Freiheit solcher Veranstaltungen wesentlich eingeschränkt worden. Geblieben ist die Bestimmung, daß Waren, die aus einer Konkursmasse stammen, aber nicht mehr zum Bestande der Konkursmasse gehören, nicht als Konkursmassewaren irgendwie bezeichnet werden dürfen. Weiter aber ist durch die VO. vom 9. III. 1932 der Begriff „Ausverkauf" gesetzlich eingeschränkt worden, so daß als „Ausverkäufe" überhaupt nur noch solche Veranstaltungen angekündigt werden dürfen, die ihren Grund haben a) in der Aufgabe des gesamten Geschäftsbetriebs oder b) in der Aufgabe des Geschäftsbetriebs einer Zweigniederlassung oder c) in der Aufgabe einer einzelnen Warengattung. Der Grund (daß a, b oder c vorliegt) muß bei der Ankündigung angegeben werden, damit er sofort nachprüfbar ist. Ob sich die Veranstaltung dann „Ausverkauf" nennt oder nicht, ist hier gleichgültig (im Gegensatz zu allen andersartigen Veranstaltungen, die sich niemals mehr „Ausverkauf" nennen dürfen). Inventur- und Saisonschlußverkäufe und Räumungsverkäufe sonstiger Art sind also keine Ausverkäufe mehr und dürfen sich nicht so nennen. Der Sinn ist der, daß das „Aus" im Worte „Ausverkauf" künftig bedeuten soll, der Verkauf mit solchen Waren oder in solchem Geschäftsbetriebe werde endgültig aufgegeben. Es muß, wenn der Teilausverkauf der Warengattung erlaubt sein soll, sich um einen Komplex bestimmter Warenarten handeln, die dann endgültig aufgegeben und nicht etwa in ganz ähnlicher wenn auch qualitativ veränderter Art weiter geführt werden sollen.

Ähnlich ist auch der Sinn der verordneten Sperrfrist — das Verbot der Weiterführung nach dem jetzigen § 7c, der an die Stelle des § 7 Abs. 4 getreten ist: „Nach Beendigung eines Ausverkaufs ist es dem Geschäftsinhaber, seinem Ehegatten und den nahen Angehörigen beider verboten, den Geschäftsbetrieb oder einen Teil davon, dessen Aufgabe angekündigt war, fortzusetzen oder vor Ablauf eines Jahres an dem Ort, an dem der Ausverkauf stattgefunden hat, einen Handel mit den davon betroffenen Warengattungen zu eröffnen. Der Fortsetzung des Geschäftsbetriebs oder der Eröffnung eines eigenen Handels steht es gleich, wenn der Geschäftsinhaber, sein Ehegatte oder ein naher Angehöriger beider sich zum Zwecke der Umgehung der Vorschrift des Satzes 1 an dem Geschäft eines Anderen mittelbar oder unmittelbar beteiligt oder in diesem tätig wird." Die Sperrfrist trifft jeden Geschäftsinhaber, bei der offenen Handelsgesellschaft jeden einzelnen von mehreren Gesellschaftern, bei einer Handelsgesellschaft mit eigener Rechtspersönlichkeit jeden, der wirtschaftlich maßgebend an ihr beteiligt ist oder auf ihre Geschäftsführung maßgebenden Einfluß hat.

Der Räumungsverkauf ist durch § 7a als Tatbestand umschrieben. Bei einem Verkauf zum Zwecke der Räumung eines bestimmten Warenvorrats ist in der Ankündigung der Grund anzugeben, der zu dem Verkauf Anlaß gegeben hat. Was früher als Ausverkaufsgrund bezeichnet wurde, ist jetzt Räumungsverkaufsgrund, während der wirkliche „Ausverkauf" nur die oben genannten im Gesetz festgelegten Gründe haben darf. Der Räumungsverkauf kann zwar verschiedene, aber doch nicht ganz beliebige Gründe haben, d. h.: es müssen Gründe und nicht Zwecke sein. Zureichender Grund pflegt z. B. zu sein: Auseinandersetzung, Brandschaden, Aufgabe einer Verkaufsstelle, Umzug, Geschäftsverlegung, Geschäftsübergang; unzulässig als Grund (weil zumeist „Zweck"): Kehraustage, Um zu räumen, Um Platz zu schaffen, Weil nicht mehr in allen Größen und Farben vorrätig, Geplanter Umbau (zu dem der Räumungsverkauf erst die Mittel schaffen sollte) u. dgl. Auch Restpostenverkäufe müssen einen plausiblen Grund haben (Angestaubt, Mit Fehlern, Unmodern).

Die in der VO. vom 9. III. 1932 besonders aufgeführten Saisonschluß- und Inventurverkäufe sind durch das G. vom 26. II. 1935 aus dem Gesetzeswortlaut fortgefallen, während Sonderveranstaltung auch bisher schon eine nicht im Gesetzestext vorkommende, aber seinem Sinne entsprechende Bezeichnung war. An die Stelle dieser beiden Bezeichnungen tritt jetzt durch die Neufassung eine nur auf obrigkeitlicher Zulassung beruhende, nicht näher definierte Veranstaltung. Es kann danach also keine Berufung des Einzelnen auf den gesetzlichen Begriff eines „Saisonschluß-" oder „Inventurverkaufs" oder einen Streit um Üblichkeit oder Notwendigkeit solcher Veranstaltung mehr geben, vielmehr ist es in die diskretionäre Gewalt der Behörde (Reichswirtschaftsminister oder eine von ihm bestimmte Stelle bzw. subsidiär die höhere Verwaltungsbehörde nach Anhörung der zuständigen Handels-, Handwerks- und Industrievertretungen) gelegt, ob und wie weit eine „allgemeine Zulassung von Verkäufen, die um die Wende eines Verbrauchsabschnitts stattfinden", ausgesprochen wird. Dies wird noch durch Ausführungs- und Durchführungsbestimmungen fester umschrieben.

Die Neugestaltung des § 9 ist veranlaßt durch Mißbräuche, die immer noch gerade mit diesen Sonderveranstaltungen getrieben worden sind. Die Sonderveranstaltungen wie „Weiße Wochen", „Billige Handschuhtage", „Werbewochen", „Reklametage", „Ausnahmetage", „Osterverkauf" usw. sind entweder nur unmaßgebliche Bezeichnungen oder es ist eine juristische Einreihung unter die schon genannten Formen der Räumungs- oder Saisonverkäufe möglich oder es handelt sich um Ankündigungen, die daraufhin zu untersuchen sind, ob ein Verstoß gegen § 1 UWG. (Verstoß gegen die guten Sitten) oder §§ 3 u. 4 UWG. (irreführende, unwahre Anpreisung) vorliegt. Durch Anordnung des RWirtschMin. vom 14. III. 1935 (RAnz. Nr. 65 vom 18. III. 1935) sind Veranstaltungen in der Art der „Weißen Wochen" für 1935 verboten worden. Bezüglich der anderen bezeichneten Arten besteht eine ziemliche Unklarheit über die Rechtslage. Die Grenze zwischen „bloßer" marktschreierischer Anpreisung einerseits und „Veranstaltung" andererseits ist kaum scharf zu ziehen. Während man lange Zeit hindurch eine „bloße Marktschreierei" glaubte entschuldigen zu sollen, ist mit Recht die Anschauung auch des Reichsgerichts jetzt strenger geworden (vgl. RG. in HRR. 1929, 1985 u. RGSt. 63, 120).

Formelle Vorschriften für Räumungsverkäufe (Anmeldung, Einreichung eines Warenverzeichnisses bei der Verwaltungsbehörde usw.) gibt § 7b UWG., und der Preuß. Minister für Handel und Gewerbe hat durch Erlaß vom 22. III. 1932 ein Muster einer Ausverkaufsordnung empfohlen, in welchem die gesetzlichen Bestimmungen etwas näher praktisch umschrieben sind und in welchem z. B. die Dauer der Ausverkäufe zwei Monate nicht überschreiten darf, abgesehen von besonders begründeten Ausnahmefällen, in denen die zuständige Polizeibehörde eine Fristverlängerung bewilligen kann.

b) Preisunterbietung, Zugaben, Rabatte. Es hängt von der jeweiligen Wirtschaftslage ab, ob gegen Preiserhöhungen (Teuerung, Preiswucher) oder gegen Preisschleuderei einzuschreiten ist. Zu hohe Preise in Zeiten, in denen Warenverknappung eintritt, können nur mit unmittelbaren Bestimmungen und Eingriffen bekämpft werden. Zum Gebiet des „unlauteren Wettbewerbs" jedoch gehören die Fragen der Preisschleuderei und Preisunterbietung. Tritt dergleichen bei preisgebundenen Waren (Markenartikeln, Konzern- und Kartellpreisregelungen) ein, so liegt zumeist Vertragsbruch oder Verstoß gegen bestimmte verbindlich eingegangene Zusagen vor; auch bei Außenseitern ist es häufig Vertragsbruch, der sie zu der Preisunterbietung in den Stand setzt, oder es handelt sich um Kampf gegen die Organisation.

Wichtiger ist die Preisunterbietung bei Waren und Leistungen mit freier Preisgestaltung. „Einbrüche in das Preissystem" hält das Kammergericht (GRUR. 1930, 1053ff.) für unlauter; das ist insbesondere dann richtig, wenn die Gründe solcher Preisgestaltung unzulänglich und unsauber sind und somit das Ergebnis irreführend ist. Wenn das Publikum sich wundert, wieso es dem betreffenden Kaufmann möglich ist, so sehr unter dem regulären Preise zu bleiben, dann ist schon der Anfang einer unlauteren Irrtumserregung gemacht, und nur wirklicher Leistungswettbewerb, der jenen niedrigen Preis erklärt und rechtfertigt, könnte den „Schleuderer" exkulpieren. Ist eine Ware im Keller oder im Etagengeschäft billiger als im eleganten Laden der besten Gegend, dann fällt solche Unterbietung noch in den wirtschaftlich und rechtlich verständlichen Wettbewerbskreis, den der Käufer wie der Wettbewerber anerkennen muß; fehlen jedoch die plausiblen Gründe, so nähert sich der Vorgang dem wettbewerblich Sittenwidrigen.

Außerhalb vernünftiger und verständlicher Kalkulation, losgelöst von wahren wirtschaftlichen Gründen, aufgebaut auf den Haupt- oder Nebengedanken der Irrtumserregung ist auch auf dem Markt der freien Preisgestaltung eine zu unlauterer Schleuderei werdende Preisunterbietung möglicher Tatbestand; sein Vorhandensein muß jedoch mit besonderer Sorgfalt und kann nur im Sinn der sich durch das UWG. ziehenden Grundgedanken festgestellt werden.

In ähnlicher Weise darf auch § 11 UWG. herangezogen werden, der die Mengenverschleierung bei gewissen Waren verbietet, da es leicht zu einer irreführenden Preisunterbietung wird, wenn der Preis billiger, aber die Packung kleiner, kürzer, leichter ist. Auch darin liegt das Moment der verbotenen Irrtumserregung.

Insbesondere aber ist das noch der Fall bei dem von der reichsgerichtlichen Judikatur herausgearbeiteten Verbot, Preise bei der Ankündigung und Auszeichnung ausdrücklich mit Preisen der Konkurrenz zu vergleichen, namentlich wenn jene Konkurrenz mit Namen genannt wird (RG. in JW. 1927, 1574). Solche Preisvergleichung wurde namentlich deshalb als unlauter bezeichnet, weil es unmöglich sei, die Qualitätsunterschiede sogleich zu ermessen, somit ein Unwahrhaftigkeitsmoment in der bloßen Hervorhebung des Preisunterschiedes liegt. Also auch hier: nicht die Preisunterbietung an sich ist unlauter, wohl aber jedes Moment der Irrtumserregung, das dabei mitspricht.

Hinzuweisen ist schließlich noch auf die VO. über Wettbewerb vom 21. XII. 1934 (RGBl. I, 1280), die sich gegen Preisunterbietung und Angebote unter Selbstkosten wendet und dergleichen mit Strafe bedroht, wenn der Betreffende zahlungsunfähig wird.

In diese Gruppe unlauterer Wettbewerbsbetätigung gehört auch die unzulässige Zugaben- und Rabattgewährung.

In der VO. vom 9. III. 1932 (RGBl. I, 121) war ein bedingtes Zugabeverbot ausgesprochen worden — bedingt insofern, als man noch sieben, zum Teil ganz einschneidende, Ausnahmen zugelassen hat. Eine davon, die einschneidendste (Zulässigkeit der Zugabe, wenn Barvergütung an deren Stelle gewährt wird), ist durch G. vom 12. V. 1933 (RGBl. I, 264) wieder beseitigt worden. Spricht also § 1 der Verordnung zunächst ein Verbot aus, Zugaben neben einer Ware oder einer Leistung anzubieten, anzukündigen oder zu gewähren, wozu auch die gegen ein nur scheinbares, geringfügiges Entgelt gegebene oder zur Verschleierung der Zugabe vorgenommene „Gesamtpreis"berechnung für mehrere Waren gehört, so ist alsdann in Abs. 2 sowohl jeglicher Rabatt (Bar- und Mengenrabatt), ferner die Hingabe von geringwertigen Reklamegegenständen (Gegenständen mit deutlich sichtbarem Firmenaufdruck) und von handelsüblichem Zubehör und handelsüblichen Nebenleistungen erlaubt worden.

Was „Kleinigkeiten von geringem Wert" sind, wird nicht immer eindeutig zu beantworten sein, und es ist bereits die Frage aufgetaucht, ob der Wert der Zugabe größer sein darf, wenn auch der Wert des Haupteinkaufs größer ist, also eine gewisse Relativität der Preise zu einander maßgebend sein kann. Das ist zu verneinen; nur nach unten gibt es eine Begrenzung: zu ganz kleinen Einkäufen darf keine im Verhältnis dazu nicht passende, wenn auch an sich noch geringwertige Zugabe gewährt werden. Das Merkmal „geringer Wert" ist von Umständen des Falles, von der Lage des Gebers oder Empfängers abhängig.

Ein Reklamegegenstand ist z. B. ein Luftballon mit auffälligem Firmenaufdruck, der „dauerhaft und deutlich sichtbar" angebracht ist. Ein Mißbrauch und eine Gesetzesumgehung aber ist es, wenn Gegenstände, die einen selbständigen Handelswert besitzen und gekauft zu werden pflegen, als Zugabe verwendet werden, indem man ihnen einen kleinen Reklameaufdruck gibt. Die Geringwertigkeit kann freilich durch den Firmenaufdruck teilweise erzielt werden, wenn nämlich ein solcher den Gegenstand aus den im Handel ordnungsmäßig gekauften Waren herausnimmt. Als handelsübliches Zubehör ist nicht nur die gewöhnliche Verpackung oder die nach Sachlage begründete Zusendung anzusehen; es gibt auch andere Fälle, aber sie sind verhältnismäßig eng begrenzt. — Ganz ähnliche Bestimmungen hat ein österreichisches G. vom 20. VI. 1929.

Viele Fragen aber knüpfen sich an die Zulässigkeit der Bar- und Mengenrabatte. Hier ist ein deutlicher Unterschied zu machen zwischen der Regelung für jeden geschäftlichen Verkehr — in der Zugabengesetzgebung — und der Regelung für den Handel mit dem letzten Verbraucher — in dem PreisnachlaßG. vom 25. XI. 1933 (RGBl. I, 1011ff.). Gleich ist für beide Gruppen, daß Mengenrabatt nur in gleicher Ware gegeben werden darf — ein Begriff, der überwiegend sehr eng als „in absolut gleicher Warenart" (Dessin, Qualität) aufgefaßt wird. Verschieden aber ist, daß die prozentuale Begrenzung des Barzahlungsrabatts nur für den Verkehr mit dem letzten Verbraucher festgelegt ist, und daß ebenfalls nur für letztere beim Mengenrabatt die Hingabe der Ware „in einer Lieferung" erforderlich ist. Aber der „Mengenrabatt" kann auch durch Preisnachlaß gewährt werden. Näher auf diese Fragen ebenso wie auf die noch daneben erlaubten Sondernachlässe in bestimmten Fällen und Treuevergütungen bei Markenartikeln kann hier nicht eingegangen werden (vgl. dafür die Kommentare zu diesen Gesetzen).

Zugaben auf dem Wege der Ausspielung, Werbelotterie, Preisrätsel u. dgl. zu gewähren, muß aber nach der Verordnung als ausgeschlossen erscheinen. War bisher das Recht der wettbewerblichen Ausspielung schwierig und die Rechtsprechung des Reichsgerichts durch ihre Theorie vom „versteckten Einsatz" (der z. B. auch bei Nichterhöhung der Preise angenommen wurde!) auf nicht richtigem Wege, so sind diese Zweifelsfragen bei der Verbindung mit Zugabengewährung insofern beseitigt, als eben auch erlaubte Zugaben gemäß § 1 Abs. 3 letzter Satz nicht „von dem Ergebnis einer Verlosung oder einem anderen Zufall" abhängig gemacht werden dürfen.

c) Unwahre Angaben und üble Nachrede. Die Sorge für Innehaltung der geschäftlichen Wahrheit im öffentlichen Leben löst sich immer mehr aus der Sphäre rein privatrechtlicher Behandlung und Verfolgung und wird zum Gegenstand öffentlicher Beachtung, da solche wettbewerbliche Unwahrhaftigkeit in Fällen bewußter Vorsätzlichkeit strafbar ist und da überdies die Verfolgung von Amts wegen immer dann angebracht ist, wenn beispielsweise ein nach § 13 UnlWG. aktiv legitimierter Interessentenverband den Fall aufgestochen hat und klagbar geworden ist (s. oben zu 1). Die §§ 3 und 4, die die unwahre Anpreisung, die §§ 14 und 15, die die Schädigung fremden Betriebes und Kredites durch unwahre Äußerungen (üble Nachrede) verbieten, und § 16, der den Firmen- und Namenmißbrauch verpönt, ruhen auf dem Gedanken der Wahrhaftigkeit. Der Inhalt der Anpreisung kann sich beziehen: a) auf geschäftliche Verhältnisse (Alter und Größe des Geschäfts, Stellung und Persönlichkeit des Inhabers, Benennung als „Fabrik" oder „Werke" u. dgl.), b) Beschaffenheit, Ursprung, namentlich geographische Herkunftangabe, Herstellungsart und Benennung der Waren (hier ergänzend § 16 und das WZG.). c) Art der Leistung — also das für die Qualität der Leistung Wesentliche, ähnlich wie bei der Anpreisung der Waren, d) Bezugsart, Bezugsquelle, Preisbemessung (z. B. zum Selbstkostenpreis, gratis bei Abnahme von etwas anderem oder dgl.), e) Besitz von Auszeichnungen, f) Anlaß des Verkaufs und Menge der Vorräte (Gelegenheitskauf, „nur solange Vorrat", „nur auf kurze Zeit").

Richtigkeit und Unrichtigkeit bedeutet einen Maßstab wirklicher materieller Wahrheit im Gegensatz zu nur formaler Richtigkeit; es kommt also auf die dynamische Wirkung einer Äußerung, auf den Gesamteindruck an (vgl. RGSt. 44, 143); auch Verschweigen von Tatsachen ist, wenn deren Angabe für die Wettbewerbshandlung wesentlich wäre, eine unwahre Äußerung (RGZ. 96, 243, RGSt. 45, 376). Der Begriff „Angabe" in §§ 3 und 4 bedeutet insoweit Angaben tatsächlicher Art, daß die Angaben nachprüfbar sein müssen, bei bloßen Werturteilen oder leeren Redensarten ist man nachsichtiger, obwohl auch dies eine Bekämpfung rechtfertigte. Die Angaben müssen, um eine unlautere Wettbewerbshandlung zu sein, einen günstigeren Anschein, als es den Tatsachen entspricht, zu erwecken geeignet sein, d. h. insofern eine Wirkungsmöglichkeit besitzen, und zwar für den in Betracht kommenden Abnehmerkreis.

Die üble Nachrede (Kreditschädigung) gegen den Konkurrenten sucht auf anderem Wege zu wirken; sie will die Ware oder Leistung des Anderen herabsetzen. Der Ausdruck „Tatsachen" in § 14 bedeutet konkrete Vorgänge, greifbare und nachprüfbare Motive, Absichten, Ziele, die der Anpreiser dem Anderen vorwirft — das Reichsgericht sagt dazu (MuW. 1920, S. 158): „Als Tatsachen sind nicht rein subjektive Urteile und Kritiken zu verstehen. Wenn jedoch damit zugleich etwas als vorhanden hingestellt und an dieses ein Urteil geknüpft wird, um das als vorhanden Hingestellte zu beleuchten und zu bewerten, und damit die Möglichkeit gegeben ist, das Urteil auf seine Richtigkeit nachzuprüfen, so liegt eben darin gleichzeitig auch die Behauptung einer Tatsache". Die Grenze zu ziehen ist natürlich oft recht schwierig. Die Beweisbarkeit einer Äußerung spielt eine wichtige Rolle hierbei. Zu der Unwahrheit der behaupteten oder verbreiteten „Tatsachen" muß hier hinzutreten, daß sie „geeignet sind, den Betrieb des Geschäfts oder den Kredit des Inhabers zu schädigen" — also auch hier das Erfordernis der Wirkungsmöglichkeit, aber hier auf dem Umwege über das Urteil der Allgemeinheit; denn Kredit ist eine Vertrauenstatsache. Während man bei der unlauteren Anpreisung es auf die eigenen Käufer abgesehen hat, richtet sich die Kreditschädigung an die Adresse der Käufer des Anderen. Öffentlichkeit der Verbreitung der Behauptung ist nicht Voraussetzung, sie kann auch von Mund zu Mund geschehen, und vertrauliche Mitteilungen können auch hierher gehören.

Für die gewerbsmäßige oder gelegentliche Auskunfterteilung, für die diese Bestimmung gefährlich werden könnte, ist Abs. 2 des § 14 geschaffen, welcher vertrauliche Mitteilungen, an denen der Mitteilende oder der Empfänger ein berechtigtes Interesse hat, für zulässig erklärt, wenn nicht die Tatsachen der Wahrheit zuwider behauptet oder verbreitet werden.

d) Bestechung, Schmiergelder. Zu den gesetzlich behandelten Unlauterkeiten des Angestellten im Wettbewerb gehören vor allem noch die Annahme von Bestechungsgeldern von Geschäftsleuten, die beim Abschluß von Verträgen, bei Lieferung oder dgl. bevorzugt werden wollen (§ 12 UWG.). Der Bestechende und der Bestochene sind strafbar. Hier handelt es sich zwar nicht in erster Linie um die Treupflicht gegen den Prinzipal, sondern um den Schutz des Mitbewerbers, aber die Verletzung der Treupflicht gegen den Prinzipal ist dabei mit im Spiele und stellt den Tatbestand der arglistigen Täuschung dar. Wesentlich ist die Bevorzugung eines Lieferers oder Kunden als Dank für das Schmiergeld und unter unanständiger Durchquerung des geschäftlich Üblichen. Gewährung und Annahme von Vorteilen durch Geschäftsfreunde ist erlaubt, wenn dadurch nicht der Wettbewerb Anderer in unlauterer Weise ausgeschaltet oder beeinträchtigt wird. Damit stimmt auch RGZ. 107, 208ff. überein, wo freilich nicht die Gültigkeit eines solchen Geschäfts schon wegen der unlauteren Handlungsweise des Bestechenden oder des Bestochenen beseitigt wird. Es wird also zwischen Nichtigkeit des Geschäfts und Unanständigkeit des Verhaltens des Bestechenden unterschieden, Aber das ändert nichts daran, daß die Strafe für solche unlautere Wettbewerbshandlung eintritt, und zwar für beide Beteiligte (§ 12 UWG.). Zu beachten ist, daß auch das abgelehnte Schmiergelderangebot und das nicht angenommene Angebot unlauterer Dienste strafbar macht, natürlich nur denjenigen, der das Angebot machte, nicht den Anderen, der es zurückwies. Die Fassung des Paragraphen ist absichtlich weit: „andere Vorteile" können von allerlei Art sein; also keineswegs nur Geld und Geldeswert, auch Zuwendungen an dritte Personen rechnen dahin.

3. Werberat und Polizei. Über die Zuständigkeit der Polizei bei Verstößen gegen den lauteren Wettbewerb wurde schon zu 2 (s. oben) einiges Allgemeine ausgeführt. Als maßgebend mußte dabei angesehen werden, ob nach allgemeinen Grundsätzen die Polizei hier Hilfe für die Strafverfolgungsbehörden zu leisten und ob sie im gesetzlich gegebenen Rahmen für die öffentliche Sicherheit zu sorgen habe. Der Werberat der deutschen Wirtschaft (Berlin W 8, Taubenstr. 37) und seine Bekanntmachungen nehmen eine Sonderstellung ein. Ihr Ziel ist vorwiegend eine kulturelle Reinigung des Wettbewerbswesens; dies dient der Wettbewerbsordnung; doch bleibt es fraglich, ob solche Wahrung dieser öffentlichen Ordnung schon der Wahrung der öffentlichen Sicherheit gleichzusetzen ist. Manches, was im Wettbewerb geschieht oder früher geschah — Zugaben, Rabatte, Verlosungen, Preisausschreiben, Sonderveranstaltungen, marktschreierische Schilder usw. — erscheint dem Einen schlechthin so anstößig, daß er sofortiges polizeiliches Einschreiten für unerläßlich hält, während ein Anderer in manchen Fällen solcher Art nichts Anstößiges findet.

Daher ist die Streitfrage entstanden, bei der beispielsweise v. Braunmühl-Zweck und Oesterle die polizeiliche Zuständigkeit bejahen, Reimer und Culemann jedoch sie verneinen. Ist, wie z. B. bei den Bestimmungen des UWG. über Ausverkauf usw. eine Zuständigkeit der Verwaltungsbehörde im Gesetz vorgesehen, so rechtfertigt sich ein polizeiliches Recht von dort her, andererseits ist bei schwierigen, nur zwischen zwei oder mehreren Konkurrenten vorliegenden Wettbewerbsstreitigkeiten die öffentliche Sicherheit gewiß nicht gefährdet. Bezüglich des Inhalts der Werberatsbestimmungen wird die Beantwortung der Streitfrage darauf beruhen, ob man den Schutz jeder Rechtsnorm als Bestandteil der öffentlichen Ordnung ansieht und wie weit man überhaupt das Wesen einer Wettbewerbsordnung als einen Teil der öffentlichen Sicherheit ansehen will. Die Frage wurde insbesondere dahin spezifiziert, wie weit die Polizei auf Ersuchen des Werberats tätig zu werden habe; nach einer Erklärung des Präsidenten des Werberats („Wirtschaftswerbung" 1934, Nr. 21) wird der Werberat die zuständigen Polizeibehörden „vorläufig nur von Fall zu Fall ersuchen", bei der Durchführung der Maßnahmen mitzuwirken; solchem Ersuchen aber muß wohl analog § 29 der 1. DurchfVO. zum ReichskulturkammerG. vom 1. XI. 1933 (RGBl. I, 797) entsprochen werden. Zweifellos wird aber der Werberat ein solches Ersuchen in Fällen wirklicher Gefährdung der öffentlichen Ordnung an die Polizeibehörde richten, um ganz im Rahmen der gesetzlichen Voraussetzungen zu bleiben, dann aber auch die polizeiliche Hilfe zu beanspruchen haben. Der Begriff des öffentlich anstößigen Mißstandes, der eben verschiedener Auffassung zugänglich ist, wandelt sich nach der Volksmeinung und namentlich nach der Anschauung der „beteiligten Kreise"; zumal ja sowohl die „wettbewerbliche Sitte" wie auch der „wettbewerbliche Geschmack" auf die Dauer mit der volksmäßigen Überzeugung, von der sie getragen wurden, in Einklang stehen muß.

Abgesehen hiervon aber gibt es noch Stellen und Organisationen, mit denen sich die Strafverfolgungsbehörden zweckmäßiger- oder notwendigerweise in Verbindung setzen sollen, wenn entsprechende Verstöße zu ihrer Kenntnis gelangen. Es seien insbesondere genannt:

1. Zentralstelle zur Bekämpfung der Schwindelfirmen, Geschäftsstelle in Hamburg 11, Börse, Zimmer 86 (vgl. hierzu JMBl. 1933 S. 258 betr. Abt. Z der Industrie- und Handelskammer in Berlin und Deutsche Justiz 1934 S. 794);

2. Verein gegen das Bestechungsunwesen e. V. in Berlin W 35, Matthäikirchstr. 28 (vgl. hierzu § 43 der AV. d. JM. vom 12. XII. 1927, JMBl. 1927, 395; ferner RGSt. 68, 263; 69, 135);

3. Reichsausschuß für das Zugabeverbot e. V. in Berlin-Zehlendorf-Mitte, Schweitzerstraße 1 a;

4. Zentrale zur Bekämpfung unlauteren Wettbewerbs der Einzelhandelsvertretung der Industrie- und Handelskammer zu Berlin NW 7, Dorotheenstr. 8;

5. Sonderausschuß für Wettbewerbsfragen der Hauptgemeinschaft des Deutschen Einzelhandels und des Deutschen Industrie- und Handelstages, Berlin.

4. Für die internationale Bekämpfung des unlauteren Wettbewerbs (außerhalb des Warenzeichenrechts) geben Art. 10b u. 10c der Pariser Übereinkunft vom 20. III. 1883 (revidiert 1900, 1911, 1925, AusfG. vom 31. III. 1913, RGBl. 236) eine Art Generalklausel wie im deutschen Recht unter besonderer Betonung von Tatbeständen wie nach unserem § 14 UWG. (üble Nachrede) und § 15 WZG. (Ausstattungsschutz) und eine Stütze des § 16 UWG. (Namenrecht). Art. 8 schützt den Handelsnamen, auch wenn er nicht Teil einer Fabrik- oder Handelsmarke ist, Art. 9 gibt Beschlagnahme und Einfuhrverbot einen Handelsnamen widerrechtlich tragender Erzeugnisse, und diese Bestimmung des Art. 9 bezieht sich auf jedes Erzeugnis, das eine falsche Herkunftsbezeichnung trägt. Hierher gehört auch das 2. Madrider Abkommen vom 14. IV. 1891 betr. Unterdrückung falscher Herkunftsangaben (revidiert 1911 und 1925), dem das Deutsche Reich durch ReichsG. vom 21. III. 1925 (RGBl. II, 115) beigetreten ist.

Aus dem **Schrifttum:**

Reimer, Wettbewerbs- und Warenzeichenrecht, Zwei Bände, Berlin 1934/35. — Kommentare zum Gesetz gegen den unlauteren Wettbewerb von Qeimer, Rosenthal, Callmann, Baumbach, Elster; zur Zugabengesetzgebung von Klauer, Gottschick, Elster; zum Preisnachlaßgesetz von Michel-Weber, Elster; zum Wirtschaftswerbungsgesetz von v. Braunmühl-Zweck. — Oesterle, Neues Wirtschaftsrecht, Berlin 1934. — Dort überall unzählige Literaturnachweise. — Oesterle und Culemann, Werberat und Polizei (Die Polizei, 1934, Nr. 11 u. 24). — Culemann, in JW. 1934, 1950 u. 2675. — P. Müller, Die Einigungsämter für Wettbewerbsstreitigkeiten, MinBl. f. Wirtsch. u. Arbeit 1935 S. 137ff. — Wirtschaftsblatt d. Industrie- u. Handelskammer zu Berlin, Sonderheft, „Der lautere Wettbewerb", 1935 S. 12. — Zeitschriften: Wirtschaftswerbung, Mitteilungsblatt des Werberates der deutschen Wirtschaft (Berlin, Carl Heymann); Archiv für Wettbewerbsrecht, Zeitschr. zur Förderung des lauteren Wettbewerbs unter besonderer Berücksichtigung des Werberechts (Berlin, Franz Vahlen).

Alexander Elster.

Unnatürlicher Tod s. Mord.

Unterschlagung s. Untreue und Unterschlagung.

Untersuchung s. Voruntersuchung.

Unterschrift.

1. Juristisches. Die grundlegende Bestimmung über die Bedeutung der Unterschrift im Rechtsverkehr enthält § 416 ZPO.: „Privaturkunden begründen, sofern sie von den Ausstellern unterschrieben oder mittels gerichtlich oder notariell beglaubigten Handzeichens unterzeichnet sind, vollen Beweis dafür, daß die in denselben enthaltenen Erklärungen von den Ausstellern abgegeben sind." Hier tritt der urkundenbegründende Charakter der Unterschrift mit aller Deutlichkeit hervor. Es ist gleichgültig, ob der Text solcher Urkunden handschriftlich oder maschinenschriftlich, eigenhändig oder von einem Dritten hergestellt ist, mit der einzigen Ausnahme des eigenhändigen Testaments (§ 2231 Nr. 2 BGB.). Unleserliche Unterschriften machen die Urkunde zwar nicht rechtsunwirksam, führen aber sehr leicht und oft zu Streitigkeiten, weshalb die Pflege und Anwendung einer leserlichen Namensunterschrift im Verkehr sehr notwendig ist. Die Unterstützung kranker oder verletzter Personen bei Leistung der Unterschrift (oder eines eigenhändig zu schreibenden Testaments) ist zulässig, jedoch keine „Handführung", bei der die Hand in der vom Schreiber gewollten Bewegung nicht mehr frei ist, der individuelle Beweiswert des Namenszuges zu stark beeinträchtigt wird und der Einfluß der Hand des Fremden zu stark mitwirkt.

Der 4. Zivilsenat des Reichsgerichts hat sich in mehreren veröffentlichten Entscheidungen über die Voraussetzungen ausgesprochen, unter denen bei fremder Hilfe eine eigenhändig geschriebene Erklärung und eine eigenhändige Unterschrift im Sinne des § 2231 Nr. 2 und § 2242 BGB. anzunehmen ist. Dieser Auffassung hat sich auch das Kammergericht angeschlossen, vgl. Jahrb. d. Entsch. d. Kammergerichts 48 (1916), 82ff. Die dort veröffentlichten Rechtsgrundsätze haben folgenden Wortlaut:

1. Eigenhändige Schrift liegt nicht vor, wenn der Erblasser bei der Niederschrift völlig unter fremder Herrschaft und Leitung gestanden hat, da dann nicht die eigene Hand des Erblassers, sondern die des Dritten die Niederschrift bewirkt hat.

2. Eigenhändige Schrift liegt vor, wenn der Dritte der Hand des Erblassers nur Unterstützung zur Ermöglichung der Niederschrift geliehen hat.

3. Auch dadurch, daß der Dritte bei der Herstellung der Schrift mitbestimmend mitgewirkt hat, wird die Annahme einer eigenhändigen Schrift des Erblassers noch nicht ausgeschlossen, solange dieser sie auch selbst mit seiner eigenen Hand so, wie er es wollte, hergestellt hat.

2. Kriminalistisch interessiert die Unterschrift nach folgenden Gesichtspunkten:

a) Die Unterschrift ist von einem Dritten gefälscht, und zwar entweder durch mechanische oder freihändige Schriftnachahmung nach dem Vorbild einer echten Unterschrift.

b) Die Unterschrift ist zwar echt, d. h. vom Namensträger eigenhändig geschrieben, aber entweder zum Zwecke der Täuschung und Vorbereitung eines Einwandes der Fälschung verstellt geschrieben (sogenannte Selbstfälschung) oder infolge zufälliger Begleitumstände vom Namensträger als eigene Unterschrift nicht wiedererkennbar, oder sie ist erschlichen.

c) Vorbeugung gegen Unterschriftsfälschungen.

Zu a: Die Fälschung einer Unterschrift geschieht mechanisch im Wege der Durchpausung, und zwar unterscheidet man die Übertragung einer Unterschrift auf die zu fälschende Urkunde durch Nachfahren nach einer untergelegten echten Unterschrift im durchfallenden Licht (direkte Übertragung ohne Hilfszeichnung) oder die indirekte Übertragung nach vorheriger (durchgepauster) Strichvorzeichnung und nachheriger Überschreibung mit Tinte. Die Vorzeichnung kann bei durchfallendem Licht gemacht werden oder bei auffallendem Licht mit Hilfe eines Kopierpapieres.

Die freihändige Nachahmung erfolgt durch Ähnlichgestaltung der zu fälschenden Unterschrift bei ständiger Kontrolle der Schreibbewegung im Rahmen des daneben gelegten Vorbildes. Sie kann auch dadurch erfolgen, daß der Fälscher die in seinem Besitz befindliche fremde Unterschrift „einübt", um so einen „gewandteren" Namenszug zu erzielen; er wird manchmal diese „Einübung" dann für nötig halten, wenn er die zu fälschende Unterschrift vor den Augen eines kontrollierenden Beamten oder Angestellten (z. B. am Post- oder Bankschalter) zu leisten hat. Fehlt dem Fälscher ein Vorbild oder hat er die (ihm mögliche) Beschaffung einer echten Unterschrift verabsäumt, dann wird er entweder die Nachahmung nach dem Gedächtnis vorzunehmen versuchen oder ganz nach eigenem Gutdünken, also ohne jedes Vorbild die Unterschrift eines existierenden oder — wenn der Fall entsprechend anders liegt — eines überhaupt nicht existierenden Menschen unter die zu fälschende Urkunde setzen, um sich z. B. einen „Beleg" für den „rechtmäßigen" Erwerb einer gestohlenen Sache zu verschaffen. In diesem Falle wird er die fremde Unterschrift, von der er kein

Vorbild hat, mit unverstellter oder mit verstellter Schrift ausführen. Bei Massenfälschungen, wie sie häufig von Provisionsreisenden ausgeführt werden, bemüht sich der Fälscher, die Verschiedenheit der angeblichen Besteller durch möglichst weitgehende und abwechselnde Schriftverstellung vorzutäuschen. Es wird ihm aber nicht möglich sein, eine solche Reichhaltigkeit fremder Schriftmerkmale vorzutäuschen, die eine Feststellung solcher Fälschungen verhindern könnte. Nur in ganz seltenen Fällen wird ein raffinierter Fälscher den Namenszug seines Opfers so eingehend studieren, daß er auch die Feinheiten ihrer Entwicklung mitberücksichtigt.

Bei der Schriftuntersuchung wird der Sachverständige meistens Anhaltspunkte finden können, ob und inwieweit typische Fälschungsmerkmale nachweisbar sind und in welchen individuellen Merkmalen die Echtheit einer bestrittenen Unterschrift erkennbar ist. Dabei kann er manchmal zeitwidrige Abweichungen feststellen, wenn nämlich der Fälscher z. B. eine veraltete Unterschrift (aus früheren Jahren) als Vorbild wählt, die der Geschädigte zur Zeit des Urkundenausstellungsdatums unmöglich geschrieben haben kann. Der Nachweis gepauster Unterschrift kann besonders dadurch überzeugend geführt werden, daß entweder 2 oder mehrere der vorliegenden bestrittenen Unterschriften sich beim Aufeinanderlegen und Betrachten im durchfallenden Licht weitgehend decken, wie es bei natürlich entstandenen Unterschriften grundsätzlich nicht der Fall sein kann, oder dadurch, daß noch Spuren der Vorzeichnung an den Strichrändern nachweisbar sind. Es ist außerordentlich schwierig, eine vorgezeichnete Schrift so nachzufahren, daß keine Entgleisungen eintreten, erst recht nicht, wenn der Fälscher auch die individuelle Schreibschnelligkeit nachahmen wollte. Manchmal versucht der Fälscher die überstehenden Vorzeichnungsstriche durch Radieren zu entfernen, was aber wiederum Fälschungsspuren hinterläßt. Vorzeichnungsstriche sind auch dadurch nachzuweisen, daß die darüber liegende Tintenschrift an geeigneten Versuchsstellen mit chemischen Mitteln entfernt und die darunter liegende Bleistiftschrift sichtbar gemacht wird. Raffiniertere Übertragungsverfahren (z. B. photochemische oder lithographische, wie sie bei Banknotenfälschungen vorkommen) treten bei den alltäglichen Unterschriftsfälschungen kaum auf.

Zu b: Die Selbstfälschung einer Unterschrift kommt gelegentlich auch vor, wobei der Namensträger durch auffallende Formen- und Merkmaleabweichungen den Einwand der Fälschung vorbereiten und bei Prüfung der Urkunde glaubhaft machen will. Der Nachweis solcher Selbstfälschung ist auch für den Sachverständigen recht schwierig und erfordert besondere Erfahrung und Vorsicht.

Zufälligen Schreibumständen, welche die Echtheit einer Unterschrift zweifelhaft erscheinen lassen können, sind Unterschriften ausgesetzt, welche im Rauschzustande, im Krankheitszustande (sogenannte pathologische Schriften) oder auch unter physischen und psychischen Störungsumständen entstanden sind, wie auch ungewohntes Schreibmaterial, ungeeignete Schreibunterlage, Schreiben im Stehen, Gehen, Fahren, Schreiben im Erschöpfungszustand, in der Angst (z. B. bei Erpressungen) und dergleichen hierher zu zählen ist.

Eine Unterschrift kann auch erschlichen sein, was bei Blankounterschriften, auch bei betrügerischen Kunstgriffen von Provisionsreisenden der Fall sein kann, wie auch schließlich die scheinbaren Blankounterschriften durch Wegschneiden eines unterschriebenen Urkundentextes und nachheriges Darübersetzen eines anderen Urkundentextes, soweit der gewonnene freie Zwischenraum ausreicht, hierher zu zählen sind.

Zu c: Schutzmaßnahmen gegen Unterschriftfälschungen sind, kurz zusammengefaßt, folgende: Pflege eines leserlichen, möglichst fließend geschriebenen Namenszuges, dessen Schwankungsgrad nicht allzu groß sein darf; Vermeidung von freien Zwischenräumen zwischen Urkundentext und Namensunterschrift; bei wichtigen Urkunden Anwendung eines Schlußschnörkels (Paraphe) oder Anbringung geheimer Kennzeichen (s. d. Art. Urkundenfälschung); Unterlassung des Vorschreibens von Namen, um für weniger schreibgewandte Menschen die Stelle anzugeben, wohin sie (z. B. bei Wechseln) ihre Unterschrift zu setzen haben, weil solche Vorzeichnungen sehr leicht die Veränderung einer gewohnten Unterschrift zur Folge haben oder die teilweise verdeckte Vorzeichnung mißverständlich als Fälschungsmerkmale angesehen werden könnte.

Schrifttum:

H. Schneickert, Kriminaltaktik u. Kriminaltechnik, 4. Aufl., Lübeck 1933, S. 119. — Schneickert, Verfälschung der eigenen Unterschrift, Groß' Archiv f. Kriminologie, 94, 177ff. — G. Buhtz, Die Bedeutung der Handführung und -stützung bei eigenhändigen Testamenten. (Ztschr. f. gerichtl. Schriftuntersuchungen) Nr. 24 (1931).

Hans Schneickert.

Untersuchungshaft.

I. Begriff und Zweck. Die Untersuchungshaft ist die Verwahrung eines Beschuldigten vor rechtskräftigem Abschluß des Strafverfahrens zur Sicherung der Durchführung des Verfahrens und der Erreichung seiner Zwecke. Sie hat in erster Linie die Aufgabe, die Person des Täters sicherzustellen und die Aufklärung der Tat zu ermöglichen. Daneben kann sie aber auch dem Zwecke dienen, die Funktionen der Strafe zu sichern und einzuleiten. So kann sie das Sühnebedürfnis befriedigen, wenn sie einen Täter trifft, der ein schweres Verbrechen begangen hat und dessen Freiheit dem Gerechtigkeitsgefühl widersprechen würde. Oder die Untersuchungshaft kann generalprävenierend wirken, indem die sofortige Festnahme nach erfolgter Tat ein Zeichen schneller schlagkräftiger Reaktion ist. Sie kann schließlich auch der allgemeinen Sicherheit dienen, indem die Verwahrung weitere Straftaten des Täters verhindert. Ob die Erfüllung der Straffunktionen nur tatsächliche Nebenwirkungen der Untersuchungshaft oder aber selbständig zu erstrebende Ziele sind, bestimmt das Gesetz.

Die Untersuchungshaft unterscheidet sich von der Strafhaft dadurch, daß sie sich auf eine Person bezieht, gegen die ein rechtskräftiges Erkenntnis noch nicht ergangen ist. Wenn auch die Schuld eines Untersuchungshäftlings schon vor seiner Aburteilung feststehen mag, so ist er doch nur Beschuldigter. Die gegen ihn ausgesprochene Haft hat sich daher auf das Mindestmaß des Erforderlichen zu beschränken, durch das ihre Zwecke erfüllt werden kann. Selbst wo sie Straffunktionen ausübt, ist sie doch noch keine Strafe, sondern nur eine Sicherungsmaßnahme zur Erreichung der Strafzwecke, die ohne die Maßnahme nicht in voller Wirkung entfaltet werden können. Das staatliche Gewaltverhältnis zu dem Beschuldigten ist bei der Untersuchungshaft beschränkt, während es bei der Strafhaft sehr viel weiter greift. Es fehlt vor allem die Einflußnahme auf die Persönlichkeit des Täters, sei es, daß ihm der Sinn der Sühne zum Bewußtsein gebracht wird, sei es, daß er zur Besserung angehalten und zum Wiedereintritt in die Gemeinschaft vorbereitet wird. Die Untersuchungshaft ist Änderung der äußeren Lage des Täters, die Strafhaft ergreift darüber hinaus auch die innerliche Persönlichkeit.

Die Untersuchungshaft ist nicht die einzige Maßnahme der Freiheitsbeschränkung im Strafverfahren. Ihr geht vielfach die „vorläufige Verwahrung" voraus. Diese ist eine die Untersuchungshaft vorbereitende Maßnahme. Sie beginnt mit der vorläufigen Festnahme und dauert, falls nicht vorherige Entlassung erfolgt, bis zur Entscheidung der für die Anordnung der Untersuchungshaft zuständigen Behörde an. Ihr fehlt der Charakter der Selbständigkeit.

Eine Parallele zur Untersuchungshaft stellt die einstweilige Unterbringung dar. Diese dient ausschließlich der Gewährleistung der öffentlichen Sicherheit gegenüber zurechnungsunfähigen oder vermindert zurechnungsfähigen Tätern. Sie ist nicht notwendig mit einem Strafverfahren verbunden. Sie kommt vielmehr vorwiegend im Sicherungsverfahren zur Anwendung.

Die bisher bezeichneten Haftarten liegen im Rahmen eines strafrechtlichen Verfahrens. Ihnen gegenüber steht die polizeiliche Haft (Schutzhaft). Sie wird zum Schutze der Persönlichkeit oder öffentlichen Sicherheit von der Polizei angeordnet. Es handelt sich bei dieser Haftart um eine verwaltungsrechtliche Maßnahme.

II. Die gesetzliche Regelung der Untersuchungshaft.

1. Anordnung der Untersuchungshaft. a) Voraussetzung für die Anordnung der Untersuchungshaft ist das Vorhandensein dringender Verdachtsgründe. Dringend sind Verdachtsgründe dann, wenn sie nach der jeweiligen Verfahrenslage die Wahrscheinlichkeit der Überführung begründen. Die bloße Wahrscheinlichkeit genügt. Eine größere oder gar an Sicherheit grenzende Wahrscheinlichkeit kann schon deswegen nicht verlangt werden, weil von ihr zu Beginn eines Strafverfahrens regelmäßig überhaupt nicht die Rede sein kann. Daß aber auch dann schon ein Haftbefehl geboten oder angebracht sein kann, kann nicht zweifelhaft sein. „Dringender" Verdacht ist nicht das gleiche wie „hinreichender" Verdacht. Dringender Verdacht ist vielmehr ein stärkerer Verdacht. Hinreichender Verdacht liegt schon dann vor, wenn die Möglichkeit der Verurteilung besteht. Wenn somit auch „dringender" Verdacht und „hinreichender" Verdacht gegenübergestellt werden können, so doch nur, wenn man von der gleichen Verfahrenslage ausgeht. Nur im Hinblick auf eine bestimmte Verfahrenslage kann ein Verdacht dringend oder auch nur hinreichend sein. Die Anforderungen, die man an das Erfülltsein der Voraussetzungen „dringend" und „hinreichend" zu stellen hat, steigen mit dem Fortgang des Verfahrens. Beim Vorliegen bestimmter Verdachtsgründe kann der Verdacht im Anfang des Verfahrens dringend sein, während die gleichen Verdachtsgründe bei Abschluß des Ermittlungsverfahrens nicht einmal mehr hinreichend zu sein brauchen.

Steht bei Einleitung eines Ermittlungsverfahrens fest, daß eine bestimmte Personengruppe in einer größeren Anzahl von Prozessen unter auffallenden Umständen im Gegensatz zu den Angaben anderer Personen wechselseitig zu ihren Gunsten Aussagen machen, so sind sie des Meineidskomplotts dringend verdächtig. Der Haftbefehl würde gerechtfertigt sein. Wenn aber nach den erfolgten Ermittlungen der Verdacht über die anfänglichen Verdachtsgründe nicht hinausgekommen ist, so würde er nicht einmal mehr hinreichend sein und eine Anklage rechtfertigen. Eine Gegenüberstellung der §§ 112 und 203 StPO. („dringender“ Verdacht bei Haftbefehl, „hinreichender“ Verdacht bei Anklage), wie sie vielfach erfolgt, ist demnach verfehlt.

Ob die Verdachtsgründe bei der gleichen Verfahrenslage als dringend oder nur als hinreichend anzusehen sind, unterliegt dem pflichtgemäßen Ermessen der verantwortlichen Organe. Eine feste Grenzziehung ist unmöglich. Zwischen den Fällen, in denen der Verdacht zweifellos dringend und zweifellos nur hinreichend ist, liegt ein weites Gebiet, auf dem das Organ auf Grund persönlicher Wertung die Entscheidung trifft.

Haftgründe sind nach § 112 StPO. Fluchtgefahr, Verdunkelungsgefahr (Kollusionsverdacht), Rückfallgefahr und Gefahr der Verletzung des allgemeinen Rechtsempfindens. F l u c h t g e f a h r ist begründet, wenn nach Lage der Sache damit gerechnet werden kann, daß sich der Beschuldigte dem Strafverfahren oder der Strafvollstreckung entziehen wird. Ein unbestimmter allgemeiner Verdacht reicht nicht aus, um einen Haftbefehl zu rechtfertigen. Es müssen vielmehr besondere Tatsachen gegeben sein. Für das Vorliegen des Fluchtverdachts stellt das Gesetz Vermutungen auf. Der wichtigste Fall der gesetzlichen Vermutung ist der, daß ein Verbrechen den Gegenstand der Untersuchung bildet (§ 112 Abs. 2 Ziff. 1). Der Grund der gesetzlichen Vermutung besteht in der angedrohten Strafhöhe. Ferner besteht die gesetzliche Vermutung des Fluchtverdachts bei einem Beschuldigten, der ein Heimatloser oder Landstreicher ist oder nicht imstande ist, sich über seine Person auszuweisen, sowie bei einem Beschuldigten, der Ausländer ist und bei dem begründeter Zweifel besteht, ob er sich auf Ladung vor Gericht stellen und dem Urteile folgen wird. Die im Gesetze hervorgehobenen Fälle erschöpfen die Fluchtverdachtsgründe nicht. Trifft einer der im Gesetze erwähnten Fälle zu, so bedarf es im Haftbefehl keiner weiteren Begründung für die Verhaftung. Die gesetzliche Vermutung ist aber widerlegbar. Es können Tatsachen gegeben sein, bei denen trotz Vorliegens der im Gesetz angegebenen Fälle die Annahme eines Fluchtverdachts nicht gerechtfertigt ist. So kann bei einem Verbrechen der Fluchtverdacht ausgeräumt sein, weil erhebliche mildernde Umstände anzunehmen sind und daher keine höhere Strafe zu erwarten ist, oder weil der Beschuldigte festen Wohnsitz, Grundeigentum oder sonst schwer verwertbares Eigentum hat, eine Familie zu versorgen hat, oder weil er im festen Beruf steht oder er schwer erkrankt oder leidend ist. In Auswertung des Grundgedankens des § 112 Abs. 2 Ziff. 1 (Verbrechen als Gegenstand der Untersuchung) sieht die Praxis Fluchtverdacht ganz allgemein, also auch bei Vergehen (häufigste Fälle: Betrug, Untreue, Unterschlagung) als vorliegend an, wenn eine höhere Strafe zu erwarten ist. Was eine höhere Strafe ist, wird freilich nicht einheitlich beantwortet. Manche Gerichte sehen eine Strafe von 10 Monaten Gefängnis, manche erst eine Gefängnisstrafe von 1 Jahr als höhere Strafe an. Haftbefehle im Hinblick auf die Höhe der zu erwartenden Strafe kommen außerordentlich häufig vor. Diese Praxis ist beanstandet worden. Zu unrecht. Es mag sein, daß mancher der in Haft genommenen Personen tatsächlich nicht geflohen wäre. Doch ist dieser Gesichtspunkt nicht entscheidend. Es kommt vielmehr darauf an, daß zu erwartende hohe Strafen erfahrungsgemäß leicht einen Anreiz geben, sich dem Strafverfahren zu entziehen. Gegenüber dieser Sachlage müssen sich die Strafverfolgungsbehörden sichern. Sie können es nicht im Einzelfall darauf ankommen lassen, ob der Täter da bleibt oder nicht. Sie können auch nicht erst abwarten, ob der Täter Anstalten zur Flucht trifft oder nicht. Das Zugreifen würde häufig zu spät erfolgen. Selbst wenn es auch nicht leicht sein mag, sich auf dauernd oder auch nur längere Zeit einer kraftvoll durchgeführten Nachforschung zu entziehen, selbst wenn der Geflüchtete auch im Auslande vor einer Verhaftung und Auslieferung nicht sicher ist, so sind doch die Nachforschungen mit Mühe, Arbeit und Kosten verbunden. Vor allem aber verletzt die gelungene Flucht das gerechtfertigte Bedürfnis zur Sühne, sie mildert die Staatsautorität, schädigt das Ansehen der Polizei und Staatsanwaltschaft, reizt Andere zu neuen Straftaten an. Es kann nicht verlangt werden, daß der Staat das Risiko einer Flucht trägt, um so weniger als es sich bei zu erwartender hoher Strafe um ein schweres Delikt handelt. Auch der Einwand, daß das staatliche Organ ein Prophet sein müsse, wenn es beurteilen könne, welche Strafe zu erwarten ist, schlägt nicht durch. Einem erfahrenen Praktiker ist es durchaus möglich, abzuwägen, welche Strafhöhe in Betracht kommt. Als sonstige Beispiele des Fluchtverdachts seien hervorgehoben: sachliche Gründe: Fehlen einer festen Wohnung, unangemeldeter Aufenthalt, möbliertes Wohnen in verdächtigen Vierteln, Beziehungen zu Verbrecherkreisen, Beziehungen zum Ausland, Wohnen in nächster Nähe der Grenze; persönliche Gründe: gewohnheits- und gewerbsmäßiger Verbrecher. Der Fluchtverdacht kann auch aus dem früheren Verhalten des Täters in einem anderen oder in demselben Strafverfahren hergeleitet werden. Der Beschuldigte hat sich schon einmal verborgen gehalten oder er ist einer Ladung unentschuldigt nicht nachgekommen. Für den letzten Fall ist die Möglichkeit eines Haftbefehls in §§ 230, 236 StPO. ausdrücklich niedergelegt. Der Gesichtspunkt der Fluchtgefahr trifft auch zu, wenn der Verdacht des Selbstmordes besteht (wichtig vor allem bei Beteiligung Mehrerer an einer Straftat).

Verdunkelungsgefahr besteht, wenn — wie es in § 112 Abs. 1 StPO. heißt — „Tatsachen vorliegen, aus denen zu schließen ist, daß der Beschuldigte Spuren der Tat vernichten oder daß er Zeugen oder Mitschuldige zu einer falschen Aussage oder Zeugen dazu verleiten werde, sich der Zeugnispflicht zu entziehen". Zur Begründung der Verdunkelungsgefahr genügen ebenso wenig wie bei der Fluchtgefahr allgemeine Verdachtsgründe oder Erwägungen. Umgekehrt würde es aber zu viel verlangt sein, zu fordern, daß der Beschuldigte schon mit der Vorbereitung einer Verdunkelungshandlung begonnen habe. Praktisch würde damit gefordert werden, daß eine Vorbereitungshandlung festgestellt ist. Bis das aber der Fall ist, kann der Beschuldigte schon alle möglichen Verdunkelungen vorgenommen haben oder aber seine Vorbereitungen können schon so weit gediehen sein, daß sie durch Verwandte oder Freunde fortgesetzt werden können. Es genügen vielmehr für die Annahme der Verdunkelungsgefahr schon solche im konkreten Fall bestimmt festgestellte Tatsachen, bei denen nach der Lebenserfahrung damit zu rechnen ist, daß der Beschuldigte Handlungen vornehmen wird, um eine Aufklärung zu erschweren oder unmöglich zu machen. Das bloße Leugnen rechtfertigt die Annahme der Verdunkelungsgefahr allerdings noch nicht. Das Gesetz sieht eine solche nur in der Einwirkung auf Beweismittel, Zeugen oder Mitbeschuldigte. Daher vermag sogar der Umstand, daß der Täter die Strafverfolgungsbehörden auf falsche Fährten lenkt, allein noch nicht einen Haftbefehl wegen Verdunkelungsgefahr zu begründen. Der Mangel des Geständnisses oder das Unternehmen der Ablenkung der Strafverfolgungsbehörden vermag aber in Verbindung mit anderen Umständen sehr wohl die Annahme der Verdunkelungsgefahr zu rechtfertigen. Das würde beispielsweise der Fall sein, wenn Mitbeschuldigte vorhanden sind, die entweder überhaupt noch nicht ermittelt sind oder aber ebenfalls leugnen, wenn Zeugen gehört werden müssen, zu denen der Beschuldigte in näheren (verwandtschaftlichen, freundschaftlichen oder geschäftlichen) Beziehungen steht, wenn Urkunden und Bücher beigezogen werden müssen, die noch nicht sichergestellt und noch für den Beschuldigten erreichbar sind. In derartigen Fällen muß damit gerechnet werden, daß es nicht bei dem bloßen Ableugnen und Irreführen bleibt, sondern, daß der Beschuldigte darüber hinaus Verdunkelungshandlungen vornehmen wird. Anhaltspunkte für die Frage der Verdunkelungsgefahr lassen sich auch aus der Persönlichkeit des Beschuldigten gewinnen. Dem Ruf des Beschuldigten kann maßgebliche Bedeutung zukommen. Ist der Beschuldigte autoritätsfeindlich eingestellt oder lügnerisch veranlagt, so wird man um so eher von ihm erwarten können, daß er staatliche Maßnahmen zu durchkreuzen sucht. Das gilt vor allem von vielfach Vorbestraften, von Gewerbs- und Gewohnheitsverbrechern. Auch die Art und die näheren Umstände der Straftat kann von Wichtigkeit sein (z. B. Anstiftung zum Meineid). Hat der Täter ein Geständnis abgelegt oder sind die zur Überführung ausreichenden Spuren (insbesondere Urkunden und Bücher) genügend gesichert oder sind zuverlässige Zeugen vorhanden, so fehlen in der Regel die Grundlagen für die Annahme einer Verdunkelungsgefahr. Im Einzelfall kann allerdings trotzdem die begründete Annahme bestehen, daß der Beschuldigte in der Freiheit versuchen wird, durch unlautere Maßnahmen die Überführung dennoch zu durchkreuzen. Liegen hierfür Tatsachen vor, so ist die Verhaftung trotz Geständnisses geboten.

Der Wortlaut des § 112 StPO. bezieht sich nur auf solche Fälle der Verdunkelungsgefahr, in denen die Verdunkelungshandlung von dem Beschuldigten ausgeht. Damit sind aber die Möglichkeiten der Verdunkelung keineswegs erschöpft. Denkbar ist, daß die Vernichtung der Spuren oder die Verleitung Anderer zur falschen Aussage oder zur Entziehung vor der Aussage von Dritten ausgeht, daß sich der Beschuldigte diese Sachlage nur dadurch zu Nutze macht, daß er entweder bloß eine strafbare Handlung in Abrede stellt oder aber daß er auf die unrichtigen Gesichtspunkte und die falschen Zeugnisse hinweist. Auch in solchen Fällen wird man die Zulässigkeit einer Verhaftung wegen Verdunkelungsgefahr zuzulassen haben. Der Sinn des § 112 ist die Gewährleistung der sicheren Durchführung des Verfahrens. Von wem die Gefahr ausgeht, ist eine Frage untergeordneter Bedeutung. Die Festnahme des Beschuldigten bedeutet auch keine unbillige Härte, wenn er bestrebt ist, die Vorteile dieser Lage auszuwerten. Ob man in einem derartigen Falle die Zulässigkeit des Haftbefehls damit begründet, daß das Gesetz als Beispiel der Verdunkelungsgefahr nur den Hauptfall erwähnt (dagegen wohl der Wortlaut) oder aber, daß analoge Anwendung des Gesetzes geboten ist, deren grundsätzliche Berechtigung im Strafprozeß auch bei einer Anwendung zu Ungunsten des Beschuldigten allgemein anerkannt ist, ist Frage der juristischen Konstruktion.

Der Haftgrund der Rückfallgefahr (eingeführt durch d. RG. vom 28. VI. 1935) ist gegeben, wenn Tatsachen vorliegen, aus denen zu schließen ist, daß der Beschuldigte die Freiheit zu neuen strafbaren Handlungen mißbrauchen werde. Es muß zu erwarten stehen, daß der Täter bis zu seiner Aburteilung vorsätzlich neue Straftaten begeht. Es braucht sich dabei nicht um die gleichen oder gleichartige Delikte zu handeln. Tatsachen, die Rückfallgefahr begründen, sind z. B. die Vorbereitung oder das Inaussichtstellen neuer strafbarer Handlungen. Einen Schluß auf die Rückfallgefahr läßt häufig die Art und die Durchführung der begangenen Straftat zu, z. B. der Aufbau des betrügerischen Unternehmens. Entscheidende Bedeutung kommt der Persönlichkeit des Täters zu. Rückfallgefahr wird regelmäßig bei Gewerbs- und Gewohnheitsverbrechern anzunehmen sein. Nicht selten wird sie auch bei den sogenannten Überzeugungstätern vorliegen.

Von der Gefahr der Verletzung des allgemeinen Rechtsempfindens kann man dann sprechen, „wenn — wie es in der Neufassung des § 112 Abs. 1 StPO. durch d. RG. vom 28. VI. 1935 heißt — es mit Rücksicht auf die Schwere der Tat und die durch sie hervorgerufene Erregung der Öffentlichkeit nicht erträglich wäre, den Angeschuldigten in Freiheit zu lassen". Das Gesetz stellt also auf zweierlei ab: auf die Bedeutung der Tat und auf ihre Wirkung auf die Öffentlichkeit. Die Schwere der Tat bestimmt sich vornehmlich nach dem Ziel, der Art und Weise der Durchführung der Handlung, ihrem Erfolg und nicht zuletzt nach der Persönlichkeit des Täters (sowohl nach der sozial-wertvollen als auch nach der sozialgefährlichen Seite hin, z. B. Wirtschaftsführer, Beamter oder Amtswalter, aber auch asoziale oder staatsfeindliche Elemente). Die Wirkung der Tat muß derart sein, daß sie in einem beliebigen Bevölkerungsteil, der örtlich beschränkt sein kann, Aufsehen und Erbitterung erregt hat, so daß das gesunde Rechtsempfinden die sofortige Verhaftung erfordert.

Besonders geregelt sind die Haftgründe in der Militärstrafgerichtsordnung. § 96 erwähnt als Haftgründe: Verbrechen als Gegenstand der Untersuchung, Fluchtgefahr, Verdunklungsgefahr, Rückfallgefahr. Ferner ist — über den allgemeinen Strafprozeß hinaus — die Untersuchungshaft zulässig, wenn die Aufrechterhaltung der militärischen Manneszucht die Verhaftung erfordert (generalpräventive Funktion der Untersuchungshaft).

Weitere Haftvoraussetzungen und Haftgründe bestehen nach geltendem Rechte nicht. Aus Anlaß des Todes des ehemaligen Reichspostministers Dr. Höfle, der am 20. IV. 1925 in der Untersuchungshaft eintrat, wurde die Frage, ob Haftfähigkeit als notwendige Voraussetzung der Untersuchungshaft anzusehen sei, lebhaft erörtert. Diese Frage taucht dann auf, wenn der Beschuldigte sich in einem solchen körperlichen oder geistigen Zustande befindet, daß von dem Vollzuge der Untersuchungshaft schwere gesundheitliche Nachteile, wenn nicht gar der Tod zu erwarten ist, oder wenn der Beschuldigte bereits an einer schweren Krankheit leidet, die in der Untersuchungshaft nicht entsprechend oder angemessen behandelt und bei der vielleicht mit dem Ableben des Beschuldigten gerechnet werden kann. Bei der ersten Alternative verschlimmert die Untersuchungshaft den Zustand, bei der zweiten würde die Verschlimmerung oder der Tod auch ohne Untersuchungshaft eintreten. Man versucht nicht selten diese Fälle nach den Bestimmungen über die Haftfähigkeit bei der Strafhaft zu lösen. So ordnet § 455 Abs. 2 StPO. den Aufschub der Vollstreckung einer Freiheitsstrafe an, falls von der Vollstreckung eine nahe Lebensgefahr für den Verurteilten zu befürchten steht. Die Vorschriften über die Strafhaft lassen sich jedoch nicht auf die Untersuchungshaft übertragen. Die Untersuchungshaft ist eine von der Strafhaft sich wesentlich unterscheidende Maßnahme. Die Entscheidung kann vielmehr nur aus dem Wesen der Untersuchungshaft selbst und ihrer gesetzlichen Regelung getroffen werden. Wird durch die Krankheit die Fluchtgefahr oder die Verdunkelungsgefahr beseitigt, so entfällt der Haftgrund. Die Untersuchungshaft ist daher unzulässig. Trotz der Krankheit kann jedoch ein Haftgrund bestehen. In diesem Falle ergibt sich die Lösung aus dem allgemein gültigen Gesichtspunkt der Interessenabwägung. Das Interesse der Allgemeinheit an der Durchführung des Strafverfahrens, an der Verwirklichung der Gerechtigkeit, ist in Vergleich zu stellen mit dem Interesse der Allgemeinheit an der Erhaltung der Kraft und des Lebens des Einzelnen und der Vermeidung unbilliger Härten sowie mit dem persönlichen Interesse des Betroffenen und seiner Angehörigen. Das Interesse an der Durchführung des Verfahrens ist um so stärker, je schwerer das begangene Verbrechen und je höher die zu erwartende Strafe ist. Das gilt vor allem für todeswürdige Verbrechen, aber auch schon dann, wenn mit langjährigen Freiheitsstrafen zu rechnen ist. Auch der Umfang des Strafverfahrens kann von ausschlaggebender Bedeutung sein. Soll beispielsweise ein Komplott aufgedeckt werden, so wird trotz Krankheit und Lebensgefahr eines Beteiligten von der Untersuchungshaft nicht Abstand zu nehmen sein, wenn die Freilassung den Erfolg des ganzen Verfahrens in Frage stellt. Das Interesse des Betroffenen wiegt um so schwerer, je mehr Nachteile die Untersuchungshaft für ihn bringt. Im Falle einer Verschlimmerung der Krankheit durch die Untersuchungshaft wird daher eine Abstandnahme eher in Betracht kommen als wenn die Krankheit und ihr Ausgang von der Untersuchungshaft unabhängig ist. Aber auch in dem letzten Fall wird jeweils zu prüfen sein, ob man das Interesse des Betroffenen und seiner Angehörigen an einem Lebensende außerhalb der Anstalt berücksichtigen kann, ganz abgesehen davon, daß die Strafverfolgungsbehörde es soweit als möglich vermeiden wird, dem Rufe der Rücksichtslosigkeit gegenüber schwerkranken Beschuldigten und dem, wenn auch unbegründeten Vorwurf der Schuld an Krankheit und Tod Nahrung zu geben. Allgemein gültige Regeln können auch hier nicht aufgestellt werden. Maßgebend ist die Lage des Einzelfalls.

Die Anordnung der Untersuchungshaft ist stets dem Ermessen des staatlichen Organs überlassen. Das entbindet freilich nicht von pflichtgemäßer Prüfung. Diese hat sich vor allem darauf zu erstrecken, ob nicht minder einschneidende Maßnahmen ausreichen (Vorführung, Haussuchung, Beschlagnahme). Aber trotz Fehlens solcher anderer Mittel und trotz Vorliegens der Haftvoraussetzungen ist die Anordnung der Untersuchungshaft nicht zwingend vorgeschrieben. Das Gesetz hat gerade in Anbetracht der schwerwiegenden Folgen der Untersuchungshaft von jeglichem Zwange Abstand genommen. Zieht man in Betracht, daß schon die Begriffe „dringende Verdachtsgründe", „Fluchtgefahr", „Verdunkelungsgefahr", „Rückfallgefahr" und „Gefahr der Verletzung des allgemeinen Rechtsempfindens" dehnbar und unbestimmt sind, so ist durch Absehen der Bindung des Organs diesem ein weites Betätigungsfeld persönlicher Anschauungen gewährt.

b) Eine Einschränkung für die Anordnung der Untersuchungshaft bringt §113 StPO. Bei Übertretungen und leichten Vergehen (d. h. Vergehen, die nur mit Geldstrafe bedroht sind) ist Untersuchungshaft wegen Verdunkelungsgefahr ausgeschlossen. Untersuchungshaft wegen Fluchtgefahr ist nur beschränkt zulässig. Sie darf nur dann verhängt werden, wenn der Beschuldigte ein Heimatloser oder Landstreicher oder nicht imstande ist, sich über seine Person auszuweisen, oder wenn er Ausländer ist und wenn begründete Zweifel bestehen, daß er sich auf Ladung vor Gericht stellen und dem Urteile Folge leisten wird oder wenn er unter Polizeiaufsicht steht oder schließlich wenn es sich um eine Übertretung handelt, wegen derer die Unterbringung in einem Arbeitshaus angeordnet werden kann. Das ist vor allem der Fall bei Landstreichern, Bettlern, Arbeitsscheuen und Dirnen.

2. Ersatzmittel. Ersatzmittel sind solche weniger einschneidende Maßnahmen, durch die die Verhängung oder der Vollzug der Untersuchungshaft überflüssig werden. Es sind Maßnahmen, die an Stelle der Untersuchungshaft treten, die in einer solchen Lage zur Anwendung kommen, bei der an sich die Untersuchungshaft geboten ist. Die Strafprozeßordnung erwähnt nur eine derartige Maßnahme, die zwar nicht die Anordnung oder Aufrechterhaltung des Haftbefehls betrifft, wohl aber seine Vollstreckung ausschließen kann: die Sicherheitsleistung (§117). Sie kann durch Hinterlegung in barem Geld oder in Wertpapieren oder durch Pfandbestellung oder mittels Bürgschaft geeigneter Personen erfolgen. Eine Freilassung gegen Sicherheitsleistung kommt nur in Betracht, wenn die Verhaftung wegen des Verdachts der Flucht angeordnet ist. Aber auch für den Fall der Stellung ausreichender Sicherheit ist die Verschonung mit dem Vollzuge der Untersuchungshaft nicht zwingend vorgeschrieben. Die Freilassung unterliegt dem Ermessen des zur Entscheidung berufenen Organs. Wenngleich auch in einem solchen Fall die Ablehnung der Freilassung die Ausnahme sein wird, so ist doch denkbar, daß der Vollzug der Untersuchungshaft im Hinblick auf die Schwere der Tat, die unsoziale Auswirkung der Freilassung oder die Sicherheit der Allgemeinheit gerechtfertigt ist.

Wenngleich die Strafprozeßordnung auch als einziges Ersatzmittel die Sicherheitsleistung anführt, so muß es doch als zulässig erachtet werden, den Vollzug auch aus anderen Gründen auszusetzen. Wenn tatsächlich im Einzelfall andere geeignete Maßnahmen zur Anwendung gebracht werden können, so ist nicht einzusehen, weswegen von ihnen nicht Gebrauch gemacht werden darf. Handelt es sich doch bei der Untersuchungshaft um eine Maßnahme, die für die Allgemeinheit nicht minder als für den Einzelnen von den schwersten Folgen sein kann. Es kann nur darauf ankommen, daß der Untersuchungszweck erreicht wird. Freilich wird die entscheidende Stelle eine Ersatzanordnung nur dann treffen, wenn ihr Erfolg feststeht. Tatsächlich macht die Praxis auch von derartigen Maßnahmen Gebrauch. Es kommen z. B. in Betracht: regelmäßige Meldepflicht, Abgabe des Auslandspasses, Ermöglichung ständiger Erreichbarkeit. Umstritten ist die Zulässigkeit des Hausarrestes. Doch wird man auch ihn in folgerichtiger Durchführung der mitgeteilten Grundgedanken zulassen müssen.

Einen weiteren gesetzlichen Ausbau hat das System der Ersatzmittel durch das Jugendgerichtsgesetz erhalten. Nach § 28 Abs. 1 JGG. ist die Untersuchungshaft nur zu vollziehen, wenn ihr Zweck nicht durch andere Maßregeln, insbesondere durch eine vorläufige Anordnung über die Erziehung und Unterbringung erreicht werden kann.

3. Die Zuständigkeit zur Anordnung der Untersuchungshaft und der Ersatzmaßregeln. Die Entscheidung liegt in der Hand des Richters. Die Verhaftung erfolgt gemäß § 114 StPO. auf Grund eines schriftlichen Haftbefehls des Richters. Nur falls Gefahr im Verzuge ist, sind der Staatsanwalt und die Polizei- und Sicherheitsbeamten bei Vorliegen der Haftvoraussetzungen und Haftgründe zur vorläufigen Festnahme des Beschuldigten befugt (§ 127 StPO.). In diesem Falle ist der Festgenommene unverzüglich dem Amtsrichter zur Entscheidung über den Erlaß eines Haftbefehls vorzuführen (§ 128 StPO.). Die Auslegung des Begriffes „unverzüglich" ist Gegenstand lebhafter Meinungsverschiedenheiten gewesen. Durch die höchstrichterliche Rechtsprechung ist in maßgeblicher Weise der Begriff dahin erläutert worden, daß die Vorführung regelmäßig nur dann als unverzüglich anzusehen sei, wenn sie innerhalb der nächsten 24 Stunden, spätestens aber am Tage nach der Ergreifung stattfinde. Unerhebliche Überschreitung dieses Zeitraumes ist allerdings bei Vorliegen besonderer Gründe zulässig. Im Hinblick auf § 114b Abs. 1 StPO. entspricht diese Auslegung dem Gesetze. Es folgt aus ihr namentlich, daß die Polizeibehörden nicht befugt sind, zwecks Sammlung weiteren Belastungs- und Entlastungsmaterials die Vorführung hinaus zu schieben. Neigung dazu könnte deswegen bestehen, weil die Polizei vor der Verhaftung ohne Gefährdung der Untersuchung bestimmte wichtige Ermittlungen nicht machen konnte und daher befürchtet, daß der Richter den Vorgeführten freilassen wird. Hält sich der Richter vor Augen, daß dringender Tatverdacht sich nach der jeweiligen Lage der Sache, insbesondere auch nach den Ermittlungsmöglichkeiten bemißt, so werden, wenn der ermittelnde Beamte — unter Umständen persönlich — den Richter über die weiteren eingeleiteten und zu erwartenden Ermittlungen in Kenntnis setzt, Unzuträglichkeiten nicht zu erwarten sein.

4. Aufhebung der Untersuchungshaft. Gemäß § 115a StPO. ist, solange der Beschuldigte sich in Untersuchungshaft befindet, jederzeit von Amts wegen darauf zu achten, ob die Fortdauer der Haft zulässig und notwendig ist. In jedem Stande des Verfahrens ist zu prüfen, ob die Haftvoraussetzungen oder Haftgründe entfallen sind. Ist die Untersuchungshaft nur wegen Verdunkelungsgefahr verhängt, so ist vor allem zu prüfen, ob auf Grund der erfolgten Ermittlungen (Zeugenvernehmungen, Haussuchungen, Beschlagnahmen, Sachverständigengutachten) überhaupt noch eine Verdunkelung stattfinden kann.

Entfallen die Haftvoraussetzungen und Haftgründe, so hat die Aufhebung des Haftbefehls und die Entlassung aus der Untersuchungshaft zu erfolgen (§ 123 StPO.). Das hat insbesondere mangels dringenden Tatverdachts dann zu geschehen, wenn der Angeschuldigte freigesprochen oder außer Verfolgung gesetzt worden ist. Die Einlegung eines Rechtsmittels darf in diesem Falle die Freilassung nicht verzögern. Eine Wiederverhaftung ist jedoch zulässig.

Die Aufhebung des Haftbefehls kann für den Häftling, wenn sie kurz vor dem Termin oder gar nach seiner Verurteilung erfolgt, eine Härte bedeuten. Der bald erfolgende Strafantritt bedeutet bei einer Haftunterbrechung vielfach eine stärkere seelische Belastung als die unmittelbare Überführung aus der Untersuchungshaft in die Strafhaft. Dieser Umstand ist bei Fortfall der Haftbedingungen bedeutungslos, wohl aber ist er zu berücksichtigen, soweit die Entscheidung im Ermessen liegt.

5. Anrechnung der Untersuchungshaft. Nach § 60 StGB. kann eine erlittene Untersuchungshaft bei Fällung des Urteils auf die erkannte Strafe ganz oder teilweise angerechnet werden. Die Anrechnung der

Untersuchungshaft steht demnach grundsätzlich im Ermessen des Richters. Das entbindet ihn freilich nicht davon, seine Entscheidung von sachlichen und angemessenen Erwägungen abhängig zu machen. So hat der Richter auf der einen Seite zu beachten, daß, wenn zwar auch der Vollzug der Untersuchungshaft gegenüber dem der Strafhaft milder ist, die Untersuchungshaft vielfach seelisch, zuweilen auch wirtschaftlich besonders drückend wirkt, und daß sie mit der Freiheitsstrafe deren schlimmste Folge: den Freiheitsentzug gemeinsam hat. Diese Umstände sprechen für die Anrechnung. Auf der anderen Seite kann aber berücksichtigt werden, daß der Beschuldigte durch sein eigenes Verhalten (unwahre Angaben, unsachliche Anträge, völlig aussichtsloses Rechtsmittel) die Untersuchungshaft unnötig verlängert hat.

Die Anrechnung der Untersuchungshaft durch das Gericht hat die Wirkung, daß die bis zur Urteilsverkündung erlittene Untersuchungshaft in Berücksichtigung kommt. Ist der Beschuldigte ohne Vorliegen eines Haftbefehls gemäß § 127 Abs. 2 StPO. von der Staatsanwaltschaft oder Polizei vorläufig festgenommen, so wird die Zeit von der vorläufigen Festnahme bis zur Überführung in die Untersuchungshaft mitberechnet, da die vorläufige Verwahrung die Funktion der Untersuchungshaft ausübt und ihre Einleitung darstellt.

Die Zeit nach der Urteilsverkündung wird dagegen nicht von der im Urteil ausgesprochenen Anrechnung der Untersuchungshaft berührt. Da das Urteil der Revisionsinstanz nur die rechtliche Nachprüfung des angefochtenen Urteils bedeutet und keine selbständige, von dem angefochtenen Urteil losgelöste Sachentscheidung enthält, kann in der Revisionsinstanz eine Anrechnung der weiterhin erlittenen Untersuchungshaft nicht erfolgen. Wird die Revision des Angeklagten verworfen, so kann der Verurteilte eine Anrechnung der Untersuchungshaft nur im Gnadenwege erlangen. Die Einlegung der Revision bedeutet für den Untersuchungshäftling demnach ein nicht geringes Risiko.

Um einen Untersuchungshäftling, der seinerseits keinen Anlaß zu einer Hinauszögerung der Rechtskraft des Urteils gegeben hat, nicht unbilligerweise durch ein von anderer Seite eingelegtes Rechtsmittel zu belasten, bestimmt § 450 StPO., daß auf die zu vollstreckende Freiheitsstrafe die Untersuchungshaft unverkürzt anzurechnen ist, welche der Angeklagte erlitten hat, seit er auf Einlegung eines Rechtsmittels verzichtet oder das eingelegte Rechtsmittel zurückgenommen hat oder seitdem die Einlegungsfrist abgelaufen ist, ohne daß er eine Erklärung abgegeben hat.

Die Anrechnung der Untersuchungshaft kann auf jede zeitige Freiheitsstrafe und auch auf Geldstrafe erfolgen.

6. Schadenersatz für erlittene Untersuchungshaft. a) Die Regelung des Ersatzes für erlittene Untersuchungshaft trifft das G. vom 14. VII. 1904 (mit Anderungen vom 24. XI. 1933). Einen Anspruch auf Entschädigung für erlittene Untersuchungshaft gewährt das Gesetz nur Personen, die im Strafverfahren ohne gleichzeitige Anordnung der Unterbringung in eine Heil- und Pflegeanstalt freigesprochen oder durch Beschlüsse des Gerichts außer Verfolgung gesetzt sind. Voraussetzung des Entschädigungsanspruchs ist ferner, daß das Verfahren die Unschuld des Angeschuldigten ergeben hat oder daß gegen ihn wenigstens ein begründeter Verdacht nicht vorliegt. Trotz Vorliegens der genannten Voraussetzung entfällt der Anspruch auf Entschädigung, wenn der Verhaftete die Untersuchungshaft vorsätzlich herbeigeführt oder durch grobe Fahrlässigkeit verschuldet hat. Ferner kann der Anspruch ausgeschlossen werden, wenn die zur Untersuchung gezogene Tat des Angeschuldigten eine grobe Unredlichkeit oder Unsittlichkeit in sich geschlossen hat oder in einem die Zurechnungsfähigkeit ausschließenden Rausch begangen ist, oder wenn der Verdacht der Vorbereitung eines Verbrechens oder Vergehens besteht. Schließlich kann die Entschädigung auch bei solchen Personen ausgeschlossen werden, die mit ehrenrührigen Strafen oder mit die Ehre berührenden Sicherungsmaßnahmen belegt sind (Nichtbesitz der bürgerlichen Ehrenrechte, Zuchthausstrafe, deren Verbüßung noch nicht drei Jahre zurückliegt, Polizeiaufsicht, rechtskräftige Anordnung der Unterbringung in einem Arbeitshaus innerhalb der letzten zwei Jahre).

Gegenstand des Ersatzes ist nur der entstandene Vermögensschaden. Die Höchstgrenze der Entschädigung ist ein Kapitalbetrag von 75000 RM. oder ein Rentenbetrag von jährlich 4500 RM.

Außer dem Verurteilten haben die gesetzlichen Unterhaltsberechtigten des Verurteilten einen Anspruch auf Entschädigung.

b) Das Gesetz betreffend die Entschädigung für unschuldig erlittene Untersuchungshaft betrifft nicht die Fälle, in denen das staatsanwaltschaftliche Ermittlungsverfahren zur Einstellung gelangt, da hier der Beschuldigte weder freigesprochen noch außer Verfolgung gesetzt ist. Hier besteht kein Rechtsanspruch auf Entschädigung. Jedoch besteht die Möglichkeit der Zubilligung eines Ersatzes aus Billigkeitserwägungen.

7. Durchführung der Untersuchungshaft. Die Richtlinien über den Vollzug der Untersuchungshaft sind in der Strafprozeßordnung niedergelegt (§ 116 StPO.). Die Durchführung im einzelnen ist zur Zeit noch landesrechtlich geregelt. In Preußen gilt die Verordnung über die Durchführung der Untersuchungshaft vom 1. VIII. 1933. Eine einheitliche reichsrechtliche Regelung ist in Kürze zu erwarten.

Die Durchführung der Untersuchungshaft erfolgt entweder in besonderen Untersuchungsgefängnissen oder in Gerichtsgefängnissen. Reine Untersuchungsgefängnisse gibt es in Preußen nicht. In den Anstalten, die dauernd eine größere Zahl von Untersuchungshäftlingen aufnehmen, sind für die Untersuchungshäftlinge besondere Abteilungen eingerichtet. Die Unterbringung des Untersuchungshäftlings erfolgt grundsätzlich in der Weise, daß er bei Tag und Nacht, namentlich auch bei der Arbeit, allein in einer Zelle untergebracht ist. Er darf jedoch bei der Bewegung im Freien, beim Gottesdienst oder auch bei sonstigen besonderen Anlässen mit anderen Häftlingen zusammenkommen (Zellenhaft). Die Zellenhaft läßt sich freilich nicht immer durchführen. Die Gründe dafür können in einer Überbelegung der Anstalt liegen. Sie können sich aber auch aus der Person des Häftlings ergeben. So können aus der Zellenhaft Gefahren für Gesundheit oder Leben entstehen (Verdacht der Neigung zum Selbstmord). In diesen Fällen können auch mehrere Häftlinge in einem Raum untergebracht werden. Wo der Untersuchungshäftling mit anderen in Berührung kommt, ist zweierlei zu beachten: zunächst im Interesse des Untersuchungshäftlings, daß er von Strafgefangenen getrennt bleibt; dann im Interesse der Durchführung des Strafverfahrens, daß er mit Häftlingen, die der Mittäterschaft, Teilnahme, Begünstigung oder Hehlerei in bezug auf dieselbe Tat verdächtig sind, nicht in Verbindung kommt. Solche Häftlinge sind in möglichst von einander entfernt liegenden Hafträumen zu verwahren. Aber selbst bei strenger Abscheidung wird es oftmals nicht möglich sein, innerhalb einer Anstalt die Beziehungen zwischen den verschiedenen in derselben Sache festgenommenen Häftlingen völlig zu unterbinden. Werden jugendliche Häftlinge in Gemeinschaftshaft gebracht, so ist dafür zu sorgen, daß sie sittlich nicht gefährdet werden. Eine Zusammenlegung von Erwachsenen und Jugendlichen ist grundsätzlich zu vermeiden. Sie darf nur erfolgen, wenn der körperliche oder geistige Zustand des Jugendlichen sie gebietet.

Dem Häftling werden nur solche Beschränkungen auferlegt, die zur Sicherung des Haftzweckes oder im Hinblick auf die Ordnung in der Anstalt notwendig sind. Er darf sich in diesem Rahmen Bequemlichkeiten und Beschäftigungen verschaffen, die seinem Stande und seinen Vermögensverhältnissen entsprechen. Er kann sich selbst beköstigen. Der Genuß leichter geistiger Getränke kann ihm in mäßigem Ausmaß genehmigt werden. Dem männlichen Untersuchungshäftling kann das Tabakrauchen gestattet werden. Ob sich der Untersuchungshäftling an den in der Anstalt eingeführten Arbeiten beteiligen will, ist ihm freigestellt. Selbstbeschäftigung kann ihm erlaubt werden. Er darf mit Zustimmung des Richters eigene Bücher lesen oder eigene Zeitungen und Zeitschriften halten. Der Untersuchungshäftling trägt in der Regel eigene Kleidung und Wäsche. Er darf auch eigene Bettwäsche benutzen. Sind seine Sachen nicht ausreichend oder in Ordnung, oder will der Untersuchungshäftling sie schonen, so erhält er Hauskleidung. Diese hat sich von der Kleidung der Strafgefangenen zu unterscheiden.

Den Verkehr mit der Außenwelt regeln die Bestimmungen über Besuche, Schriftverkehr und Ausführung. Die Erlaubnis zum Besuch eines Häftlings erteilt der Richter. Er setzt Zeitpunkt, Häufigkeit und Dauer der Besuche im Benehmen mit dem Anstaltsvorsteher fest. Jedoch kann der Richter allgemein oder für bestimmte Personen die Entscheidung über die Zulassung von Besuchen dem Vorsteher übertragen. Die Besuche werden überwacht. Ausnahmen sind zulässig. Falls es der Stand der Ermittlungen gebietet, kann der Richter den Besuchsempfang unterbinden und Besuchssperre anordnen. Der Schriftverkehr des Häftlings ist, falls im Einzelfall nicht Gegenteiliges angeordnet ist, zeitlichen Beschränkungen nicht unterworfen. Wohl aber unterliegt er der Überwachung durch den Richter. Das gilt nicht nur, wenn die Untersuchungshaft wegen Verdunkelungsgefahr, sondern auch wenn sie wegen der sonstigen Haftgründe angeordnet ist. Die Notwendigkeit und Berechtigung der Überwachung auch in dem letzten Fall ergibt sich aus der Anstaltsordnung. Dem überwachenden Richter ist zur Pflicht gemacht, für eine schnelle Abwicklung des Briefverkehrs Sorge zu tragen und das Briefgeheimnis strengstens zu wahren. Beanstandet der Richter einen Brief, so sieht er von seiner Weiterbeförderung ab. Er kann ihn entweder dem Absender zurückschicken oder ihn zu den Ermittlungsakten nehmen oder ihn dem Vorsteher der Anstalt vorlegen, falls der Inhalt des Briefs für diesen von Bedeutung ist. Dem Häftling soll der Richter von der Beanstandung Nachricht geben, wenn die Untersuchung dadurch nicht gefährdet wird.

Besonderen Bestimmungen unterliegt der Verkehr des Häftlings mit dem Verteidiger. Dem verhafteten Beschuldigten ist schriftlicher und mündlicher Verkehr mit dem Verteidiger gestattet (§ 148 Abs. 1 StPO.). Für die Freiheit des Verkehrs ist der Zeitpunkt der Eröffnung des Hauptverfahrens oder, wo ein Eröffnungsbeschluß fehlt, der Zeitpunkt der Einreichung der Anklageschrift von maßgebender Bedeutung. Bis zu diesem Zeitpunkt kann der Richter, falls die Untersuchungshaft wegen Verdunkelungsgefahr angeordnet ist, bestimmen, daß Unterredungen zwischen dem Verteidiger und dem Häftling nur in seiner Gegenwart oder in Gegenwart eines anderen Richters stattfinden dürfen. Auch kann der Richter den Besuch von der jeweiligen Erteilung der Sprecherlaubnis abhängig machen. Er kann auch schriftliche Mitteilungen zurückweisen, wenn ihm die Einsicht nicht gestattet wird. Nach dem bezeichneten Zeitpunkt unterliegt der Verkehr mit dem Verteidiger keinerlei Beschränkungen mehr. Bei jugendlichen Häftlingen gilt für den Verkehr mit dem Jugendamt, dem Schutzhelfer oder dem bestellten Beistand das Entsprechende.

Eine Ausführung des Untersuchungshäftlings kann erfolgen, wenn dieser wichtige und unaufschiebbare Angelegenheiten persönlicher, geschäftlicher oder rechtlicher Art zu erledigen hat. Die Ausführung darf sich nur auf einige Tagesstunden erstrecken. Sie bedarf der richterlichen Zustimmung. Sie geschieht auf Kosten des Häftlings.

Erkrankt ein Häftling, so hat für ihn der Anstaltsarzt Sorge zu tragen. Jedoch kann der Untersuchungshäftling auf eigene Kosten mit Genehmigung des Richters einen anderen Arzt zuziehen. Mit Zustimmung des Richters kann der erkrankte Häftling in eine andere für die Behandlung kranker Gefangener besonders eingerichtete Anstalt oder Abteilung oder aber auch in eine öffentliche Heil- oder Pflegeanstalt gebracht werden. Bei Schwangeren kommt die Überführung in eine Entbindungs- oder Krankenanstalt in Betracht. Geisteskranke oder der Geisteskrankheit dringend verdächtige Häftlinge können in eine Strafanstalts-Beobachtungsabteilung aufgenommen werden. Bei der Anordnung derartiger Maßnahmen ist stets zu prüfen, ob sie mit den Zwecken der Haft vereinbar sind. Das wird z. B. bei einer Unterbringung in einer öffentlichen Krankenanstalt häufig nicht der Fall sein.

Falls die Untersuchungszwecke oder die persönlichen Verhältnisse des Häftlings es erforderlich machen, können gegen den Häftling Sicherungsmaßregeln angeordnet werden. Es können aus seiner Zelle Einrichtungsgegenstände entfernt oder ihm Arbeitsgeräte oder Bekleidungsstücke entzogen werden, falls durch sie Flucht-, Verdunkelungs- oder Selbstmordversuche gefördert werden können. Die Fesselung ist gestattet, wenn sie wegen besonderer Gefährlichkeit des Häftlings, namentlich zur Sicherung Anderer erforderlich erscheint oder wenn er einen Selbstmordversuch oder Entweichungsversuch bereits gemacht oder vorbereitet hat. In der Hauptverhandlung soll jedoch der Häftling ungefesselt erscheinen. Zu den Sicherungsmaßnahmen ist auch die Zwangsernährung bei Verweigerung der Nahrungsaufnahme zu rechnen.

Die Verhängung von Hausstrafen ist zulässig, wenn der Häftling sich gegen die Ordnung im Gefängnis vergangen hat und die Bestrafung zur Aufrechterhaltung der Ordnung und der Sicherheit erforderlich ist.

III. Bedeutung und Wirkung der Untersuchungshaft. a) Die Frage nach der Bedeutung und Wirkung der Untersuchungshaft ergibt sich um so dringlicher, als es sich bei ihr um eine häufig angewandte prozessuale Maßnahme handelt. Über die Zahl der Untersuchungsgefangenen in Preußen gibt die Statistik über die Gefangenenanstalten der Justizverwaltung in Preußen Aufschluß. Um die Bedeutung der Zahlen verständlich zu machen, werden die Zahlen der in den Gefängnissen untergebrachten Strafgefangenen ebenfalls mitgeteilt.

Haushaltsjahr	Gesamtzahl der im Laufe des Jahres untergebrachten					
	Untersuchungshäftlinge		Strafgefangenen			
			Gefängnis		Haft	
	Männer	Frauen	Männer	Frauen	Männer	Frauen
1925	103 383	12 876	169 643	16 223	35 674	23 697
1926	93 195	10 061	151 114	13 821	39 946	21 908
1927	76 471	6 832	122 392	10 348	30 272	7 734
1928	73 890	5 710	115 424	8 532	26 967	2 618
1929	75 778	5 496	120 240	8 621	27 693	3 036

Die Zahl der Untersuchungshäftlinge hat sich in den Jahren von 1925—1929 erheblich verringert. Die sinkende Tendenz hält bis zur nationalen Erhebung an. Mit dem Einsetzen eines schärferen Vorgehens gegen das Verbrechertum hat sich die Zahl jedoch wieder erhöht. Zwar fehlen noch die Zusammenstellungen über das gesamte preußische Gebiet. Aufschlußreich sind jedoch die das Gefängnis Köln betreffenden Zahlen, in denen sich der allgemeine Zug widerspiegeln dürfte.

Haushaltsjahr	Gesamtzahl der im Laufe des Jahres untergebrachten					
	Untersuchungshäftlinge		Strafgefangenen			
			Gefängnis		Haft	
	Männer	Frauen	Männer	Frauen	Männer	Frauen
1931	2699	544	7115	639	1373	112
1932	2545	475	7219	570	1159	116
1933	3197	957	8025	737	1091	331
1934	3725	660	6043	551	816	248

Die zur Verfügung stehenden Zahlen lassen leider nicht erkennen, aus welchem Grunde (Fluchtgefahr, Verdunkelungsgefahr oder beides) die Untersuchungsgefahr angeordnet ist, sie ergeben aber ein hinreichend deutliches Bild davon, wie notwendig die Praxis zur Sicherung der Durchführung des Strafverfahrens die häufige Anwendung der Untersuchungshaft erscheint.

b) Die positive Wirkung der Untersuchungshaft besteht vornehmlich in der Erreichung der mit ihr verfolgten Zwecke: der Unterbindung der Möglichkeit der Flucht und der Verdunkelung, der Sicherung der Allgemeinheit und der Beruhigung des verletzten Rechtsempfindens. Darüber hinaus löst die Untersuchungshaft, auch ohne daß nach geltendem Recht ihr Zweck gerade darauf gerichtet ist, generalpräventive Wirkung aus. Von großer Bedeutung ist die Frage, welchen Einfluß die Untersuchungshaft auf die Aufklärung des Sachverhalts hat. Die Untersuchungshaft führt in vielen Fällen zu einem Geständnis des Beschuldigten, zu dem es ohne seine Inhaftnahme nicht gekommen wäre. Schon die überraschende Festnahme kann dem Beschuldigten seine Selbstsicherheit nehmen und ihn zu einem Geständnis bewegen. Häufig werden aber erst das längere Losgelöstsein von der Umwelt, die Abtrennung von allen das Strafverfahren durchquerenden Einflüssen, das Ausgeliefertsein an die staatliche Autorität, die den Willen und die Widerstandskraft lähmende Wirkung der Untersuchungshaft, die dauernde Einwirkung der Vernehmungen mit der immer deutlicher werdenden Erkenntnis, daß die Beweise sich immer mehr schließen, den Häftling veranlassen, seine Täterschaft einzugestehen. Die Inhaftnahme eines Beschuldigten wird nicht selten auch die Zeugen zu offenen und ehrlichen Mitteilungen veranlassen, die sich sonst vielleicht gescheut hätten, den Beschuldigten zu belasten. Sie sehen nun, daß das Schicksal seinen Gang geht und daß sie nicht die den Anstoß gebenden Kräfte sind.

Freilich darf nicht verkannt werden, daß die Untersuchungshaft auch umgekehrte Wirkungen ausüben kann. Sie kann den Täter zu einem falschen Geständnis veranlassen, indem er es in der Erwartung abgibt, entlassen zu werden. Der Vernehmende sollte sich wenigstens in der Regel davor hüten, durch Erweckung von Hoffnungen ein Geständnis herbeizuführen. Auch auf Zeugen kann die Untersuchungshaft einen ungünstigen Einfluß ausüben. Die Festnahme stärkt in den Zeugen den Glauben an die Täterschaft des Verhafteten. Dadurch kann in ihnen ein zu Ungunsten des Beschuldigten gefärbtes Bild entstehen. Die Untersuchungshaft kann auch der Beschaffung von Aufklärungsmaterial im Wege stehen. Der Beschuldigte, der an sich das Entlastungsmaterial am leichtesten beschaffen könnte, ist durch die Haft in der Mitwirkung naturgemäß stark beschränkt. Hier erwächst der Strafverfolgungsbehörde die Pflicht, mit besonderem Nachdruck die Auffindung des Entlastungsmaterials zu betreiben und erforderlichenfalls für einen Offizialverteidiger Sorge zu tragen. Eine für die Aufklärung ungünstige Lage kann für den Untersuchungshäftling infolge einer längeren Haft dadurch entstehen, daß sie in ihm eine gleichgültige, alles hinnehmende Stimmung erzeugt. Diese Verfassung kann ihm leicht in der Hauptverhandlung eine ungünstige Stellung verschaffen, wie denn überhaupt der freie Angeklagte günstiger dasteht als der verhaftete. Das ist nicht nur der Fall, weil der freie Angeklagte in einer besseren seelischen Verfassung ist, sondern auch deswegen, weil der verhaftete Angeklagte mit dem Schuldverdacht stärker belastet ist und dieser Verdacht durch die Vorführung aus der Haft dem Gericht (namentlich den Laienrichtern) lebendig und wirkungsvoll vor Augen gebracht wird.

Diese Gefahren für eine Aufklärung und richtige Würdigung des Sachverhalts dürfen nicht übersehen werden. Sie vermögen aber die Notwendigkeit der Untersuchungshaft und die Tatsache ihrer vielfach günstigen Auswirkung nicht zu beseitigen. Nur wird man die Gefahren in Rechnung stellen und geeignete Maßnahmen treffen müssen, um unrichtigen Ergebnissen im Einzelfall vorzubeugen.

c) Schließlich sind noch die Wirkungen der Untersuchungshaft zu erwähnen, die den Beschuldigten und seine Familie unmittelbar betreffen, die aber auch die Allgemeinheit angehen können. So kann die überraschende Festnahme des Beschuldigten, der für die Zukunft keine Vorbereitungen und Anordnungen mehr treffen kann, von schweren wirtschaftlichen Nachteilen für ihn, seine Familie, seine Angestellten und vielleicht sogar für die Volkswirtschaft sein. Oftmals bedeutet die Verhaftung für den Beschuldigten eine Einbuße an Ansehen und Ehre. Das Herausreißen aus der Familie bringt diese nicht selten in eine materiell und geistig verzweifelte Lage. Freilich brauchen solche Folgen nicht immer einzutreten. Die Verhaftung kann auch ohne wesentliche Nachteile sein. Sie kann im Gegenteil für die Familie eine Befreiung bedeuten (Blutschande, sonstige Sittlichkeitsverbrechen, Mißhandlungen).

Hervorzuheben sind die psychischen Wirkungen auf den Untersuchungshäftling. Sie interessieren vor allem, als es sich um einen bisher Unbescholtenen, mit dem Gefängnis noch nicht oder nur wenig in Berührung gekommenen Menschen handelt. Der Aufenthalt im Gefängnis, die Gemeinschaft mit anderen, teils schwerer Verbrechen schuldigen oder doch verdächtigen Personen, die Einsicht in die Folgen und die Bedeutung der Tat, die Sorge um Geschäft und Familie, die Angst vor der Ungewißheit des Ausgangs des Verfahrens, die Furcht vor der Schande der Bestrafung, das Sichimmerwiederbefassen mit dem Tatkomplex, der Mangel an Ablenkung und vielleicht auch Reue und Gewissensqualen — all das sind Umstände, die auf den Häftling eindringen und seine seelische Haltung beeinflussen.

In diesem Zusammenhang gewinnt das Problem: Selbstmord und Untersuchungshaft Bedeutung. Die Statistik für die Gefangenenanstalten der Justizverwaltung in Preußen läßt über die Zahl der Selbstmorde von Untersuchungshäftlingen unmittelbar ein klares Bild nicht gewinnen. Sie zählt die Selbstmorde und Selbstmordversuche in den Gefangenenanstalten überhaupt, ohne Untersuchungshäftlinge und Strafgefangene zu sondern. Dennoch sind ihre Zahlen nicht bedeutungslos:

Haushaltsjahr	Todesfälle						
	überhaupt	Selbstmord		Selbstmordversuche			
				ernstlich gemeinte		nicht ernstlich gemeinte	
		Männer	Frauen	Männer	Frauen	Männer	Frauen
1925	163	78	6	98	15	212	17
1926	115	62	8	113	11	231	40
1927	102	45	4	111	11	203	21
1928	86	44	3	78	8	210	14
1929	63	31	2	85	9	234	24

Für Zuchthäuser, in denen Untersuchungshäftlinge nicht untergebracht sind, gelten folgende Zahlen:

1925	55	6	1	8	1	11	15
1926	28	7	—	12	—	17	1
1927	25	5	—	12	—	29	1
1928	17	3	1	2	—	22	—
1929	13	3	—	5	—	20	2

In den Zuchthäusern ist also die Zahl der Selbstmorde und Selbstmordversuche im Verhältnis zu den Todesfällen überhaupt sehr viel niedriger als in den Gefängnissen. Daraus ergibt sich, daß die Anstalten mit Untersuchungshäftlingen eine höhere Selbstmordziffer aufweisen als die nur mit Strafgefangenen belegten. Das läßt die Annahme gerechtfertigt erscheinen, daß die größere Selbstmordziffer den Untersuchungshäftlingen zuzuschreiben ist.

Diese Annahme findet auch ihre Bestätigung durch Feststellungen im Gefängnis Köln:

Haushaltsjahr	überhaupt	Todesfälle							
		Selbstmord				Selbstmordversuch			
		überhaupt		Untersuchungshäftlinge		ernstl. gemeint		nicht ernstlich gemeint	
		Männer	Frauen	Männer	Frauen	Männer	Frauen	Männer	Frauen
1931	5	4	1	4	1	5	1	10	2
1932	4	3	1	2	1	2	3	3	4
1933	2	2	—	2	—	4	3	3	—
1934	7	6	—	5	—	6	—	7	1
Summe	18	15	2	13	2	17	7	23	7

Die Zahlen verändern das für den Untersuchungshäftling ungünstige Bild auch nicht, wenn sie für einen größeren Zeitraum erfaßt werden. An Hand der Gefängnisunterlagen wurden für die Jahre 1910—1935 ermittelt:

	Strafgefangene	Untersuchungshäftlinge		nicht feststellbar
		Männer	Frauen	
Todesfälle 89	26	59	2	2
Selbstmordfälle 56	4	48	2	2

Die 50 Selbstmorde der Untersuchungshäftlinge verteilen sich auf die Alter wie folgt:

bis 20 Jahre	7 Fälle	50—60 Jahre	7 Fälle
20—30 ,,	12 ,,	60—70 ,,	1 Fall
30—40 ,,	11 ,,	über 70 ,,	2 Fälle
40—50 ,,	10 ,,		

Dem Berufe nach fällt die große Zahl der Handwerker auf.

Bezüglich der Straftaten verteilen sich die Selbstmordfälle wie folgt: Hochverrat 1, Mord oder Totschlag 4, Abtreibung mit Todeserfolg 1, Meineid 2, Sittlichkeitsverbrechen 9, Ärgerniserregung 1, Zuhälterei 1, Körperverletzung 2, Raub 1, Erpressung 1, Betrug 8, Urkundenfälschung 1, Diebstahl 14, Unterschlagung 1, Waffenbesitz 1, Widerstandsleistung 1. In einem Falle drohte die Sicherungsverwahrung. Von den sich selbst tötenden Frauen war eine des Mordes und die andere der Erpressung beschuldigt.

Die Art des Selbstmordes war in 47 Fällen Erhängen, in 3 Fällen Herabstürzen von einem höheren Stockwerk. Aufschneiden der Pulsader führte in keinem Fall den gewünschten Erfolg herbei.

Der Zeitpunkt des Selbstmordes lag in 30 Fällen wie folgt: 11 vom 1.—3. Tag der Haft (darunter 7 vor Erlaß des Haftbefehls), 6 vom 3.—5. Tag, 1 von der 1.—2. Woche, 1 von der 2.—3. Woche, 3 von der 3. Woche bis zum 1. Monat, 2 vom 1.—2. Monat, 1 vom 2.—3. Monat, 3 vom 3.—4. Monat, 1 vom 5.—6. Monat, 1 nach mehr als 1 Jahr. Diese Zahlen bestätigen die auch sonst getroffene Feststellung, daß die Selbstmorde von Untersuchungshäftlingen vorwiegend in der ersten Zeit der Haft liegen (Sieverts S. 35). Für die spätere Zeit kommen als auslösende Momente namentlich Vernehmungen, längere Hauptverhandlungen oder Ausspruch der Verurteilung in Betracht.

Beachtenswert ist, daß unter 6 Nichtselbstmordfällen in der Nachkriegszeit in drei Fällen der Tod infolge Schlaganfalls eintrat. In einem Fall war die Todesursache nicht feststellbar.

So schwerwiegend und bedauerlich auch die Begleiterscheinungen der Untersuchungshaft vielfach sein mögen, so sind sie doch die unvermeidbaren Folgen einer ernsthaft durchgeführten Strafverfolgung, die im Interesse der Wahrung der Gerechtigkeit und der Sicherheit des Volkes trotz Härten und Opfer auf die Untersuchungshaft nicht verzichten kann.

IV. **Ergebnislose Untersuchungshaft.** Trotz der Untersuchungshaft läßt sich nicht selten eine Überführung des Beschuldigten nicht herbeiführen. Das Verfahren kommt entweder nicht zur Hauptverhandlung oder der Angeklagte wird freigesprochen. Ein Bild über das Verhältnis der Zahlen der in Untersuchungshaft genommenen Personen zu den verurteilten Untersuchungshäftlingen ergeben Ziffern aus dem Jahre 1925. In der ersten Hälfte 1925 wurden in Preußen 14330 Personen in Untersuchungshaft genommen, davon wurden 12547 verurteilt. Bei 1133 kam es nicht zur Hauptverhandlung und 650 wurden freigesprochen (DRZ. 1926, S. 367). Wie groß die Zahl der Unschuldigen unter den Nichtangeklagten und Freigesprochenen ist, ist nicht feststellbar. Eine Mindestzahl könnte sich aus der Zahl der Fälle ergeben, in denen ein Beschluß auf Gewährung von Entschädigung ergangen ist. Die Ziffern hierfür fehlen.

V. Kritik und Reformfragen. Die Handhabung der Untersuchungshaft durch die Strafverfolgungsbehörden wurde im Schrifttum vor der nationalen Erhebung vielfach beanstandet (vgl. hierzu insbesondere die Aufsätze in der JW. 1925, S. 1433 ff.). Man hielt die weitherzige Auslegung des Gesetzes und die häufige Anwendung der Untersuchungshaft mit den Grundsätzen der individuellen Freiheit und der Rechtssicherheit nicht für vereinbar. Gerade im Hinblick auf die Möglichkeit sachlich fehlerhafter Entscheidungen sah man eine unerträgliche Gefahr für die vielleicht unschuldig Verdächtigen. Aus diesen Erwägungen heraus ergaben sich die Bestrebungen zur Einschränkung der Untersuchungshaft. Auch im nationalsozialistischen Strafprozeß wird man nicht übersehen, daß die Ermittlungen sich gegen Unschuldige richten können. Doch rückt im Gegensatz zu dem liberalen Prozeß hier die Vorstellung von dem vielleicht unschuldig Verdächtigen gegenüber dem Gedanken zurück, daß der Strafprozeß Kampf gegen das Verbrechertum bedeutet. Die Mittel und die Art des Vorgehens richten sich nach den Notwendigkeiten der Gegenwehr gegen das Verbrechertum. Soll diese erfolgreich gestaltet werden, so erscheint eine Einschränkung der Befugnisse der Strafverfolgungsbehörde gegenüber dem bisherigen Zustande unangebracht. Die Gefahr von Fehlentscheidungen muß immer in Kauf genommen werden. Sie ist, wenn man nicht überhaupt auf eine wirksame Verbrechensbekämpfung verzichten will, unvermeidbar. Daß die Gefahr auf ein Mindestmaß zu beschränken ist, ist selbstverständlich. Nur nutzen nicht Gesetzesänderungen. Die wesentlichste Garantie der Wahrnehmung der Gemeinschaftsinteressen und der persönlichen Freiheit und Rechtssicherheit liegen in der Persönlichkeit der Rechtsanwendenden. In ihrer Pflichttreue und Gewissenhaftigkeit, in ihrer Sachkenntnis und Fähigkeit, im Einzelfall die Gefahren und die Notwendigkeiten abzuwägen, in ihrem Geschick ruht der Schutz der Allgemeinheit und des Einzelnen.

Einer Einschränkung der bisher bestehenden Befugnis der Strafverfolgungsbehörden bedurfte es daher nicht. Mit Recht hat vielmehr das RG. vom 28. VI. 1935 mit der Einführung der Rückfallgefahr und der Gefahr der Verletzung des allgemeinen Rechtsempfindens als Haftgründe eine Ausdehnung der Haftmöglichkeiten gebracht. Die Novelle befriedigt ein Bedürfnis der Praxis. Die Schaffung der neuen Haftgründe beseitigt den bisherigen nicht unbedenklichen Zustand, daß die Strafverfolgungsbehörden sich bemühen, die Untersuchungshaft mit den geltenden Haftgründen zu begründen, während tatsächlich Sicherungs-, generalpräventive oder Vergeltungserwägungen das Maßgebliche sind. Bezüglich des Verdachtsgrundes der Verdunkelungsgefahr ist noch bei der endgültigen Neufassung der StPO. klar zu stellen, daß die Gefahr auch von Dritten ausgehen kann. Diesem Gesichtspunkt trägt das französische Gesetz über den Schutz der persönlichen Freiheit Rechnung, wenn es dort heißt, daß die Untersuchungshaft zulässig ist, wenn die Aufrechterhaltung der Haft geeignet ist, der Wahrheitsermittlung zu dienen (Art. 113 des Code d'instruction criminelle).

Von verschiedener Seite ist die Einführung eines auch im Ausland üblichen richterlichen Verwahrungsbefehls empfohlen worden (vgl. hierzu auch Art. 67 Ziff. 76, § 129 des Entwurfs eines Einführungsgesetzes zum ADStGB. von 1929). Diejenigen, die für eine Einengung der Auslegung des Begriffes „dringende Verdachtsgründe" eintraten, verkannten nicht, daß es doch Fälle gibt, in denen die Voraussetzungen des eingeengten Begriffs nicht vorliegen, aber dennoch eine Festnahme geboten ist. Für diesen Fall soll die Möglichkeit eines nur für kurze Zeit (3—5 Tage) geltenden Verwahrungsbefehls gegeben sein, der auch den Vorzug hätte, in der Öffentlichkeit nicht die gleiche ehrmindernde Wirkung zu haben wie der Haftbefehl, in dem dem Beschuldigten der dringende Tatverdacht bescheinigt wird. Auf der anderen Seite treten Vertreter der Polizei für die Einführung des Verwahrungsbefehls auch unter Berücksichtigung des heutigen Rechtszustandes ein. Da im Falle der vorläufigen Festnahme die Vorführung vor den Richter spätestens am nächsten Tage zu erfolgen habe, könne es vorkommen, daß das Material für die Annahme dringenden Verdachts durch den Richter nicht ausreicht. Ich halte die Einführung des Verwahrungsbefehls weder aus dem einen noch aus dem anderen Grunde für erforderlich. Das Gesetz gibt dem Gerichte eine solche Auslegungsfreiheit, daß alle Fälle, in denen die Untersuchungshaft erforderlich ist, berücksichtigt werden können. Die Einführung einer neuen Maßnahme macht den strafprozessualen Apparat nur verwickelter. Daß die Volksausfassung zwischen Verwahrungs- und Haftbefehl einen Unterschied machen wird, der dem Festgenommenen zu gute kommt, ist kaum anzunehmen.

Viel erörtert ist die Frage der Einführung zeitlicher Begrenzungen der Untersuchungshaft und der Überprüfung der Haft im förmlichen Verfahren. Das G. vom 24. IV. 1935 hat mit Recht das förmliche mündliche oder schriftliche Haftprüfungsverfahren, wie es durch die Novelle vom 27. XII. 1926 eingeführt war, wieder beseitigt, da es der Verzögerung des Ermittlungsverfahrens diente. Es bleibt auch hier nur die Möglichkeit, auf die Gewissenhaftigkeit der Amtsträger zu vertrauen, wie es der heute geltende § 115 StPO. tut, indem er vorschreibt, daß jederzeit von Amtswegen darauf zu achten ist, ob die Fortdauer der Haft zulässig und nötig ist. Eine zeitliche Beschränkung der Haftdauer ist nicht möglich, da es Fälle geben kann, in denen sich die Ermittlungen sehr schwierig gestalten und sich lange hinziehen. Die Fortdauer der Untersuchungshaft nach einem gewissen Zeitraum von einem neuen Haftbefehl (vielleicht einer höheren Stelle) abhängig zu machen, ist ebenso wie das förmliche Haftverfahren zeitraubend und führt praktisch in der Regel zu keinem anderen Ergebnis.

Die Stellung des Staatsanwalts im zukünftigen Strafprozeß als des Herrn des Ermittlungsverfahrens läßt es folgerichtig erscheinen, daß in Zukunft im Ermittlungsverfahren der Staatsanwalt den Haftbefehl erläßt. Die Dazwischenschaltung eines Richters, dem der Sachverhalt bis zur Vorlage der Akten unbekannt ist, der die Vorgänge innerlich noch nicht verarbeitet hat, der vor allem auch die weiteren Pläne des Staatsanwalts nicht kennt und sich vielleicht erst durch den Staatsanwalt unterrichten lassen muß, bedeutet ein Hemmnis in der Durchführung des Verfahrens. Tatsächlich erweist auch die Praxis, daß die Gerichte den Anträgen auf Erlaß eines Haftbefehls regelmäßig entsprechen. Es empfiehlt sich daher, dem Staatsanwalt die Befugnis zum Erlaß eines Haftbefehls zu geben. Gegen den Haftbefehl könnte das Beschwerderecht an die vorgesetzte Dienststelle oder an das Gericht zugelassen werden. Im Hinblick auf die einschneidende Bedeutung der Untersuchungshaft dürfte die letzte Möglichkeit vorzuziehen sein. Zum mindesten müßte nach einer gewissen Haftdauer dem Beschuldigten der Weg zur Herbeiführung einer gerichtlichen Entscheidung offen stehen.

Bezüglich der Frage der Anrechnung der Untersuchungshaft empfiehlt es sich, ihre grundsätzliche Anordnung im Gesetze vorzuschreiben, jedoch die Möglichkeit der Nichtanrechnung offen zu lassen.

Bei der zu erwartenden reichsrechtlichen Regelung des Vollzuges der Untersuchungshaft kann auf den zur Zeit in den Ländern geltenden Bestimmungen aufgebaut werden. Die preußische Verordnung zur Durchführung der Untersuchungshaft vom 1. VIII. 1933 entspricht gerade im Hinblick auf die Sicherung der Rechtsstellung des Beschuldigten und die scharfe Betonung des besonderen Charakters der Untersuchungshaft gegenüber der Strafhaft den neuzeitlichen Erfordernissen. Einzelfragen, wie etwa die Regelung des Verhältnisses des Richters oder in Zukunft des Staatsanwalts und des Vorstehers der Anstalt treten gegenüber dem Grundsätzlichen zurück.

Schrifttum:

Die erörterten rechtlichen Fragen werden vornehmlich in den Kommentaren zur StPO. und den strafprozessualen Lehrbüchern erörtert. Es sei vor allem auf den Kommentar von Löwe-Rosenberg, 19. Aufl., hingewiesen. Eine Erläuterung der preußischen Verordnung über die Durchführung der Untersuchungshaft in Schmidt-Schäfer-Krug, Preußisches Strafvollstreckungs- und Gnadenrecht, 1934.

Aus dem neueren Schrifttum grundlegend Rudolf Sieverts, Die Wirkungen der Freiheitsstrafe und der Untersuchungshaft 1929, dort ein eingehendes Literaturverzeichnis, vor allem auch über die einschlägige medizinische und psychologische Literatur. — Rudolf Baetzgen, Der Vollzug der Untersuchungshaft 1932 (ebenfalls mit ausgedehnten Schrifttumsangaben). — Liselotte Bloem, Die Situation der Straferwartung in der Untersuchungshaft, 1934.

Von neueren Abhandlungen in Zeitschriften seien genannt: Gustav Aschaffenburg, Die Bedeutung der Untersuchungshaft für die Ermittlung des Tatbestandes, Monatsschrift f. Kriminalpsychologie, 23. Jahrg., S. 257 (1932). — E. F. Carrive, Das neue französische Gesetz üner den Schutz der persönlichen Freiheit, Arch. f. Kriminologie 94, 32 (1934). — Franz Exner, Richter, Staatsanwalt und Beschuldigter im Strafprozeß des neuen Staates, Zeitschr. f. d. ges. Strafrechtswissenschaft 54, 1 (1934). — Hans von Hentig, Die Bedeutung der Untersuchungshaft für die Ermittlung des Sachverhalts, Monatsschrift f. Kriminalpsychologie 23. Jahrg. S. 268 (1932). — Schwarz, Bausteine zum Strafprozeß im nationalsozialistischen Staat, Gerichtssaal 105, 348 (1935). — Karl Siegert, Richter, Staatsanwalt und Beschuldigter im Strafprozeß des neuen Staates, Zeitschr. f. d. ges. Strafrechtswissenschaft 54, 14 (1934).

Zum neuen Strafprozeßrecht s. a. Ulrich Stock, Zur Strafprozeßerneuerung Vgl. ferner in diesem Handwörterbuch die Art. Haftpsychologie I, 631, Kollusionsgefahr I, 806f.; Selbstmord II, 538ff., insbesondere S. 566, 574.

Karl Peters.

Untreue und Unterschlagung.

A. Kriminologie.

I. Je mehr der Treuegedanke im Recht Kraft und Anerkennung gewinnt, um so mehr muß auch die rein strafrechtlich-begriffliche Unterscheidung von Untreue und Unterschlagung und insbesondere die Sonderung unter den einzelnen Untreuetatbeständen kriminologisch an Bedeutung verlieren. Was die beiden Tatbestände der Untreue und Unterschlagung im StGB. (§§ 246 und 266) trennt, nämlich die Zurechnung der „Unterschlagung" zur Gruppe Diebstahl und der „Untreue" zur Gruppe Betrug, ist, da es sich bei beiden um im Effekt ganz ähnliche Vermögensdelikte handelt, ein jedenfalls für den rechtswidrigen Willen, ja sogar auch für das wesentliche Ergebnis des tatsächlichen Rechtsbruches kaum sehr ausschlaggebendes Trennungsmerkmal. Denn beide Tatbestände, mag es sich nun um bewegliche Sachen (wozu auch Geld gehört) oder um andere Vermögensobjekte, deren Wert sich in Geld ausdrücken läßt, handeln, beruhen im Wesentlichen darauf, daß der Rechtsbrecher nicht von außen her (wie beim sonstigen Diebstahl) in den fremden Vermögensbereich eindringt, sondern bereits intra muros des fremden Vermögensbereiches sich befindet, allwo er eine Verpflichtung zur Sorgfalt und Treue übernommen hat. Sowohl Besitz und Gewahrsam einer fremden Sache (Voraussetzung für Unterschlagung) wie Verfügungsmacht über fremdes Vermögen (Voraussetzung für Untreue) haben, wie man in der Mehrzahl der Fälle sagen kann, besondere rechtliche Beziehungen hergestellt, deren übergeordnetes Merkmal die Treue ist, so daß solches widerrechtliches Eingreifen in diesen Bannkreis nicht von einem beliebigen Dritten, sondern von einem beteiligten Zweiten geschieht. Solcher Auffassung entspricht auch die Stellungnahme der amtlichen Strafrechtskommission, die zwar den Begriff der Unterschlagung auf Tatbestände einzuengen bestrebt war, bei denen nicht von „anvertrautem Gut" die Rede sein kann (z. B. bei der Fundunterschlagung), dafür aber die Veruntreuung als besonderen Tatbestand herausstellte, um ihn zum Teil mit der „Untreue" zu vereinigen. Kohlrausch (Bericht über die Arbeit der Amtlichen Strafrechtskommission — s. Schrifttum — 1935, S. 311) sagt: „Der qualifizierte Tatbestand der Veruntreuung umfaßt nicht nur die weitaus häufigeren Fälle, sondern in dem Treubruch steckt auch ein selbständiger Strafgrund. Die Veruntreuung von Sachen ist keine Abart des rechtswidrigen Behaltens. Vielmehr: wie man sich eine Sache durch Wegnahme zueignen kann, kann man es auch durch Treubruch. Im ersten Fall ist Strafgrund der Einbruch in den fremden Besitzstand, im zweiten die Täuschung fremden Vertrauens. Beide verdienen selbständige, und zwar gleiche Strafe". Diese geläuterte, von Kohlrausch a. a. O. mit interessanten Hinweisen auf das ausländische, namentlich das englische und französische Recht, ergänzte Auffassung wird von Dahm (ebd. S. 334ff.) weiter verfolgt in Einordnung der verschiedenen hierhergehörigen strafrechtlichen Tatbestände unter den Oberbegriff des Treubruchs. „Der ausschlaggebende Gesichtspunkt ist der Gedanke des Treubruchs. Es ist gerade Aufgabe einer nationalsozialistischen Strafrechtserneuerung, diesen einfachen und volkstümlichen Gedanken zur Geltung zu bringen." Die „Unterschlagung" wird Hilfstatbestand.

Die Abgrenzung der Tatbestände erhält unter kriminologischer Betrachtung eine neue Beleuchtung, die auf die technisch-strafrechtliche Unterscheidung von Einfluß sein wird. Obwohl es Unterschlagungsfälle ohne Treubruch geben kann, ist doch das Merkmal der Treueverletzung künftig noch stärker in den Vordergrund zu rücken, ganz abgesehen von der Tatsache, daß sich erst im gemeinen Recht aus der Unterschlagung die Untreue abgesetzt hat, während eigentlich umgekehrt im Gesamtbilde der Untreue die Unterschlagung höchstens eine Sondererscheinung der Untreue sein könnte. Die Heimlichkeit, die im altdeutschen Recht qualifizierend, straferhöhend, kriminalistisch schwerer wiegend behandelt wurde (vgl. v. Amira, Grundriß des germanischen Rechts, 1913, S. 233), ist — selbst gegenüber dem an sich heimlichen, aber dennoch handgreiflicheren Diebstahl und Einbruch, ja sogar gegenüber dem Betrug — besonders bei Untreue und Veruntreuung in noch stärkerem Maße gegeben; denn gerade diese beiden Delikte werden sozusagen „in sich" begangen, sei es durch Buchungen, sei es durch Vermischung, durch Verwendungswandlung, kurzum durch spezifische Heimlichkeiten im Sinne feigster Handlungen.

So tritt also auch jenes strafrechtlich-begriffliche Merkmal zurück, daß bei „Unterschlagung" eine bewegliche Sache in Frage kommt und eine Verwendung zu eigener Bereicherung, bei „Untreue" im engeren strafrechtlichen Sinne aber mißbräuchliche oder treuewidrige Behandlung beliebiger fremder, der Eigenmacht zugänglicher Vermögenswerte auch ohne eigene Bereicherung vorliegen soll. Der Gemeinschaftsgedanke der Treue wird hier gegen den Individualgedanken der unverantwortlichen Handlung aufgestellt und es wird eine Entwicklung fortgeführt, die bereits durch eine Erweiterung und Vereinheitlichung der verschiedenen Tatbestände der „Untreue" angebahnt worden ist.

Denn seit dem 1. VI. 1933 (G. vom 26. V. 1933 [RGBl. I, 295 Art. I Ziff. 18]) gibt der abgeänderte § 266 StGB. an Stelle eines früher recht schematischen kasuistischen Katalogs verschiedener Gruppen, die Untreue begehen können, drei neue generelle Untreuetatbestände: 1. Mißbrauchtatbestand (Mißbrauch einer rechtlich begründeten Vertretungsmacht; 2. Treubruchtatbestand I (Verletzung einer rechtlich begründeten Treupflicht); 3. Treubruchtatbestand II (Verletzung einer tatsächlich begründeten Treupflicht). Betont man bei der Unterschlagung des § 246 StGB. nicht mehr die „bewegliche Sache" — wie das ja schon bei dem „Diebstahl" von Elektrizität seinerzeit einer klaren Erkenntnis im Wege gestanden hat —, so ist in die neuen erweiterten Untreuetatbestände auch die Unterschlagung leicht einzuordnen und es dürfte als ein Fortschritt anzusehen sein, alle diese Tatbestände unter den Oberbegriff der Untreue einzuordnen. K. Siegert schlägt (Deutsches Recht 1934, S. 531) eine grundlegende Vereinfachung durch folgende Gesetzesfassung vor: „Der Untreue ist schuldig, wer die ihm auf Grund eines Treueverhältnisses obliegende Pflicht, fremde Vermögensinteressen wahrzunehmen, vorsätzlich verletzt und dadurch dem Treugeber Nachteile zufügt." Dies trifft dann eben auch auf die Unterschlagung einer im eigenen Gewahrsam befindlichen fremden Sache zu. Denn diese Unterscheidung bliebe gekünstelt wie diejenige der früheren (und vielleicht auch jetzigen) verschiedenen Untreuetatbestände. „Die neue Untreuebestimmung", heißt es bei Schwinge-Siebert (s. Schrifttum) S. 12; dort wird auch (S. 61) betont, daß Untreue in Tateinheit mit Unterschlagung treten kann), „will mit diesen Künsteleien ein für alle Mal Schluß machen. Die Rechtsprechung soll in Zukunft nicht mehr in die Verlegenheit kommen, in Fällen, wo sie verurteilen möchte, entweder freizusprechen oder zu Konstruktionen Zuflucht nehmen zu müssen, die mit dem Analogieverbot nicht in Einklang zu bringen sind. Auf Grund der weiten Fassung des neuen Tatbestands wird es hinfort möglich sein, die strafwürdigen Fälle treuwidriger Vermögensschädigung lückenlos zu erfassen. Der neue § 266 StGB. ist ja vom Gesetzgeber ganz allgemein als Mittel zur Bekämpfung von ‚Schiebertum' und ‚Korruption' gedacht, er soll im Bereiche treuhänderischer Vermögensfürsorge Treu und Glauben wieder zur Geltung bringen und damit die in unserem Wirtschaftsleben eingerissenen unerfreulichen Zustände überwinden helfen." Namentlich aus diesen Sätzen ergibt sich im Wesentlichen zweierlei: die Stärkung des Treuegedankens im Kampfe gegen kriminelle Vermögensunterschleife und die Möglichkeit für den praktischen Kriminalisten, auf Grund solcher Ethik zuzugreifen, die strafrechtlich genaue Unterscheidung der Spezialtatbestände aber dem Gerichtsurteil zu überlassen, das sich subtil damit auseinanderzusetzen hat und seinerseits sowohl die strafrechtlichen wie auch die bürgerlichrechtlichen Voraussetzungen der Strafbarkeit, namentlich bezüglich der Strafzumessung, zu ergründen hat.

Treue aber ist (vgl. Merk, Vom Werden und Wesen des deutschen Rechts, Langensalza 1935, S. 81) die Zwillingsschwester der Ehre im germanischen Recht. Treue ist Beständigkeit, Zuverlässigkeit im Hinblick auf die Interessen Anderer, zumal wenn man diese Interessen zu wahren irgendwie besonders verpflichtet ist, und zugleich im Interesse der Allgemeinheit. Sobald aber Untreue sich auf Vermögensdinge bezieht, so ist sie der Gegensatz zu anständiger, korrekter und pflichtgemäßer Handlungsweise in Vermögens-, Besitz- und Geldangelegenheiten. Hält man dies grundsätzlich fest, so erscheint es kriminologisch aufschlußreich, alle jene Einzelarten, von denen unter II noch näher zu sprechen ist, zuerst unter dem zusammenfassenden Gesichtspunkt vermögensrechtlicher Untreue anzusehen. Wenn der Leipziger Kommentar zum StGB. (Ebermayer-Lobe) (1929, S. 793) von „Veruntreuung" als „qualifizierter Unterschlagung" spricht, sofern die Sache dem Täter „anvertraut" war, so ist das Anvertrauen nur ein höherer Grad des Gewahrsams und die Grundlage für die Qualifizierung der Untreuehandlung.

II. Der kriminologische Tatbestand vermögensrechtlicher Untreue zeigt sich nach geltendem Recht in folgenden Spielarten:

1. Unterschlagung beweglicher Sachen, die sich im Gewahrsam des Unterschlagenden befanden. Es wird dabei durch irgend eine in Erscheinung tretende Handlung der Gewahrsam für den Anderen in einen Gewahrsam für den Unterschlagenden verwandelt. Auf welche Weise oder durch welche Mittel

diese Gewahrsamszueignung geschieht, ist gleichgültig (RGSt. 15, 426). Es genügt, daß Eigenbesitz oder Gewahrsam sich erkennen ließ. Beispielsweise ist dies der Fall, wenn der Fund nicht in angemessener Zeit gemeldet, hinterlegt, zurückerstattet wird (Fundunterschlagung), oder wenn die besessene Sache verbraucht oder verzehrt wird, oder wenn sie verkauft wird, d. h. bereits dann, wenn der Kaufvertrag abgeschlossen wird (RGSt. 17, 59), oder wenn die Sache verarbeitet wird; unter Umständen auch wenn dem Berechtigten gegenüber der Besitz der Sache geleugnet wird. Besondere Schwierigkeiten können entstehen, wenn es sich um Geld handelt; „Vermischung fremden Geldes mit eigenem ist nur dann Aneignung, wenn sie in Aneignungsabsicht erfolgt" (Leipziger Kommentar 1929, S. 793). Das Bewußtsein der Rechtswidrigkeit, das sich eben auf die Aneignung bezieht, ist dabei maßgebend, also schon ein Bewußtsein, gegen die Rechtsordnung schlechthin zu verstoßen, auch ohne gewinnsüchtige oder vermögenschädigende Absicht (RGSt. 21, 270). Auch bleibt es stets eine erst im Einzelfall zu lösende Frage, ob Jemand, z. B. der Sammler von Bestellungen, der im voraus Gelder einzieht und diese nicht behufs Ausführung der Bestellung weiter leitet, eine Unterschlagung begeht oder als selbständiger Kaufmann etwa nur Geschäftsschulden dadurch eingeht, die er bei Fälligkeit zu zahlen hat und deren Nichtzahlung ihn bloß zum säumigen Schuldner macht (RGSt. 69, 147: „Die vorausgezahlten Gelder wurden mit dem Empfang Eigentum des Angeklagten, so daß eine Unterschlagung der Gelder nicht in Frage kommt" . . . „Die Pflicht, Vertragsbedingungen zu erfüllen, ist nicht gleichbedeutend mit der Pflicht, im Sinne des § 266 StGB. die Vermögensinteressen eines Anderen wahrzunehmen oder zu betreuen"). Hier werden die Grenzen immer flüssig bleiben, aber der strenger gewordene Untreuetatbestand kann auch hier ergänzend im Sinne befriedigender Rechtsverwirklichung eingreifen.

Für das künftige Recht steht bei Dahm (a. a. O. S. 344) als Vorschlag eines veränderten Unterschlagungstatbestandes: „Wer, abgesehen von den Fällen des Raubes, des Diebstahls oder des Treubruchs, widerrechtlich sich zum Herrn einer fremden beweglichen Sache macht, wird mit Gefängnis, in leichteren Fällen mit Haft bestraft." Hier ist also Unterschlagung unter Treubruch ausgeschieden, weil Treubruch als besonderer strafrechtlicher Tatbestand angesehen wird.

2. Mißbrauch einer gesetzlichen Vollmacht oder Vertretungsbefugnis, möglich z. B. beim Vormund, Vater, Ehegatten bezüglich der Vermögensverwaltung ihrer Schutzbefohlenen, beim Konkursverwalter, Nachlaßverwalter, Kurator, Güterpfleger usw. Vgl. auch RVO. § 23 für Mitglieder der Organe der Versicherungsträger, ebenso RKnappschG. § 153 und AVAVG. § 268. Die Verletzung kann auch im Dulden von Rechtswidrigkeiten oder im Unterlassen von pflichtmäßigen Handlungen bestehen (z. B. Verschweigen der Vaterschaft des Vormunds gegenüber dem Mündel, RGSt. 30, 391). Die schwierige Abgrenzung, wo das bürgerlichrechtliche Vollmachtverhältnis anfängt oder aufhört (vgl. den Boten, den Quittungsträger, den Aufträge ausführenden Angestellten), büßt zwar ihre schließliche strafrechtliche Bedeutung zum großen Teil ein, da der Untreuetatbestand ja jetzt auch andere Fälle umfaßt (s. zu 3ff.), aber das ändert nichts daran, daß der rein erfaßte Mißbrauchtatbestand von der zivilrechtlichen Klärung des Bevollmächtigtenverhältnisses abhängig ist. Grundlage des Tatbestandes ist hier — wie im Folgenden — die Pflichtwidrigkeit bei der Verwaltung und Verfügung. Die folgenden Tatbestände (3ff.) sind berufen, jeweils die Lücken des vorhergehenden auszufüllen (Schwinge-Siebert, a. a. O., S. 19); dies zu betonen ist wichtig gegenüber den Gefahren einer uferlosen, willkürlich ausdehnenden Anwendung des § 266 (s. unten zu III am Ende).

3. Mißbrauch einer auftragsmäßig behördlichen Vollmacht oder Vertretungsbefugnis, möglich z. B. beim Treuhänder (RGSt. 61, 174), Vermögensverwalter; denn es ist das Wesen des Treuhänders oder obrigkeitlich bestellten Verwalters, daß er zum Vorteil, nicht zum Nachteil der seiner Pflege anvertrauten Interessen handelt.

4. Mißbrauch einer vertraglichen Vollmacht oder Vertretungsbefugnis, möglich z. B. beim Gesellschafts-, Auftrags-, Verlagsverhältnis; beim Testamentsvollstrecker, der ja durch Rechtsgeschäft bestellt ist (vgl. Schwinge-Siebert, S. 26); bei Liquidatoren einer offenen Handelsgesellschaft; Überschreitung der Vertretungsbefugnis (z. B. durch Prokurist). Hierher gehört ein Teil des Gebiets der handelsrechtlichen Untreue, nämlich soweit der Ungetreue eine Vollmacht oder Vertretungsbefugnis besitzt und diese verletzt (Gesellschafter, Agent, Handlungsbevollmächtigter).

5. Treubruch bei rechtlich begründeter Treupflicht. Hier handelt es sich beispielsweise um Handlungen eines Vormundes, Ehemannes, Treuhänders usw., die außerhalb des Gebiets ihrer eigentlichen Vollmacht und Vertretungsbefugnis (s. oben zu 2 und 3) liegen, aber doch zu dem von ihnen

nach Lage der Dinge zu verlangenden Treuehalten gehören, also etwa nachlässige Behandlung der Rechtsansprüche der Schutzbefohlenen ohne unmittelbaren Mißbrauch der Vollmacht. Auch der Kommanditist gehört hierher, ebenfalls der Makler. Nach der Rechtsprechung des RG. und nach neuer Gesetzesdoktrin gehört hierher auch der Teil der handelsrechtlichen Untreue, der sich auf § 312 HGB. (Vorstand usw. der Aktiengesellschaft) bezieht, da es sich bei den Vorstands- und Aufsichtsratsmitgliedern nur um kontrollierende, nicht um rechtsgeschäftliche Tätigkeit zu handeln braucht. Es gehört dahin jedes absichtliche Handeln zum Vermögensnachteile des Auftraggebers, der Gesellschaft usw., z. B. Bilanzfälschungen, satzungswidrige Kreditgewährung oder Darlehnsaufnahme, besonders riskante Geschäfte, die ohne Anwendung der Sorgfalt eines ordentlichen Geschäftsmannes getätigt werden. Im Verhältnis zu dem neu gefaßten § 266 StGB. ist § 312 HGB. lex specialis (Staub, HGB., S. 870 Anm. 21). Vorstandsmitglieder einer Aktiengesellschaft oder einer Erwerbs- und Wirtschaftsgenossenschaft können sich einer Untreue auch dann schuldig machen, wenn sie eine Rechtshandlung nicht in ihrer Eigenschaft als Vorstand, sondern als Vertragsgegner der von ihnen vertretenen Gesellschaft vornehmen (RGSt. 26, 136; 58, 391/392; Urteil vom 14. VI. 1929, I D 505/28 und vom 10. VIII. 1933, I D 603/33; vgl. auch RGSt. 26, 69; RG. V, 3. VI. 1935, 5 D 359/35. Auch als ihr Vertragsgegner darf er nicht absichtlich zu ihrem Nachteil handeln, ohne sich nach §§ 312 HGB. strafbar zu machen (vgl. RGSt. 41, 265/266; 62, 15, 20; 64, 81, 84). Gleicher Art sind die Bestimmungen GmbHG. § 81a, GenG. § 146, VersAufsG. § 142, BörsenG. § 95.

6. Treubruch bei tatsächlich begründeter Treupflicht, etwa der Fürsorge für Hausangestellte, für eine vorübergehend benutzte Wohnung, einen aus Gefälligkeit überlassenen Wagen (mangelhafte Bewahrung vor Schaden).

7. Die Verbrechen und Vergehen im Amte, die nach §§ 331—359 StGB. geahndet werden, können sämtlich zur Untreue bzw. zur Unterschlagung (hier insbesondere §§ 349ff.) gerechnet werden, weil durch ihre Begehung das Treu- und Vertrauensverhältnis, in dem der Beamte oder Amtsträger zum Staate oder zu seiner Obrigkeit steht, das Band bildet, das diese zum Teil ganz verschiedenartigen Delikte unter einen Titel des Gesetzes gebracht hat. Selbst wenn man den Beamten nicht als „Bevollmächtigten" ansieht und ein Untreuevergehen nach § 266 ablehnt (vgl. Leipziger Kommentar 1929, S. 873, zum Teil gegen Reichsgericht), so ändert doch diese strafrechtliche Einordnung nichts an der kriminologischen Zugehörigkeit dieser Delikte zu dem großen Gebiet der Untreue, da die Handlungen, von einem Beamten begangen, nicht nur von außen her gegen die Rechtsordnung verstoßen, sondern zugleich eine Verletzung der inneren und durch den Beamteneid geheiligten Treuverpflichtungen verstoßen.

III. Es liegt in der Natur der Sache, daß die Untreuekriminalität zumeist nicht sehr handgreiflich ist, d. h. daß ihre Ermittelung sehr sachliche Einblicke und ihre Beurteilung geschäftliche Urteilskraft verlangt. So sehr man für die neuen Untreuetatbestände auch versucht hat, die Abhängigkeit von zivilrechtlichen Rechtsfragen (der Bevollmächtigung usw.) zu beseitigen oder zu verkleinern, ganz abzusehen ist davon nicht. Es bedarf der Einsicht in die Aufgaben der verschiedenen Verwaltungs-, Fürsorge- und Treuhandbetätigungen, um die zu verlangende Treue von der kriminalistisch werdenden Untreue zu scheiden. „Handelsrechtliche" Untreue ist also gewiß nicht ohne genaue Prüfung der betreffenden handelsrechtlichen Befugnisse und Pflichten feststellbar. Und will man einen Treubruch beispielsweise im Familiengüterrecht erkennen und feststellen, so muß man sich über die Rechte und Pflichten der Beteiligten in Bezug auf die Vermögensverwaltung u. dgl. klar sein. Daß diese Rechte und Pflichten nicht völlig eindeutig sind, liegt auf der Hand; denn es handelt sich dabei um den ethischen, oftmals subjektiven und gewiß auch wandelbaren Begriff der Treue. Dieser ist nicht nur gegenüber Charakteren und Sachumständen, sondern auch gegenüber der Zeitanschauung relativ. Je ernster und sittlicher eine Zeit ist, um so strenger nimmt sie den Begriff der Treue und damit zugleich ihr Gegenstück, die Untreue. Was in laxer Zeitströmung als erlaubtes Schlüpfen durch Maschen des Gesetzes oder der Sittenanschauung galt, wird in ethisch geläuterter Rechtsauffassung zu Rechtsbruch und Untreue. Ja aus diesen Gesichtspunkten entwickelt sich auch die Frage, wenn ein „besonders schwerer Fall" vorliegt. Hierüber sind einige neuere Urteile ergangen, die (z. B. OLG. Kiel 14. III. 1935, Ss 9/35 in HRR. 1935) die Schwere des Falles unter dem Gesichtspunkt der Schädigung des Volksganzen betonen. Das RG. (V, 27. VI. 35, D 464/35) bestätigt grundsätzlich solche Auffassung, aber umgrenzt sie gegen Uferlosigkeit, indem es sagt: „Das RG. hat schon mehrfach dem Gedanken Ausdruck gegeben, daß es eine übertriebene Wertung wirtschaftlicher Vorgänge gegenüber den vielen anderen für das Wohl des Volkes wichtigen Gesichtspunkten sein und eine zu geringe Wertung der das Volk tragenden Kräfte bedeuten würde, wenn schon ein geringerer Geldverlust der mit dem Staate verbundenen Organisationen, also auch der NS.-Volkswohlfahrt, trotz der großen Zahl ihrer Mitglieder und trotz ihrer finanziellen Kräfte ohne weiteres als Schädigung des Wohles des Volkes angesehen werden müßte." Es komme vielmehr darauf an, „welchen Umfang die Einbuße an Ansehen oder an sonstigen geistigen oder sittlichen Gütern, und zwar vornehmlich in jenen Kreisen angenommen hat, in denen diese verwurzelt sind". Vgl. auch RG. V, 27. VI. 35, 413/35 und 445/35, abgedr. im HRR. 1935. Der Gedanke des Gemeinnutzes, der vor Eigennutz geht, und der opfervollen Betätigung der Verantwortlichen aller Art, auch in Gelddingen, für die nähere und weitere Umwelt vergrößert naturgemäß die Anforderungen an die Treue und erweitert die Tatbestände der Untreue.

Hierfür gibt die neue Fassung des § 266 RStGB. wirksame Handhaben. In einer Ansprache im Mai 1935 bezeichnete Reichsjustizminister Gürtner gerade die neue umfassende Begriffsbestimmung der strafbaren Untreue als ein Beispiel dafür, wie das Strafgesetz das grundsätzliche normative Element in den Vordergrund zu rücken habe, damit auch Taten, die einen Rechtsgedanken verletzen, aber auf den buchstäblichen Inhalt eines Strafgesetzparagraphen nicht passen, geahndet werden können. Es ist dann heute nicht mehr möglich, einen — schon früher teilweise scharf kritisierten — Fall zu denken, daß Elektrizitätsdiebstahl nicht ohne einen neuen Gesetzesakt geahndet werden konnte, weil Elektrizität keine bewegliche Sache sei. Untreue in Vermögensdingen und Veruntreuung aber werden nunmehr Tatbestände sein, bei denen auf Grund aller Umstände eines Falles ein auf sittlicher Korrektheit beruhendes Abwägen erforderlich ist zwischen berechtigtem Gemeinschaftssinn einerseits und einem in berechtigter Umgrenzung gehaltenen Eigenvorteil des Verwalters, Gesellschafters, Vormunds, Liquidators, Vorstands usw. andererseits. Die Notwendigkeit einer Interessen- und Güterabwägung ist insbesondere auch dann erforderlich, wenn der Handelnde mehrere Interessen zu berücksichtigen hat (Schwinge-Siebert, a. a. O., S. 49). Für alle Gruppen allgemein geltende Regeln aufzustellen, wird hier nicht möglich sein, weil es jeweils erforderlich ist, die Standes- und Arbeitsehre im besonderen zu prüfen und in die Entscheidungsgründe einzusetzen.

Die Vorschläge für das künftige Strafrecht (vgl. Dahm, a. a. O., S. 343/44) erkennen die verschiedenen Voraussetzungen, die durch die Lebens- und Rechtslage gegeben sind, an, wenn sie trennen:

a) „Wer die ihm auf Grund eines Treuverhältnisses obliegende Pflicht, fremde Vermögensinteressen wahrzunehmen, verletzt, oder es böswillig unterläßt, fremde Vermögensinteressen wahrzunehmen, obwohl er Kraft eines Treuverhältnisses dazu verpflichtet ist, und wer dadurch dem, dessen Vermögensinteresse er zu betreuen hat, Nachteil zufügt, wird mit Gefängnis bestraft.

Wegen Treubruchs wird insbesondere bestraft, wer sich oder einen Anderen zum Herrn einer fremden beweglichen Sache macht, die ihm anvertraut war, oder wer die ihm durch Gesetz, behördlichen Auftrag oder Rechtsgeschäft eingeräumte Befugnis, über fremdes Vermögen zu verfügen oder einen Anderen zu verpflichten, mißbraucht.

In besonders schweren Fällen ist die Strafe Zuchthaus."

b) Unterschlagung, schon zitiert oben zu II, 1 am Ende (S. 866).

c) „Ist durch einen Diebstahl, einen Treubruch oder eine Unterschlagung ein Angehöriger oder der Vormund, Lehrherr oder Erzieher eines an der Straftat Beteiligten verletzt oder lebt der Verletzte mit einem an der Straftat Beteiligten in häuslicher Gemeinschaft, so wird dieser Beteiligte nur auf Verlangen des Verletzten verfolgt.

Wer die Tat gegen seinen Ehegatten begeht, mit dem er in häuslicher Gemeinschaft lebt, oder wer sie an Sachen geringen Wertes gegen einen anderen Angehörigen begeht, mit dem er in häuslicher Gemeinschaft lebt, ist straffrei."

Die ethische Abwägung hat auch hier das entscheidende Wort. Diese ethische Abwägung muß aber auch stark genug sein, Querulantentum, versuchte Erpressung u. dgl., die sich mißbräuchlich der Anzeige wegen Untreue gegenüber Verwaltern und Treuhändern bedienen, zurückzuweisen (vgl. Schwinge-Siebert, a. a. O., S. 16/17); bloße Unzufriedenheit mit dem Vermögensverwalter darf nicht schon den Vorwurf der Untreue begründen, es heißt hier — trotz der strengen grundsätzlichen Abwehr und der nach RGes. vom 28. VI. 1935 (RGBl. I S. 839) gebotenen Analogie im Strafrecht — Vorsicht gegenüber den Gefahren einer willkürlich ausdehnenden Gesetzesanwendung walten zu lassen.

Schrifttum:

Neben den Kommentaren des StGB., insbes. Leipz. Kommentar (Ebermayer-Lobe-Rosenberg 1929 zu §§ 246c, 266) und den Lehrbüchern des Strafrechts (u. a. Gerland 1932 S. 604ff. u. 649) insbesondere die umfassende und alle Einzelfragen behandelnde Schrift von E. Schwinge und

W. Siebert, Das neue Untreuestrafrecht in strafrechtlicher und zivilrechtlicher Beleuchtung, Berlin 1933; ferner insbesondere „Das kommende Deutsche Strafrecht". Besonderer Teil. Bericht über die Arbeit der amtlichen Strafrechtskommission. Herausgegeben von Dr. Franz Gürtner, Reichsjustizminister. Daraus Kohlrausch S. 297ff., Dahm S. 334ff. — Über handelsrechtliche Untreue Staub, HGB. II, 863ff. (zu § 312 HGB.). — D. Prieß, Die aktienrechtliche Untreue, Diss., Hamburg 1933. — H. Mayer, Die Untreue im Zusammenhang der Vermögensverbrechen, 1926.

Alexander Elster.

B. Statistik.

Eine Darstellung über die Entwicklung des zahlenmäßigen Umfangs der Unterschlagung, der Untreue und der Amtsunterschlagung im Deutschen Reich ist (wie auch bei jedem anderen Verbrechen oder Vergehen gegen Reichsgesetze) vom Jahre 1882 ab möglich, in dem die Reichskriminalstatistik (s. a. d. Art. Kriminalstatistik) ihren Anfang nahm.

In diesem ersten Jahr der kriminalstatistischen Erhebungen wurden wegen Unterschlagung (§ 246 StGB.) 14577 Personen oder 46 auf je 100000 der strafmündigen Zivilbevölkerung (Kriminalitätsziffer) rechtskräftig verurteilt. Nach einem bis etwa Ende der 80er Jahre währenden geringfügigen Rückgang in der Unterschlagungskriminalität setzt mit der zunehmenden wirtschaftlichen Blüte und dem wachsenden Wohlstand ein Aufstieg ein, der fast bis zum Schluß der Vorkriegsperiode anhält. Im Jahre 1912 wurden 31450 wegen Unterschlagung Verurteilte gezählt (von diesem Jahre ab enthalten die Zahlen hierüber auch die Verurteilungen wegen Zuwiderhandlungen gegen die Bestimmungen des § 248a StGB., soweit es sich um Unterschlagung handelt, die jedoch ziemlich geringfügig sind). Die Kriminalitätsziffer

1. Die Entwicklung der Unterschlagung im Deutschen Reich[1]) seit 1882.

Jahre	Rechtskräftige Verurteilte: insgesamt	Rechtskräftige Verurteilte: auf 100000 der jeweiligen strafmündigen Bevölkerung[2])	Von den Verurteilten waren: weiblich insgesamt	weiblich %	jugendlich insgesamt	jugendlich %	vorbestraft insgesamt	vorbestraft %	Ausländer
1882	14577	46	2979	20,4	1419	9,7	4189	28,7	119
1885	14432	45	2957	20,5	1353	9,4	4763	33,0	172
1890	16340	47	3279	20,1	1875	11,5	6404	39,2	209
1895	19982	53	3686	18,4	2149	10,8	8600	43,0	250
1900	20030	51	3483	17,4	2235	11,2	9762	48,7	354
1905	23454	56	4024	17,2	2327	9,9	12101	51,6	540
1910	29742	65	5067	17,0	2441	8,2	15761	53,0	737
1913	30487	64	4985	16,4	2735	9,0	15906	52,2	798
1914	25970	54	4748	18,3	2360	9,1	13605	52,4	661
1915	17184	. [3])	3847	22,4	3113	18,1	8322	48,4	465
1916	16254	. [3])	4650	28,6	3935	24,2	6856	42,2	546
1917	16010	. [3])	5941	37,1	4063	25,4	5161	32,2	664
1918	18578	. [3])	7730	41,6	3949	21,3	4918	26,5	805
1919	16461	35	4870	29,6	2496	15,2	3537	21,5	347
1920	30264	64	6574	21,7	3828	12,6	6098	20,1	500
1921	32259	67	6666	20,7	3318	10,3	7223	22,4	750
1922	31701	66	5521	17,4	3177	10,0	8568	27,0	681
1923	37211	76	6220	16,7	3278	8,8	10070	27,1	553
1924	29988	64	4258	14,2	1768	5,9	10187	34,0	262
1925	31302	66	3821	12,2	1322	4,2	11551	36,9	254
1926	34061	71	3729	10,9	1255	3,7	13809	40,5	345
1927	34660	71	3882	11,2	1153	3,3	15833	45,7	339
1928	35843	73	3990	11,1	1409	3,9	18374	51,3	438
1929	38705	78	4491	11,6	1306	3,4	20839	53,8	441
1930	40092	80	4979	12,4	1179	2,9	21728	54,2	416
1931	39443	79	5051	12,8	967	2,5	21550	54,6	360
1932	38027	76	4804	12,6	807	2,1	20566	54,1	373

[1]) Jeweiliges Reichsgebiet. — [2]) Kriminalitätsziffer. — [3]) Kriminalitätsziffern lassen sich mangels Angaben über die strafmündige männliche Zivilbevölkerung für die Kriegsjahre nicht berechnen.

stellt sich auf 67. Sie erreicht damit vor dem Kriege das Maximum. Sehr mit Recht erklärt Aschaffenburg (a. a. O. S. 129) die Vorkriegsentwicklung der Unterschlagungskriminalität damit, daß da, wo Handel und Industrie blühen, die Gelegenheit am häufigsten ist, die zum Betrüger macht und die Unterschlagungen begünstigt. Was die Ursachen der Unterschlagungskriminalität im einzelnen anbetrifft, so gelten hierbei dieselben Momente, die Berg für den artverwandten Betrug treffend anführt: „Nicht die wirtschaftliche Depression, sondern im Gegenteil der wirtschaftliche Aufschwung bildet das hervorragendste Milieu für den Betrug, nicht die Not, sondern gerade der laute, lärmende Markt, wo sich alles drängt, mit einander und gegen einander wirkend, dem Gewinn nachjagend, dieser laute und lebendige Markt ist seine eigentliche Provinz. Daher das üppige Gedeihen des Betruges in dem verwickelten Handelsverkehr, daher die Existenz von Verbrechen, die gerade dem Betrug nahe verwandt, spezifisch Delikte der Wohlhabenden sind, wie Untreue, die Verbrechen des Börsengesetzes, gewisse Vergehen gegen die Arbeiterschutzgesetze usw.“ (vgl. Getreidepreise und Kriminalität in Deutschland seit 1882, Abhandl. des kriminalistischen Seminars an der Universität Berlin, N. F., 1. Bd., 2. Heft, Berlin 1902, S. 295).

Während des Krieges gehen die Verurteilungen um fast die Hälfte bis auf 16010 im Jahre 1917 zurück. Die Ursache hierfür ist wohl darin zu suchen, daß für die Unterschlagung unter den Kriegsverhältnissen das Betätigungsfeld viel enger, die Gelegenheit erheblich geringer geworden war.

Nach Kriegsende macht sich zwar auch bei der Unterschlagung wieder eine Zunahme bemerkbar, die jedoch im Vergleich zu dem Anschwellen der Diebstahlskriminalität viel geringer ist. Die Verurteiltenzahl erhöhte sich von 30264 im Jahre 1920, in dem bereits wieder das Niveau der letzten Vorkriegszeit erreicht ist, auf 37211 im Hauptinflationsjahr 1923, die Kriminalitätsziffer von 64 um 18,8 % auf 76, während die Diebstahlskriminalitätsziffer in dem gleichen Zeitraum um 34,8 % (von 560 auf 755) angewachsen ist. Da bei der Unterschlagung das Objekt erfahrungsgemäß vielfach Bargeld ist, dürfte — ähnlich wie beim Raube — die Inflation in kriminogener Beziehung abschwächend gewirkt haben, denn es verlohnte sich in zahlreichen Fällen nicht, eine Geldsumme zu unterschlagen, die in nächster Zeit schon wieder erheblich an Wert verloren hatte. Mit der Stabilisierung der Währung und der damit verbundenen Rückkehr normaler wirtschaftlicher Verhältnisse tritt auch bei der Unterschlagungskriminalität, der allgemeinen Tendenz der Vermögenskriminalität folgend, eine Abnahme ein, die jedoch keineswegs so stark ist, wie der Rückgang beim Diebstahl und der Hehlerei. Wegen Unterschlagung wurden im Jahre 1924 insgesamt 29988 Personen oder 64 auf je 100000 der strafmündigen Gesamtbevölkerung verurteilt. Während in den folgenden Jahren Diebstahl und Hehlerei sich noch weiter verringern, weisen die Unterschlagungen ab 1925 wieder eine Zunahme auf, die bis zum Jahre 1930 anhält, in dem 40092 straffällige Personen gezählt wurden. Die Kriminalitätsziffer steigt bis auf rund 80 und damit auf den Höchststand in der Nachkriegsperiode. In den Jahren 1931 und 1932 tritt dann in der Verurteiltenzahl eine leichte Verringerung ein, die sich im Jahre 1933 in verstärktem Maße fortsetzt. In diesem Jahre wurden 24600 Personen wegen Unterschlagung straffällig, die Kriminalitätsziffer sinkt bis auf 49.

Im Verlauf der fünfzigjährigen kriminalstatistischen Beobachtungsperiode hatte sich somit die Unterschlagung fast verdreifacht, der ihr soziologisch verwandte Betrug sowie die Urkundenfälschung sind jedoch auf das Vier- bis Fünffache gestiegen.

In der Reihenfolge aller von der Kriminalstatistik erfaßten strafbaren Handlungen stand nach der Häufigkeit die Unterschlagung im Durchschnitt der ersten zehn Jahre der Kriminalstatistik (1882/1891) an fünfter Stelle (hinter Diebstahl, Körperverletzung, Beleidigung und Hausfriedensbruch), sie war dann an die vierte Stelle gerückt. Stärkere Verurteiltenzahlen weisen gegenwärtig Diebstahl und Betrug auf.

Im Jahre 1885 verhält sich die Unterschlagung zum einfachen Diebstahl noch wie 1:5, im letzten Vorkriegsjahr nur noch wie 1:2,5, im Jahre 1926 nur wie 1:2 und die Folgezeit bringt, wie schon angedeutet, eine weitere Vormachtstellung der Unterschlagung. „So ist das Bild, das die Unterschlagung gewährt“, bemerkt hierzu Sauer (a. a. O. S. 487), „zwar nicht ganz so schlecht wie beim Betrug und bei der Urkundenfälschung. Aber es ist sehr ungünstig und ernst. — Dieser Verlauf der Kriminalität bestätigt aufs neue, daß die Unterschlagung am fernsten dem Diebstahl steht, dagegen soziologisch weit mehr verwandt dem Betrug und wohl noch enger verwandt der Urkundenfälschung ist. Aber auch der Hehlerei steht sie sehr nahe.“

Die Beteiligung des weiblichen Geschlechts an der Unterschlagungskriminalität entspricht im allgemeinen derjenigen der Frauen an der Gesamtkriminalität (vgl. d. Art. Geschlecht und Straffälligkeit). In einigen Jahren ist sie höher, in einigen Jahren niedriger als diese. Sauer (a. a. O. S. 487)

2. Das Alter der wegen Unterschlagung Verurteilten in den Jahren 1928—1932.

Altersklassen a = Verurteilte insgesamt b = davon Vorbestrafte		1928 insgesamt	1928 dav. weibl.	1929 insgesamt	1929 dav. weibl.	1930 insgesamt	1930 dav. weibl.	1931 insgesamt	1931 dav. weibl.	1932 insgesamt	1932 dav. weibl.
unter 16 Jahre alt	a	414	56	366	51	315	53	241	38	189	34
	b	27	—	32	3	23	2	18	1	10	1
16 bis 18 „ „	a	995	115	940	121	864	116	726	105	618	90
	b	167	7	153	4	126	10	104	7	107	9
18 „ „ 21 „ „	a	3 459	355	3 520	365	3 273	373	2 901	352	2 495	297
	b	1 171	64	1 166	57	1 091	62	935	45	824	48
21 „ „ 25 „ „	a	7 098	652	7 285	708	7 410	782	6 744	707	6 114	631
	b	3 638	207	3 764	209	3 761	215	3 330	201	2 987	170
25 „ „ 30 „ „	a	8 260	791	9 249	878	9 240	981	8 909	922	7 857	808
	b	4 947	327	5 753	339	5 696	383	5 472	341	4 682	272
30 „ „ 40 „ „	a	8 930	1098	10 004	1269	11 034	1462	11 309	1561	11 615	1525
	b	5 036	378	6 005	485	6 794	567	6 973	605	7 075	559
40 „ „ 50 „ „	a	4 379	589	4 922	735	5 232	793	5 637	906	5 931	965
	b	2 298	200	2 805	299	2 905	282	3 223	341	3 345	352
50 „ „ 60 „ „	a	1 865	261	1 949	302	2 211	340	2 416	379	2 589	377
	b	905	92	979	108	1 116	112	1 232	141	1 258	114
60 „ „ 70 „ „	a	394	62	434	59	465	72	509	69	572	74
	b	164	16	169	15	195	19	245	27	262	26
70 Jahre u. darüber alt	a	49	11	36	3	46	6	50	12	46	2
	b	21	1	13	1	20	1	18	5	16	—
Alter unbekannt	a	—	—	—	—	2	1	1	—	1	1
	b	—	—	—	—	1	—	—	—	—	—
Insgesamt . . .	a	35 843	3990	38 705	4491	40 092	4979	39 443	5051	38 027	4804
	b	18 374	1292	20 839	1520	21 728	1653	21 550	1714	20 566	1551

erwartet bei diesem Delikt eine stärkere Beteiligung, da die Frau hier nicht wie beim Diebstahl einen äußeren Widerstand zu überwinden, weniger Mut als Verschlagenheit zu beweisen braucht. Andererseits steht in normalen Zeiten die Frau weniger im geschäftlich-wirtschaftlichen Leben; sie findet infolge dessen seltener Gelegenheit zum Besitz fremder Sachen. Daraus erklärt sich auch der wesentlich stärkere Anteil der Frauen an den Unterschlagungen während des Krieges, in dem er bis auf über 40 % im Jahre 1918 ansteigt, während ihre Kriminalität in der ersten Nachkriegszeit, besonders aber seit Überwindung der Inflation wieder bedeutend abnimmt. Erst in den letzten Berichtsjahren 1930—1932 ist sie wieder etwas stärker.

Auch die Jugendlichen weisen vor dem Kriege im Durchschnitt einen ähnlichen Anteil an den Unterschlagungen wie an der Gesamtkriminalität auf. In den Kriegszeiten steigt er aus zahlreichen Gründen, die in diesem Werk an anderer Stelle eingehend dargelegt sind (vgl. d. Art. Kriminalität im Jugendalter), bemerkenswert an. Nach Beendigung des Krieges wird die Beteiligung wesentlich schwächer. Wenn auch die Jugendlichen nur schwer der Versuchung widerstehen, so gelangen sie doch weit seltener in den Besitz fremden Eigentums als die Erwachsenen. Nach Inkrafttreten des Jugendgerichtsgesetzes im Jahre 1923 wird die Unterschlagungskriminalität der Jugendlichen verhältnismäßig immer geringer. Ihr Anteil betrug in den letzten Jahren nur noch rund 2—3 %.

Über den Altersaufbau sowie über den Beruf der wegen Unterschlagung Verurteilten geben die Übersichten 2 und 3 Aufschluß. Wie vor dem Kriege so weist auch jetzt die Unterschlagungskriminalität in ihrer Verteilung auf die Altersklassen ein Vorherrschen der gereifteren Jahre auf. Bei der Betrachtung des Berufs ergibt sich ein Überwiegen der nichtselbständigen Personen (Angestellte, Arbeiter, Gehilfen, Tagelöhner, Knechte, Mägde usw.) in den drei Hauptwirtschaftsabteilungen Land- und Forstwirtschaft, Industrie und Handwerk sowie in Handel und Verkehr, das Sauer (a. a. O. S. 487) damit begründet, daß gerade diese Berufsklassen in die Gelegenheit wie Verlegenheit kommen, über fremdes Gut zu verfügen.

Der Anteil der Vorbestraften entspricht im Großen und Ganzen dem allgemeinen Durchschnittssatz. Er ist jedoch in Abweichung von anderen Verbrechen in der letzten Zeit vor dem Kriege weit stärker als in den ersten Nachkriegsjahren. Bei Beurteilung der Nachkriegsverhältnisse ist allerdings zu berücksichtigen, daß die statistische Erfassung der Vorbestrafungen (s. a. d. Art.

3. Der Hauptberuf der wegen Unterschlagung Verurteilten in den Jahren 1928—

Wirtschaftsabteilungen	1928		1929		1930		1931		1932
	insgesamt	dav. Vorbestrafte	insgesamt	dav. Vorbestrafte	insgesamt	dav. Vorbestrafte	insgesamt	dav. Vorbestrafte	insgesamt
A. Land- und Forstwirtschaft, Jagd u. Fischerei, insges.	3 249	1386	3 519	1684	3 507	1698	3 505	1669	3 633
davon									
Selbständige u. Geschäftsleiter	405	137	472	166	457	177	553	220	732
Angestellte, Arbeiter, Tagelöhner, Knechte, Mägde	2 714	1228	2 919	1492	2 896	1490	2 782	1417	2 703
Angehörige	130	21	128	26	154	31	170	32	198
B. Industrie und Handwerk, insgesamt	13 651	7232	15 468	8411	15 807	8541	15 527	8536	14 961
davon									
Selbständige u. Geschäftsleiter	1 107	584	1 287	700	1 470	830	1 615	915	1 902
Angestellte, Gehilfen, Gesellen, Arbeiter	11 781	6432	13 182	7430	13 217	7389	12 726	7272	11 925
Angehörige	763	216	999	281	1 120	322	1 186	349	1 134
C. Handel u. Verkehr, insges.	13 516	7046	14 332	7950	14 901	8495	14 820	8449	14 304
davon									
Selbständige u. Geschäftsleiter	2 660	1458	2 909	1811	3 491	2168	4 022	2496	4 344
Angestellte, Gehilfen, Arbeiter	10 480	5497	11 005	6013	10 913	6167	10 210	5788	9 317
Angehörige	376	91	418	126	497	160	588	165	643
D. Öffentl. Verwaltung[1]), freie Berufe, Gesundheitswesen insgesamt	1 120	514	1 112	574	1 310	657	1 327	695	1 518
davon									
Erwerbstätige	1 074	504	1 055	557	1 257	643	1 264	679	1 429
Angehörige	46	10	57	17	53	14	63	16	89
E. Häusl. Dienste insgesamt	509	183	511	178	560	196	506	175	394
davon									
Erwerbstätige	507	183	511	178	557	196	504	174	389
Angehörige	2	—	—	—	3	—	2	1	5
F. Lohnarbeit wechselnder Art insgesamt	3 122	1749	2 951	1677	3 045	1743	2 725	1550	2 179
davon									
Erwerbstätige	2 944	1689	2 754	1600	2 804	1671	2 479	1459	1 987
Angehörige	178	60	197	77	241	72	246	91	192
G. Ohne Beruf u. ohne Berufsangabe insgesamt	676	264	812	365	962	398	1 033	476	1 038
davon									
Selbständige	622	251	739	339	861	368	913	427	937
Angehörige	54	13	73	26	101	30	120	49	101

[1]) Einschließlich Wehrmacht.

Vorbestrafte. Statistik) seit dem Inkrafttreten des Gesetzes über beschränkte Auskunft aus dem Strafregister und die Tilgung von Strafvermerken vom 9. IV. 1920 (RGBl. 507) stark beeinträchtigt wird, dessen statistische Auswirkungen durch einen allgemeinen Rückgang in der Zahl der Vorbestraften in Erscheinung tritt, da eine nicht geringe Zahl tatsächlich Vorbestrafter infolge der Tilgung ihrer Strafvermerke nicht mehr als Vorbestrafte gelten. In der letzten Zeit ist jedoch im Rahmen der Unterschlagungskriminalität die Beteiligung zu einer recht bedenklichen Höhe angeschwollen.

Da die Untreue (§ 266 StGB.) soziologisch wie auch psychologisch der Unterschlagung eng verwandt ist, so zeigt die Gestalt ihrer Kriminalitätskurve große Ähnlichkeit mit der Unterschlagungskurve, nur ist ihr Verlauf unruhiger als bei jener, was nach der Meinung von Sauer (a. a. O. S. 497) mit der — wenigstens früher — zahlenmäßig recht geringen Kriminalität und der hochgradigen Spezialisierung des Tatbestandes zusammenhängt. Die Zahl der wegen Untreue Verurteilten hat sich in den drei letzten Jahrzehnten vor dem Kriege mehr als verfünffacht. Ihre Kriminalitätsziffer berechnet sich im Jahre 1913 auf 3,14 gegen 0,84 im Jahre 1882.

Im ersten Kriegsjahr tritt ein zunächst mäßiger, in den Folgejahren immer stärkerer Rückgang ein, der auch noch bis in das erste Nachkriegsjahr hinein anhält. Dann setzt ein Umschwung ein. Die Zahlen schwellen fast von Jahr zu Jahr rapide an. Das letzte Berichtsjahr weist 4243 Verurteilte mit einer Kriminalitätsziffer von 8,45 auf. Zu bemerken ist, daß in den Verurteiltenzahlen vom Jahre 1931 ab auch die Verurteilungen wegen Zuwiderhandlungen gegen die Bestimmungen des § 36 des HypBankG. vom 13. VII. 1899 und gegen § 138 des G. über die Beaufsichtigung der privaten Versicherungsunternehmungen und Bausparkassen in der Fassung der Bek. vom 6. VI. 1931 enthalten sind. „Diese starke Zunahme gegenüber der Vorkriegszeit (bei größerer wirtschaftlicher Blüte der letzteren)", bemerkt Sauer mit Recht hierzu, „ist aber zugleich ein bedenkliches Zeichen für die Gewissenlosigkeit, mit der fremde Rechte abhängiger und schwächerer Personen mißbraucht werden, und allgemein für den Niedergang der Wirtschaftsmoral" (a. a. O. S. 497).

Die Frauenkriminalität auf dem Gebiete der Untreue ist, von einigen Jahren abgesehen, meist wesentlich schwächer als die des Mannes. Die Jugendlichen sind bei diesem Delikt erklärlicherweise nur selten vertreten.

Dem Alter nach überwiegen die Klassen der 30—40- und der 40—50jährigen. Die Aufgliederung der wegen Untreue Verurteilten nach dem Beruf ergibt ein Vorherrschen der Angehörigen von Handel, Industrie, öffentlicher Verwaltung sowie der freien Berufe.

Die Vorbestraftenziffer entspricht vorwiegend dem Normalsatz von 3—4:1. In letzter Zeit erreicht sie aber teilweise die Hälfte der Verurteilten.

Die Amtsunterschlagung zeigt in der Vorkriegszeit wie auch die anderen Verbrechen und Vergehen im Amte als Zeichen fortschreitender Gesundheit des Staatswesens und seines Beamtenkörpers einen fast andauernden Rückgang. Der Krieg hat dann einen Anstieg zur Folge, der sich, nach kurzer Unterbrechung im ersten Nachkriegsjahr, mit

4. Die Entwicklung der Untreue und Amtsunterschlagung im Deutschen Reich[1]) seit 1882.

Jahre	Rechtskräftig Verurteilte wegen		Jahre	Rechtskräftig Verurteilte wegen	
	Untreue	Amtsunterschlagung		Untreue	Amtsunterschlagung
1882	267	454	1920	385	395
1885	292	382	1921	758	676
1890	524	410	1922	866	729
1895	738	382	1923	723	515
1900	790	376	1924	768	791
1905	1325	349	1925	1613	1378
1910	1567	318	1926	2232	1462
1913	1493	362	1927	2234	1181
1914	1264	327	1928	2091	1046
1915	545	479	1929	2488	994
1916	450	512	1930	2788	986
1917	332	496	1931	3397	1031
1918	249	522	1932	4243	1195
1919	170	249			

[1]) Jeweiliges Reichsgebiet.

fortschreitender Inflation, als die Gehälter immer mehr hinter den Lebenshaltungskosten zurückblieben, in verstärktem Grade fortsetzt. Aber auch die Stabilisierung tut dieser Entwicklung im Gegensatz zum Rückgang der meisten anderen Vermögensdelikte bei der Wiederherstellung geordneter Wirtschaftsverhältnisse keinen Einhalt. Das Steigen der Kriminalitätskurve der Amtsunterschlagung hält wie auch bei der Untreue bis zum Jahre 1926 an, das 1462 Verurteilte aufweist. Die nächsten Jahre bringen zwar eine Verminderung, doch ist das Kriminalitätsniveau im Vergleich zur Vorkriegszeit noch immer als recht hoch anzusprechen.

Schrifttum:

S. v. Koppenfels, Die Kriminalität der Frau im Kriege, Kriminal. Abh., Heft 2, Leipzig 1926. — G. Aschaffenburg, Das Verbrechen und seine Bekämpfung, Heidelberg 1933, 3., verbesserte Aufl., 2. Abdruck. — W. Sauer, Kriminalsoziologie, Berlin-Grunewald 1933. — Statistik des Deutschen Reichs. Kriminalstatistik (seit 1882 jährlich erscheinend). — Die Entwicklung der Kriminalität im Deutschen Reich seit 1882, Statistik des Deutschen Reichs 370 (Berlin 1930), 31 ff. — Die Entwicklung der Strafen im Deutschen Reich seit 1882, Statistik des Deutschen Reichs 384 (Berlin 1931), 64 ff.

Ernst Roesner.

Unzüchtige Schriften und Abbildungen s. Schmutz- und Schundschriften.

Urkundenfälschung.

A. Kriminelles.

1. „Urkunden und andere als Beweismittel dienende Schriftstücke werden in der Hauptverhandlung verlesen", so heißt es im § 249 StPO. Danach ist die Urkunde ein verlesbares Beweismittel. Zum Begriff der Urkunde gehören aber im weiteren Sinne alle Gegenstände, die einen gedanklichen Inhalt durch Schrift- oder andere Zeichen rechts- und beweiserheblich verkörpern. Ohne auf die juristische Seite des Urkundenbegriffes näher einzugehen, soll hier die Urkundenfälschung vor allem von der kriminologischen Seite aus betrachtet werden. So vielseitig die Kasuistik der Urkundenfälschung ist, so einfach ist ihr Motiv: die Täuschung. Deswegen wird die Urkundenfälschung auch meistens in Verbindung mit Betrug angewendet. Dieses Täuschungsmittel ist aber um so gefährlicher, als gerade dem Urkundenschriftstück im allgemeinen Rechts- und Verkehrsleben großer Beweiswert beigelegt wird und der Urkundenbeweis, besonders im Zivilprozeß, eine bevorzugte, das Verfahren vereinfachende und beschleunigende Stellung einnimmt.

Gewisse Urkundenfälschungen wiederholen sich täglich: so die Wechsel- und Scheckfälschungen, die Bestellschein- und Legitimationsfälschungen; weiterhin sind aber auch alle mit Zahlungen zusammenhängende Beurkundungen, also vor allem die Quittungsfälschung, überhaupt alle kreditsuchenden und -begründenden Schriftstücke ständiger Fälschungsgefahr ausgesetzt.

Außer den unmittelbar auf Gewinn und Schadenszufügung gerichteten Urkundenfälschungen gibt es eine zweite Hauptgruppe, die nur als Beiwerk der Gewinnung von Vorteilen jeder Art dienen, so z. B. fingierte Korrespondenzen, welche unwahre Behauptungen des Betrügers glaubhaft machen sollen. Als charakteristisches Beispiel sei der gefälschte (oder durch Zusätze verfälschte) Brief der unehelichen Mutter in deren Unterhaltungsprozeß erwähnt, der die vom Beklagten erhobene Einrede der Nichtalleinbeteiligung glaubhaft machen soll, oder fingierte Begleitschreiben, welche den unechten Charakter gefälschter Urkunden verdecken sollen.

Zur dritten Hauptgruppe von gefälschten Urkunden gehören diejenigen, die — ohne Vermögensvorteile — etwas glaubhaft machen sollen, z. B. fingierte Liebesbriefe einer vielbegehrten, aber nicht erreichbaren jungen Dame, um damit renommieren zu können, oder die Anfertigung und Versendung von Schriftstücken zur Ablenkung der Tatspur auf einen anderen Menschen. Diese wenigen Beispiele mögen genügen, um die unterschiedliche Beweiserheblichkeit von Urkunden dieser drei Hauptgruppen zu beleuchten.

2. Um eine Urkundenfälschung feststellen und bestrafen zu können, muß sie erst bewiesen werden, was regelmäßig durch Sachverständigenbeweis geschieht (vgl. § 93 StPO. und § 442 ZPO.).

Ebenso wichtig sind aber alle Einrichtungen und Veranstaltungen zur V e r h ü t u n g von Urkundenfälschungen. Selbstverständlich sind die Bankinstitute, die den stärksten berufsmäßigen Urkundenverkehr unterhalten, der erfahrungsgemäß von Fälschern und Betrügern zur Erreichung von großen Geldbeträgen bevorzugt wird, von je her bemüht, durch besondere Sicherungsmittel und ständig geübte strenge Urkundenkontrolle die Fälschungen möglichst zu verhüten oder wenigstens zu vermindern. Da diese Vorbeugungsmittel erprobt und daher mustergültig sind, sollen sie hier zusammenfassend dargestellt und zur allgemeinen Nachahmung empfohlen werden:

a) F o r m u l a r s t r e n g e. Das Erfordernis, zur Anfertigung bestimmter Urkunden nur die vorgeschriebenen Formulare zu benützen, ermöglicht es den Banken, besonders beim Scheckverkehr, die Verantwortung für mißbräuchliche Verwendung von Vordrucken dem Kunden selbst zu übertragen, was ihn zur besonderen Vorsicht anspornen soll.

b) P a p i e r s i c h e r u n g. Soweit die Urkunde einen dem Wertpapier ähnlichen Wertträger darstellt, wird sie wie dieses durch Schutzunterdruck (sogenannter Reliefplein), durch Kunstdruckleisten (für die Blatteinrahmung, sogenannte Guillochen), durch Wasserzeichen, durch gute Saugfähigkeit und Waschempfindlichkeit des Papiers gegen chemische Behandlung der Beschriftung gesichert. Der Rand (bei Scheck- und Kreditbriefvordrucken) erhält eine sogenannte Zahlenleiste mit den aufgedruckten Zahlen 100, 200, 300 usw., die beim Gebrauch abzuschneiden ist, soweit der Ausstellungsbetrag überschritten wird. Das Wasserzeichen ist für Wertpapiere derart wichtig, daß Anfertigung und Handel der Wertpapiere mit Wasserzeichen gesetzlich geregelt werden müßte.

c) V o r s i c h t i g e, z u v e r l ä s s i g e A u f b e w a h r u n g a l l e r V o r d r u c k e, die für den Geldverkehr bestimmt sind, und Vernichtung, wenn sie außer Geltung gesetzt werden, z. B. bei Aufhebung des Scheckkontos, oder wenn der Kreditbrief erschöpft ist. Denn gerade solche an sich gesicherte Vordrucke werden mit Vorliebe zu Fälschungen benutzt. Aus diesem Grunde ist z. B. auch die Unbrauchbarmachung eines Hypothekenbriefes nach Löschung der Hypothek durch § 69 der Grundbuchordnung vorgeschrieben worden.

d) Grundsätzliche und strenge Vermeidung von Blankounterschriften.

e) Grundsätzliche und möglichst ausschließliche Verwendung von Tinte zur Herstellung von geldwerten Urkunden, notfalls mag Verwendung von Tintenstift angängig sein, während Bleistift in jedem Falle Urkundenfälschungen erleichtert, Verwendung von Stanzschutzschriften, wobei die Geldbeträge (in Worten) so in das Papier eingestanzt werden, daß ihre Entfernung oder Änderung unmöglich gemacht wird (sogenannte Toddschrift).

f) Sorgfältige Ausfüllung des (vorgedruckten) Textes, um Zusätze, vor allem Zahlenerhöhungen, unmöglich zu machen. Erforderlich ist auch eine gepflegte, gut leserliche Unterschrift, weil unleserliche, flüchtig hingeworfene Unterschriften die Fälschungen erleichtern und die Echtheitsfeststellung erschweren. Manche versehen ihre Unterschrift (zum Schutz gegen Nachahmung) mit einem eigenartigen Schlußschnörkel (Paraphe) oder gar mit gewissen Geheimzeichen; doch lassen sich die Bankinstitute im allgemeinen nicht auf „Unterschriften mit Geheimzeichen" ein.

g) Schutz des Firmenbriefpapiers. Da es wiederholt vorgekommen ist, daß Antwortbriefe von Banken zu Fälschungen und Betrügereien verwendet werden, haben die Banken ihre Vordrucke (für gewöhnliche Antwortschreiben) mit folgendem Aufdruck versehen: „Dieser Brief enthält keine Akkreditierungen, Scheckavise, Überträge, Anschaffungen zu Ihren Gunsten von dritter Seite und auch sonst keinerlei Wertverfügungen." Wenn dabei noch chemisch gesichertes Papier verwendet wird, ist die Sicherheit gegen mißbräuchliche Wiederverwendung solcher Antwortbriefe schon gut.

h) Anwendung des Fingerabdruckes zur Sicherung gewisser, besonders hochwertiger Urkunden oder zum Ersatz der Unterschrift bei Schreibunkundigen. Dieses Sicherungsmittel ist allerdings im deutschen Urkundenverkehr noch nicht eingeführt, im Gegensatz zu Amerika, wo es bereits sogegenannte Traveller- (oder Reise-) Schecks mit Sicherungsfingerabdruck gibt.

i) Telephonische, telegraphische oder schriftliche Rückfragen beim Urkundenaussteller, ob die vorgelegte Urkunde anerkannt wird, haben oft schon geplante Betrügereien unmöglich gemacht. Auch der Bildfunk, durch den die beanstandete „Überweisung" schnellstens der anfragenden Bank übermittelt wurde, ist bereits in den Dienst der banktechnischen Kontrolle gestellt worden.

Diese und vielleicht noch weitere ähnliche Maßnahmen zur Sicherung des Urkundenverkehrs sind bei den Bankinstituten schon weitgehend ausgebildet und passen sich jederzeit neuen Bedürfnissen an, wie sie sich aus der täglichen Praxis und Erfahrung ergeben. Sie sollten daher, weil sie erprobt sind, auch im sonstigen Urkundenverkehr angewendet werden, um die Urkundenfälschungen unmöglich zu machen oder doch erheblich zu erschweren, was eben zum Aufgabengebiet der Verbrechensverhütung gehört.

Zu Punkt f ist noch Folgendes zu bemerken: Da die Unterschrift eines Menschen immerhin für sich allein nur ein schwaches Sicherungs- und Beweismittel darstellt, empfiehlt es sich, nach Möglichkeit den ganzen Urkundentext (z. B. eines Schuldversprechens) vom Schuldner selbst handschriftlich ausführen zu lassen, um so eine größere Untersuchungsgrundlage für den Fall des Bestreitens der Urkundenechtheit zu schaffen. Dabei wird daran erinnert, daß beim eigenhändigen Testament gerade auf die Handschrift als Beweismittel Wert gelegt wird, wenn der Gesetzgeber das Erfordernis aufstellt — und zwar ist dieser Fall des § 2231 Ziffer 2 BGB. der einzige dieser Art —, daß die Testamentsniederschrift vom Anfang bis zum Ende von der Hand des Erblassers herrühren muß, damit sie zu einer rechts- und beweiserheblichen Urkunde wird. (Vgl. d. Art. Unterschrift.)

Zu Punkt h: Der Fingerabdruck ist als Sicherung von Urkunden bereits eingeführt: bei Pässen in einigen südamerikanischen Staaten, bei Identitätskarten in Chile und im englischen Seefahrtsdienst, bei den eingeborenen Arbeitern in Niederländisch-Indien, bei Lebensversicherungspolicen in Indien, bei gewerblichen Legitimationskarten in Ägypten für Schofföre, Straßenhändler und Dienstboten.

Aber auch der Gesetzgeber hat in manchen Fällen gewisse Sicherheitsmaßnahmen zum Urkundenschutz vorgeschrieben, so z. B. bei der Bestimmung, daß gewisse wichtige Rechtsgeschäfte nur gerichtlich oder notariell zu beurkunden sind, ferner für die Mitwirkung von Zeugen bei Errichtung von Urkunden, z. B. eines Testamentes nach §§ 2233, 2249, 2250 BGB., für die Beglaubigung einer Unterschrift oder eines Handzeichens in Gegenwart eines Richters oder Notars (§ 183 Gesetz über die Angelegenheiten der freiwilligen Gerichtsbarkeit).

Schließlich gehören auch Maßnahmen zum Urkundenschutz gegen Vernichtung hierher. So werden z. B. in Ziffer 47 der Anweisung zum Vollzug des Personenstandgesetzes (vom 25. III. 1899) die Standesbeamten angewiesen, zur Fernhaltung von Gefährdungen der Standesregister bei Brandfällen u. dgl. die standesamtlichen Nebenregister da, wo es geschehen kann, gesondert von den Hauptregistern an sicheren Orten aufzubewahren. Anderenfalls sollen sie in einer Weise aufbewahrt werden, welche deren Rettung im Falle der Entstehung eines Brandes usw. möglichst erleichtert. — Ähnliche Vorschriften müßten auch für andere, ebenso wichtige Urkundensammlungen bestehen, z. B. für Grundbuchurkunden, Fingerabdrucksammlungen. (Nach Berichten aus Nordamerika hat man dort von einem neuerfundenen „ewigen Papier" Gebrauch gemacht, weil es praktisch nicht zu vernichten sei, also weder zerreißbar, zerschneidbar noch verbrennbar sein soll. Daher soll es sich besonders gut für Scheck- und Wechselurkunden eignen. Auch bei den türkischen Behörden sollen wichtige Urkunden auf unverbrennbarem Papier aufgenommen werden.)

3. Die Wertpapiere sind eine Urkundenart, deren Besonderheit darin besteht, daß das Eigentum an der Urkunde das darin beurkundete Recht vermittelt. Die Fälschung von Wertpapieren ist selten und wird vor allem durch die folgenden Maßnahmen, wie sie von der Zulassungsstelle der Berliner Börse vorgeschrieben sind, verhindert:

a) Nur erfahrene, zuverlässige und modern eingerichtete Wertpapierdruckereien dürfen mit dem Druck von Wertpapieren beauftragt werden, denen auch die Herstellung der verschiedenen Emissionen desselben Instituts zu übertragen ist, um durch Anwendung des genau gleichen Herstellungsverfahrens die Prüfung und Erkennung der Echtheit und des Unterschiedes von Wertpapieren anderer Emittenten zu erleichtern.

b) Zur Herstellung ist gesetzlich geschütztes, unverkäufliches Wasserzeichenpapier mit den notwendigen Festigkeitseigenschaften zu verwenden.

c) Es dürfen nur im eigenen Druckereibetrieb hergestellte unverkäufliche Druckplatten für die Herstellung mehrfarbiger Guillochen verwendet werden, die wieder bestimmte Güteeigenschaften aufweisen müssen.

d) Außerdem gehören hierher noch weitere Sicherungsmaßnahmen, wie Anbringung der Firma der Druckerei, Prägestempel, Herstellung nur im guten Buch- oder Kupferdruck, keinesfalls im Steindruck, und handschriftlich ausgeführte Unterschrift eines Kontrollbeamten. Daneben gibt es zum Schutz gegen Wertpapierfälschungen auch noch gewisse banktechnische Sicherungs- und Kontrollmaßnahmen. Falls doch einmal Wertpapierfälschungen auftreten, werden die typischen Fälschungsmerkmale von der zuständigen Gemeinschaft der Bankinstitute (in Berlin in der „Sammelliste aufgerufener Wertpapiere" der Bank des Berliner Kassenvereins) veröffentlicht. Dadurch sind alle Bankinstitute zur verschärften Kontrolle und erhöhten Vorsicht aufgefordert.

Auch hier gilt, wie auf den anderen Gebieten des Selbstschutzes, der Grundsatz: Je größer die Sicherheit, desto erschwerter die Beurkundung. Aber eine der wichtigsten Vorbeugungsmaßnahmen ist und bleibt die Sicherung des Urkundenpapiers und die strenge Entziehung der Möglichkeit der unbefugten Beschaffung des für solche Fälschungen erforderlichen Papiermaterials.

Schrifttum:

Dr. G. Opitz, Fälschung und Verfälschung von Bankakkreditiven usw. in „Kriminalistik im Zahlungsverkehr", Berlin 1933, S. 91ff. — H. Schneickert, Kriminaltaktik und Kriminaltechnik, Lübeck 1933, S. 110ff.

Hans Schneickert.

B. Technisches.

Die Prüfung von Urkunden auf stattgehabte Verfälschung läßt sich durch die Errungenschaften der kriminalwissenschaftlichen Forschung und in der Hand erfahrener Sachverständiger heute in den meisten auch sehr verwickelt liegenden und mit den raffiniertesten Methoden bewirkten Fällen mit Sicherheit durchführen.

Unter dem Begriff „Urkunden" kann man verstehen „Schriftstücke, die zum Beweise von Rechten und Rechtsverhältnissen von Erheblichkeit sind", oder entsprechend der Definition des neuen Strafgesetzbuches „Schrift, die zum Beweise einer rechtlich erheblichen Tatsache bestimmt ist".

Dahin gehören z. B. Personenausweise, Testamente, Verträge, Wechsel, Kreditbriefe, Schuldverschreibungen, Quittungen, Zeugnisse, Bestellscheine usw. Solche Urkunden können mit und ohne Vordrucke hand- oder maschinenschriftlich ausgefüllt und von Hand- oder Facsimile-Druckschrift unterzeichnet und mit Stempeln, Siegeln oder dergleichen gesichert worden sein. Auch können zur Sicherung bestimmte Papiere und Tinten oder Farben Verwendung gefunden haben.

Je nach den Umständen des Falles sind dann die geeigneten Untersuchungsmethoden zu wählen. Im allgemeinen wird schon die aufmerksame Betrachtung, insbesondere unter Beziehung auf im Gedächtnis haftendes oder vorliegendes Vergleichsmaterial gegebenenfalls den Verdacht einer Fälschung erwecken und zur Anwendung einer eingehenderen schriftanalytischen, mikroskopischen, chemischen oder sonstigen Prüfungsmethode durch Sachverständige Veranlassung geben.

1. Der Fälschung verdächtigte Handschriften oder Unterschriften sind unter Berücksichtigung der Art des Zustandekommens auf das Vorliegen der individuellen Schriftmerkmale der Originalschriften zu prüfen, die gekennzeichnet sein können durch die Stellung, Größe, Schriftart, Einzelelemente, Bindung, Kurven, Beizeichen, Schriftdruck, Federhaltung, gewohntes Schriftmaterial (Papier, Tinte, Feder, Stiftart usw.). Bei Schriftähnlichkeiten ist die Erforschung aller Einzelheiten nur an entsprechenden Vergrößerungen durchführbar. Falls Schriftverstellung vorliegt, muß in der Beurteilung der Autorschaft einer bestimmten Person größte Vorsicht und Zurückhaltung in der Schlußfolgerung beobachtet werden. Oft sind solche Fälle nur unter Heranziehung besonderer Hinweise, die sich durch das verwendete Schriftmaterial und Übereinstimmung mit dem beigebrachten Vergleichsmaterial, das Vorhandensein von sichtbaren oder latenten Fingerspuren, Abdrücken auf Löschblättern usw. ergeben können, möglich.

2. Bei Maschinenschriften wird aus Schriftart und Größe meist schon ein Schluß auf die Art der verwendeten Schreibmaschine möglich sein und das Studium der Einzelheiten der Buchstaben und etwaiger daran vorhandener Fehler oder späterer Verletzungen unter Umständen auch einen Schluß auf die zur Verwendung gekommene Schreibmaschine zulassen. Bei Stanzfehlern an einzelnen Buchstaben ist zu prüfen, ob diese auch bei anderen Schriftstücken aus solchen Maschinen vorliegen, denn die Buchstaben zeigen solche kleinen, selbst mit der Lupe kaum bemerkbaren Fehler bei der automatischen Herstellung durch ganze Serien hindurch, sodaß alle mit dem betreffenden Buchstaben ausgerüsteten Maschinen den gleichen Fehler aufweisen. So wie bei Analysen von Handschriften kann bei der Analyse von Maschinenschriften auch nur die Summe der Indizien zu einem tragbaren Beweis dienen.

3. Beispiele. In einem durch fast alle Tageszeitungen gegangenen Erbschaftsprozeß handelte es sich um die Beweisführung der berechtigten Ansprüche einer großen Familie auf eine Millionenerbschaft aus dem Nachlaß eines im Ausland Ende des 18. Jahrhunderts verstorbenen hohen Offiziers. Zum Beweis der verwandtschaftlichen Beziehungen legte die Erbgemeinschaft eine Anzahl Briefe vor, die in altem Gerümpel zufällig gefunden worden sein sollen und Berichte des betreffenden Ahnen über seine Schicksale und Familienereignisse enthielten.

Die Untersuchung der Briefe, die etwa in den Jahren 1750—80 in Asien geschrieben worden sein sollten, ergab, daß die Schrift nicht der Prägung der damaligen Zeit, namentlich eines im jugendlichen Alter ausgewanderten Deutschen entsprach, daß sie mit Stahlfeder geschrieben war, daß teerfarbblau-überfärbte Eisengallustinten und ein Papier verwendet wurden, das größtenteils aus Zellstoff bestand. Zur damaligen Zeit verwendete man aber Kielfedern und Galläpfeltinte oder Pflanzenfarbstofflösungen oder Tuschen, Stahlfedern wurden erst im 19. Jahrhundert gebräuchlich und Papiere mit Zellstoff erst Ende des vorigen Jahrhunderts. Um das Alter vorzutäuschen, hat der Fälscher das Papier mit Salzsäuredämpfen bearbeitet, wodurch blaue Verfärbung der Tinte und gelbe Verfärbung des Papiers sowie Brüchigkeit desselben eintrat, sodaß die Briefe wie alt und verlagert erschienen.

Personenausweise oder Schecks können andersartigen Vordruck, andersartiges Papier, besonders auch anders guillochierten Untergrund in Art und Farbe zeigen, die von den Originalvordrucken abweichen, und die Ausfüllungen können entweder handschriftlich gefälscht oder aber durch Phototypie von Originalen übertragen worden sein. Solche Ganzfälschungen können nur durch Vergleich der erwähnten Einzelheiten mit Originalen erkannt werden.

In gleicher Weise geschieht auch die Prüfung von Wertpapieren, Geldscheinen und dergleichen. Handelt es sich nicht um im Ganzen gefälschte Urkunden, sondern um in irgend einem Teil, z. B. der Wertangabe oder der Unterschrift, verfälschte Urkunden, so ist die frühere ausradierte oder durch Bleichflüssigkeiten entfernte Schrift in manchen Fällen wieder lesbar zu machen. Oft gibt die Betrachtung oder Photographie mit kurzwelligen (ultravioletten) Strahlen schon eine Aufklärung (ähnlich wie bei Palimpsesten) durch Sichtbarmachung der Veränderung des Papiers an den früher mit saurer Tinte beschrieben gewesenen Stellen, oder durch Anblasen mit Joddämpfen, wobei auch besonders Rasuren hervortreten oder durch Anblasen mit Rhodanwasserstoffsäure, wodurch Reste von Eisentintenschrift rot in Erscheinung treten, oder durch die Methoden, welche für die Entwicklung unsichtbarer Geheimschriften Verwendung finden.

Eine Bank lieferte bei der Steuerbehörde wiederholt Formularlisten der zu versteuernden Wertpapiere ein, in denen früher mit Tinte gemachte Einträge der Wertpapiere durch sogenannten Tintentod ausgelöscht und weitere zu versteuernde Wertpapiere über die ausgelöschten Einträge mit Schreibmaschinenschrift eingetragen waren. Beim Anblasen der Einträge mit Rhodanwasserstoff (entwickelt aus Rhodanammon und Salzsäure durch Erwärmen) trat unter der Maschinenschrift die frühere Tintenschrift deutlich hervor, sodaß die Steuerhinterziehung erwiesen werden konnte.

Der Fälscher eines Kreditbriefes, der zur Sicherung auf einem bestimmten Papier mit mehreren Farben bedruckt und beschriftet und sogar zum Teil mit Prägung hergestellt war, schnitt die Wertangabe „Due Dollars" aus und klebte ein neues mit der Feder in Druckschrift täuschend beschriebenes Blättchen Papier mit dem Wort „Mille" in den Kreditbrief ein. Die Fälschung wurde erst bemerkt, nachdem er wiederholt Beträge bei verschiedenen aus- und inländischen Banken auf dieses Falsifikat hin erhoben hatte. Erst durch die mikroskopische Untersuchung wurde der Schwindel aufgedeckt.

Spätere Einfügungen in Urkunden können mit anderer Tinte und Feder geschehen sein. Die Aufklärung geschieht durch mikrochemische Prüfung mit sehr kleinen Tröpfchen stark verdünnter Säure und sofortiger Neutralisation mit Ammoniak, wodurch verschiedene Tinten erkennbar sind, ferner bei gleicher Tinte durch das Verhalten der Tinte an Berührungsstellen zu der früheren Schrift, wobei alsbaldige Einfügung Auslauferscheinungen in der früheren Tintenschrift, spätere Einfügung aber scharfe Abgrenzung ergibt. Auch das Verhalten der Schrift zu Brüchen in dem Papier und die bei späterer Einfügung auftretenden Auslauferscheinungen der Tinte in dem Bruch können als Beweis dienen.

Bei Schrift mit harter Feder auf weicher Unterlage oder bei Stiftschriften kann auch die Reliefbildung für die Feststellung der Reihenfolge bzw. Zeitzwischenräume dienlich sein. Eine mit Stift geschriebene Quittung über RM. 500.— zeigte auf der Rückseite eine später geschriebene Bleistiftnotiz, die ein bei tangierend auffallendem Licht deutlich erkennbares Relief gebildet hatte. Diese Quittung lautete bei Vorlage an den Schuldner über RM. 2500.—. Die Ziffer „2" hatte aber das Relief der rückseitigen Schrift niedergedrückt, während die frühere Schrift der Quittung durch das Relief gehoben war. Dadurch ist die Fälschung klar erwiesen worden.

Die Zeitfolge von Schriften, namentlich das Verhältnis zwischen Datierung und Unterschrift, Stempeln und Unterschrift bietet an Kreuzungsstellen zwischen den beiden in Betracht kommenden Teilen der Urkunde der mikroskopischen Untersuchung oft erhebliche Schwierigkeiten, besonders wenn Tinte auf Stift oder Maschinenschrift oder umgekehrt vorliegen. In solchen Fällen hat sich die Abziehmethode mit klebrigen Folien, wie sie zum Abziehen von Fingerabdrücken benutzt werden, bewährt. Liegt Stiftschrift, Stempelfarbe oder Maschinenschrift auf der Tinte, so läßt sie sich mit der Folie von der Tinte abziehen, sodaß in dem Abzug keine Lücke auftritt. Liegt aber die Tinte auf dem Stiftstrich, Stempel oder Maschinenschriftdruck, so bleibt der durch die Tinte gedeckte Teil im Abzug weg.

4. Das Alter von Tintenschriften kann, sofern Eisenoxydul enthaltende Tinten vorliegen, dadurch festgestellt werden, daß das Eisensalz in der Tintenschrift allmählich oxydiert und in Wasser unlöslich wird. Die Tintenschrift verliert dadurch dann auch ihre Kopierfähigkeit. Zieht man die Tintenschrift mit einem Tröpfchen Wasser einige Minuten lang aus und prüft das auf eisenfreies Filtrierpapier abgesogene Tröpfchen auf Eisen, so ist bei Vorhandensein desselben die Oxydation der Schrift noch nicht vollendet. Je nach Art der Tinte und des Papiers sowie der Aufbewahrung (Schutz vor Luft und Licht) kann dann gegenüber Vergleichsschriften aus den in Betracht kommenden Zeiten das Alter erwiesen werden.

Nach der von Ledden-Hulsebosch angegebenen Methode kann auch durch künstliche Alterung eines Teils der Schrift bei Bestrahlung mit ultraviolettem Licht mit entsprechenden Vergleichsprüfungen der etwa stattgehabte Abschluß oder Fortschritt der Alterungserscheinung dargetan werden.

Dr. Rall hat in Verbindung mit Mezger und Heess neuerdings eine Methode zur Feststellung des Alters von Tintenschriften auf Grund der Beobachtung aufgebaut, daß fast alle Tinten Spuren von Chlorverbindungen sowie Sulfaten enthalten. Diese wandern aus der Tintenschrift in das umgebende Papier allmählich aus. Der Grad dieser Auswanderung kann in den aus der Urkunde ausgeschnittenen, auf wenige Striche beschränkbaren Teilen durch Fixierung der Chlorverbindung mit Silberlösung und durch Fixierung der Sulfate mit Bleisalzen festgestellt werden. Man kann dadurch in der Regel sicher bestimmen, welcher zeitliche Unterschied zwischen der Datierung einer Schrift und

Abb. 1. Gefälschte Quittung, durch Einfügung einer 2 vor die Zahl 500. Die 2 hat das Relief der rückseitigen Schrift niedergedrückt, während der Text (siehe die Schleife) dadurch gehoben war.

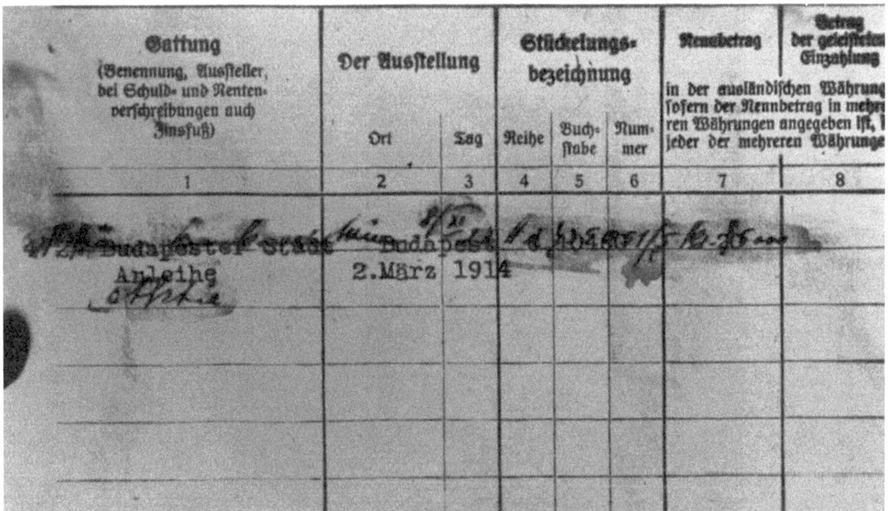

Abb. 2. Hervorrufung früherer mit Radierwasser ausgelöschter Tintenschrift durch Rhodanwasserstoff.

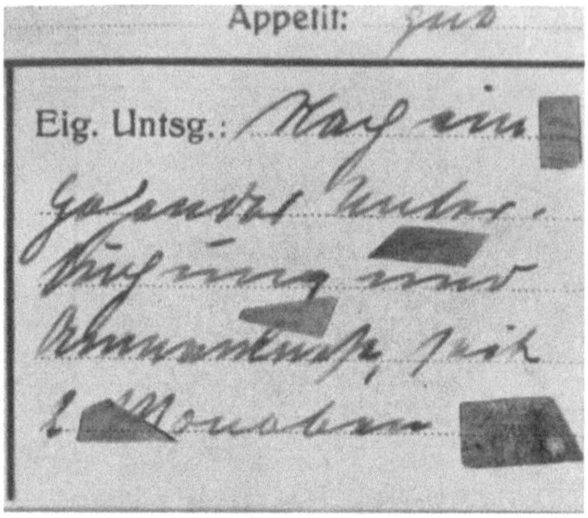

Abb. 3. Chloridbilder (rechts) und Sulfatbilder (links) einer erst etwa 6 Wochen alten, angeblich aber ganz oder teilweise vor 4 Jahren ausgestellten ärztlichen Bescheinigung. (Der Ausschnitt unten rechts ist durch das Chlor aus einem Fingerabdruck geschädigt.)

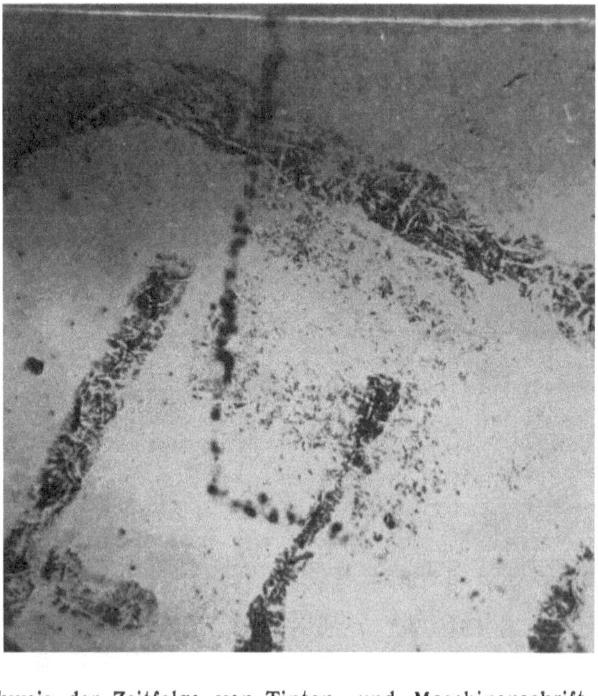

Abb. 4. Nachweis der Zeitfolge von Tinten- und Maschinenschrift sowie Stempel in einer Akzeptschrift. Vergr. Abzug mit daktyloskop. Folie.

Ergebnis: Die Tintenschrift (nicht erschienen) lag unten, denn das „u“ der Maschinenschrift und die Stempelteile waren vollständig davon abziehbar.

ihrer tatsächlichen Anfertigung gegeben ist, sofern bei jüngeren Schriften Zeitunterschiede von mehreren Wochen oder Monaten, bei mehrere Jahre alten Schriften entsprechende Zeitzwischenräume in Frage stehen. Gutes Vergleichsmaterial sichert den Erfolg.

4. Auch die neuen Methoden der photographischen Technik, die Photographie mit ultravioletten Strahlen, und die Photographie mit infraroten Strahlen können zur Aufdeckung von Urkundenfälschungen dienlich gemacht werden.

Die Betrachtung und Photographie mit kurzwelligen Strahlen dient zur Unterscheidung von Tinten, Papieren, Siegeln, Stempeln usw. und die Betrachtung sowie Photographie mit langwelligen (infraroten) Strahlen läßt verdeckte Schriften in zusammengeklebten Papieren, Überdeckungen von Schrift mit Tinte und dergleichen reproduzieren.

Schrifttum:

Dennstedt u. Voigtländer, Der Nachweis von Schriftfälschungen, in Baumerts Lehrbuch d. ger. Chemie, Braunschweig 1906. — Dennstedt, Die Chemie der Rechtspflege, Leipzig 1910. — G. Popp, Schrift- u. Urkundenfälschung, Z. f. öff. Chem. 1913, Groß' Arch. f. Kriminolog., 36, 284ff., Vierteljahrsschr. f. ger. Med. 1913, Z. f. angew. Chemie 1935. — Alb. S. Osborn-Schneickert, Der technische Nachweis von Schriftfälschungen, Halle a. S. 1921. — G. Popp, Bestimmung des Alters u. Zeitfolge von Tintenschriften, Z. f. angew. Chem. 1929. — Türkel, Beiträge z. Krim., Symptomat. u. Techn. von Bischoff u. Mezger-Heess-Rall, Die chem. Identifizierung u. Altersbestimmung von Tintenschrift, Graz 1931. — Van Ledden-Hülsebosch, Der Nachweis junger Tintenschrift, Arch. f. Kriminologie 1928, Bd. 80, 239. — Locard-Finke, Die Kriminaluntersuchung u. ihre wissenschaftl. Methoden, Berlin 1930. — R. Jeserich, Chemie u. Photographie im Dienste d. Verbr.-Aufklärung, Berlin 1930. — Mezger-Heess-Rall, Altersbestimmung von Tintenschrift, Arch. f. Kriminologie 92, 107 u. 96, 13.

Georg Popp.

V.

Vagabunden s. Landstreicher und Bettler.

Verabredung des Verbrechens s. Komplott.

Verbrechen, statistisch s. Kriminalstatistik.

Verbrechensgenese.

1. Verbrechensgenese in dem hier gebrauchten Sinn bedeutet die Entstehung des konkreten Verbrechensentschlusses in der Seele des Täters. Es ist also eine psychologische Angelegenheit, die an den wesentlichsten Zentralpunkt der ganzen Kriminologie rührt. Denn die sogenannten exogenen wie die sogenannten endogenen Faktoren der Verbrechensentstehung müssen stets erst irgendwie das psychische Medium passieren, ehe sie aus bloßen Möglichkeiten zu Wirklichkeiten werden (s. meinen Art. „Kriminalpolitik", 1923). Der Kernpunkt der kriminalpolitischen Probleme liegt aber sowohl vom Standpunkt ätiologischer Erfassung und Verständlichmachung als auch vom Standpunkt der sozialen, rechtlichen und ethischen Bewertung und der staatlichen Bekämpfung in der kriminalpsychologischen Sphäre. Die in den Anlagen des Täters schlummernden Potenzen, die aus der Umwelt auf ihn stoßenden Kräfte müssen erst aktiviert, mobilisiert werden, ehe der Entschluß erwächst, aus dem die Tat erfließt. — Gewiß ist das Verbrechen ein Massenphänomen und deshalb statistisch in seinen Beziehungen etwa zu Alter, Geschlecht, Beruf, Jahreszeit, geographischem Bezirk, Preis- und Wirtschaftsverhältnissen erfaßbar, in gewissem Umfang nach Häufigkeit und Richtung voraussehbar — und gewiß ist auch der Verbrecher eine Massenerscheinung, bei der dem Praktiker wiederkehrende Züge und Gestalten geläufig werden, bei der vertraute Typen im Laufe der Zeit von neuem auftauchen und leider auch mehr oder minder für die Urteilsfällung zu schematischer Einstellung verführen. Und doch kommt kein einziges Verbrechen zu stande, ohne daß ein ganz konkreter psychologischer Prozeß gerade in diesem Täter vorangegangen ist, ein Prozeß, in dem einerseits die soziologischen Umstände, andererseits die biologischen Veranlagungen aus Potenzialitäten zu Aktualitäten sich entfalten und in einem Einzelereignis eines menschlichen Lebenslaufes zur

Wirkung gelangen. Man hat hierauf mit Glück aus der Physik den Vergleich mit Statik und Dynamik entnommen (Herm. Hoffmann), und Edm. Mezger spricht deshalb von dynamischer Verbrechensauffassung. Auf dieser Linie bewegt sich auch unsere Betrachtung. Wenn man Kriminalität und Kriminosität (s. d.) auseinanderhält, so stellt die Verbrechensgenese das wichtigste Stück für die Entstehung der Kriminosität dar.

2. Nun ist aber die kriminelle Tat eine soziale Verhaltensweise („sozial" in neutralem Sinn genommen, Sozialgemäßes und Sozialwidriges umfassend). Die psychologische Betrachtung der Verbrechensgenese verfährt methodisch zunächst nicht anders als die sonstiger sozialer Verhaltensweisen, z. B. eines Auswanderungsentschlusses: auch hier wird man Milieu und Anlage trennen können, und auch hier werden die Denkbarkeiten erst im konkreten Entschluß aktuell. Um methodisch weiter zu kommen, muß man folglich die allgemeine Charakterologie (s. d.) heranziehen. Natürlich kann dieser Artikel nicht näher auf Klages, Spranger, Utitz u. A. eingehen. Wohl aber muß das Charakter-Umwelt-Problem von dem Standpunkt aus berührt werden, daß für alle ätiologischen Momente erst ein In-Aktion-Setzen, eine Motorisierung nötig ist. In einleuchtender Weise hat Mezger (im V. Teil seiner Krim.-Pol.) die Dynamik der Anlage, des Milieus, beider in Verknüpfung und des Strukturzusammenhanges im Hinblick auf das kriminelle Geschehen dargestellt.

Besondere Aufmerksamkeit verdient die auffällige Verschiedenheit des Charakterbildes bei demselben Menschen je nach der umweltlichen Situation; man lese etwa bei Herm. Hoffmann (S. 133, 135) die andersartigen Reaktionsweisen des Königs Friedrich Wilhelm I. in Familie, in Heer und Verwaltung, in Außenpolitik und Kriegsführung, im Tabakskollegium. Der Charakter ist eben etwas nur relativ Konstantes, und die Schopenhauersche starre Anschauung von seiner Unveränderlichkeit ist überwunden. — In nahem Zusammenhang mit diesem Zug stehen die Antinomieen des Charakters: neben einander wohnen oft extreme Gegensätze, zwei Seelen in der Brust. Diese Beobachtung ist namentlich wichtig für die Charakterkunde psychopathischer, genialer, aber auch krimineller Persönlichkeiten (Hoffmann, S. 149ff., 128, 148: Napoleon, Friedrich d. Gr.; S. 127f.: Sternickel, Raubmörder mit zärtlicher Tierliebe).

Als weitere Besonderheit, ohne die sich das Verständnis der Verbrechensgenese nicht erschließt, sei erwähnt die mit bewußten Charakterantinomieen meist verbundene Kompensation disharmonierender Züge, die Überkompensation von Minderwertigkeitskomplexen (Mezger, S. 60), also das Aufsetzen einer Maske, das Rollespielen, die Verstellungskunst (Hoffm. S. 142f., 121). — Sodann die Struktur- oder „Schichtenverschiebung" (so Utitz), nicht nur, wie erwähnt, je nach der Situation, sondern nach Entwicklung und Lebensalter; bald etwa treten mehr Elemente der väterlichen, bald der mütterlichen Anlage hervor. — Dem steht nahe die Verschiebung durch Lebenserfahrungen, insbesondere die Umknickung der Lebenskurve durch Enttäuschungserlebnisse (mein Vortrag, Mitteil. Krim.-biol. Gesellsch. III, 59).

3. Die als erbbiologisch selbständig erkannten Einzelzüge, die bei der Verbrechensgenese mitwirken, dürfen jedoch nicht als Beweis für eine Vererbung der Kriminosität gedeutet werden. In ihrer sozialen Bedeutsamkeit können sie vielmehr je nach dem Faktorenkomplex ebenso gut gesellschaftsnützlich wie gesellschaftsfeindlich auftreten. Diese wenig beachtete Ambivalenz steht in Zusammenhang mit jener bekannten allgemeinen abstrakten Möglichkeit der Verbrechensbegehung, die in jedem Menschen steckt. Man prüfe etwa in der Charakteristik Karls d. Gr., die Hans Naumann (Karl d. Gr. oder Charlemagne? 1935, S. 34) gibt, die einzelnen Wesenszüge, „die ebenso leicht zum Guten wie zum Bösen führen". Die Doppeldeutigkeit wirkt sich je nach der Umweltlage und je nach der Wechselwirkung mit anderen Anlageelementen aus, so daß die einzelne Eigenschaft, sozial bewertet, bald ein positives, bald ein negatives Vorzeichen erhalten kann. Soweit die Ambivalenz kriminalpsychologisch beachtlich ist, paßt sie lediglich in die dynamische Verbrechensauffassung.

4. Die Verbrechensgenese zeigt uns eine Verschiedenheit des Wirkensgrades der einzelnen Komponenten, sowohl solcher auf der Anlage- wie solcher auf der Milieuseite (vgl. auch Art. „Soziale Umwelt"). Je nach der Konstellation variieren Triebstärke, Affektstärke, fungieren oder versagen die Hemmungen, stellt sich ein dem Täter wesenseigenes oder ein wesensfremdes Reaktionsergebnis heraus: Dynamik des Entschlußfassungsmechanismus. Auf dessen Zergliederung einzugehen, muß ich mir hier versagen. Hier liegen Gebiete weiterer psychologischer Forschung. Zu einem System der Triebpsychologie z. B. sind erst Ansätze vorhanden (Hoffm. S. 178ff., der vor allem Vierkandt heranzieht). Als konträre Gegensätze erscheinen etwa der Affektverbrecher und der gemütlose egozentrische.

Wenn in jenem Mechanismus Außenfaktoren eine anlageauslösende Kraft haben, so führen sie möglicherweise jedoch zur Auslösung einer der Gesamtpersönlichkeit fremden Aktivität, die freilich nach erbbiologischem Denken stets auf irgend einen Vorfahren zurückführbar sein muß (wenn auch natürlich im Einzelfall häufig das Material dazu nicht ausreicht). So kann in einem Fall der Verbrechensentschluß das „Differentiale" des Charakters sein, im anderen Fall liegt eine „episodische Entgleisung" vor. Kriminalpolitisch ist in beiden Fällen mit regulär verschiedener Bekämpfungstaktik vorzugehen.

5. Die letzte Betrachtungsreihe bringt uns wieder zur Scheidung von „Typen", die m. E. die kriminalistische Praxis nicht entbehren kann. Um die stark angefochtene Klassifizierung nach A- und M-Typen (Anlage- und Milieumenschen) mit den verschiedenen Übergängen dazwischen wird man schwerlich herumkommen. Diese von Gruhle zuerst bei der Jugendverwahrlosung gebrauchte Einteilung ist keine bloße Oberflächlichkeit. Sie steht nicht auf dem Boden des Entweder-Oder, der von Mezger (S. 190) verpönten alternativen Fragestellung („Haben wir hier ein Verbrechen endogener oder eines exogener Art vor uns?"). Vielmehr arbeitet diese Gruppierung auf dem Boden des Mehr-Minder; sie fragt gerade zwiespältig: „Inwieweit wirkt sich Anlage, inwieweit Milieu in der Verbrechensgenese aus?"

Mit der Gliederung nach M und A deckt sich weitreichend die v. Lisztsche Einteilung in Augenblicks- und Zustandsverbrecher; vielleicht redet man besser von episodischen und habituellen Verbrechern. Man darf indeß nie die Relativität der Scheidung vergessen. Denn da in der Verbrechensgenese die Übung, das „Eingefahrensein" von Motivierungen beträchtlich ist, so kann auch die episodische Entgleisung zu wiederholter und jedesmal leichter gewordener Verbrechensbegehung, zu einem erworbenen Habitus führen; auch aus dem Augenblicksverbrecher kann ein gemeinschädlicher Gewohnheitsverbrecher werden. Die vom heutigen Staat in die Wege geleitete Bekämpfung des Gewohnheitsverbrechertums hat hier alsdann genau so einzusetzen, aber vielleicht mit besserer Chance. Denn was bloß angewöhnt und nicht dem Kern der Persönlichkeit entsprungen ist, kann auch wieder abgewöhnt werden, falls noch nicht alle Formbarkeit der Psyche verloren gegangen ist. Das „Inwieweit", also das Quantitative benötigen wir für den Bewertungszweck. An soziales Verhalten, jedenfalls an die kriminelle Tat (wenn auch vielleicht nicht an den Auswanderungsentschluß), wird ja ein Bewertungsmaßstab angelegt. Vom Staatsstandpunkt gesehen, ist die Brauchbarkeit für den Bewertungszweck letztlich die Rechtfertigung solcher Untersuchungen. Somit führt uns, was hier nur anzudeuten ist, eine Vertiefung in die Verbrechensgenese, auch zu dem Streben nach einer Einteilung der Verbrecher, nach einer Präzisierung der Bekämpfungszwecke und nach einem System von Strafen und sichernden Maßnahmen.

6. Die Betonung der allgemein menschlichen „latenten" Kriminosität könnte zu einem argen Mißverständnis verleiten. Denn es hängt hiermit zusammen, daß die Verbrechensgenese sehr oft auf allgemeine Verständlichkeit stößt. Und dann landet man wieder bei dem berüchtigten „Tout comprendre c'est tout pardonner". Mag man aber auch noch so gut „verstehen", wie der Täter zu seinem Entschluß gelangen konnte, er ist „schuldig", und kein autoritärer Staat kann darauf verzichten, seine scharfen Waffen gegen den Schuldigen zu kehren. Erst wo jedwede Verständlichkeit der Verbrechensgenese aufhört, stehen wir an den Grenzmarken der Verantwortlichkeit, die eben gerade durch die Verständlichkeit mitbegründet wird. Vollends muß der totale Staat als Staat der Volksgemeinschaft unerbittlich fordern, daß der Einzelne sich bei allen die Kulturgemeinschaft angehenden Handlungen in die große Gesamtheit einfügt und daß er das Gefühl der Pflicht zur Eingliederung bei der Motivierung obenan stellt, somit in der Verbrechensgenese als hemmendes Moment.

7. Zur Illustrierung der Dynamik mag ein selbstbeobachteter Fall eigentümlicher Verbrechensgenese dienen.

Angeklagt war ein 26jähriger Landwirtschaftsgehilfe Alfred Lorenz wegen Mordes an seinem Vater, einem Kötter mit 5 Morgen Besitz. Alfred ist ein fleißiger solider Mensch, der bei aller gelegentlichen Arbeitslosigkeit nie geruht hat, bis er wieder Beschäftigung fand. Er hängt mit großer Liebe an Mutter und Schwester, die er nur selten besuchen kann, da der Vater ihn seit seinem 18. Lebensjahr nicht im Hause haben wollte und sich feindselig zu ihm stellte. Der Vater Lorenz ist ein brutaler, boshafter Familientyrann, nachtragend, tückisch, vor dem die Seinen zittern; seine täglichen Redensarten sprechen von „mit dem Beil auf den Kopf schlagen", „den Hals abschneiden". Aber er ist „nur im eigenen Schafstall ein Wolf" (wie ein Engländer von Friedrich Wilhelm I. gesagt hat, Hoffm. S. 133). Wo er auf entschlossenen Widerstand stößt, da duckt er sich und gibt klein bei. In der Familie aber existiert keine Opposition, die Frau hat ein Martyrium von 27 Jahren neben ihm ausgestanden; zu seiner Kennzeichnung tragen zahlreiche Fälle gemeiner Tierquälerei bei. Auf der anderen Seite ist er arbeitsam, fanatisch auf Ordnung haltend, geizig, nüchtern, kein Trinker, von Sexualstruktur äußerlich indifferent (sadistische Komponente?). Die Mutter Lorenz hält das Hauswesen gewissenhaft zusammen, sorgt treu für die Kinder, ist nicht zänkisch. Sie treibt etwas Hausierhandel, muß aber den Verdienst an den Mann abliefern; doch bringt sie manchen Taler auf die Seite, weil sie für sich und die erwachsene Tochter Sonntagskleider kaufen muß, wovon der Mann allerdings nichts sehen darf: die Tochter muß sich bei Nachbarn umziehen, darf bei Tisch nicht mitessen. Im Charakter der Mutter ist also ein Einschlag von Heimlichtuerei.

Bei einem Besuch Alfreds in der Weihnachtszeit ist er wieder Zeuge von roher Gewalttätigkeit des Vaters an der Schwester. Nach dem Mittag, an dem weder Alfred noch die Schwester teilnehmen, geht der Vater zur Feldarbeit unter Drohungen, was nachher geschehen würde. Eine schreckliche Depression liegt über den dreien. Alfred, der vorher schon heimlich nachgesehen hatte, ob des Vaters Jagdgewehr geladen ist, bricht los, er stelle den Vater zur Rede: „mag kommen, was will; vor den Kopf hauen tu ich ihn." Die Frauen verlassen das Haus, weil sie „das Ärgste befürchten". Als der Vater ½ oder 1 Stunde später in das leere Haus kommt, schießt Alfred ihn auf der Tenne von der Luke des Heubodens aus, wo er sich versteckt hatte, in den Rücken. Dem Toten jagt er einen zweiten Schuß in den Bauch, schleppt den Leichnam durch den Stallgang nach dem offenen Schuppen; mit Beil und Brotmesser hackt und schneidet er ihm den Kopf ab, womit der Vater so oft gedroht.

In der Dynamik der Verbrechensgenese sehen wir das Milieu, die gepeinigte Familie, den drückenden Dauerzustand als auslösenden Faktor für eine dem Wesen des Täters fremde Aktivität, die sich mit Schauder erregender Brutalität und Heimtücke äußert — Erbstücke vom Vater her, mit einem Einschlag von dem heimlichen Wesen der Mutter. Aber es sind an sich Dinge, die dem einfachen, sympathischen Gesamtgehaben Alfreds fernliegen; sie tauchen plötzlich aus der Tiefe an die Peripherie unter der Einwirkung eines außergewöhnlich starken Affektes, dessen ungeheure Explosivkraft aus der langen Aufspeicherung von Wut und Haß herrührt. Die jäh hervorbrechende Leidenschaft gehört auch zum Vatererbe, aber ihren Anlaß hat sie in der dem Vater fremden, bei der Mutter heimischen Liebe zu den Angehörigen, in Familiensinn und Mitleid — Eigenschaften, die durch die Seltenheit des Verweilens zu Hause noch besonders mobilisiert sind. Der Verbrechensentschluß ist eine „Konvergenzerscheinung" von väterlichem und mütterlichem seelischen Erbe und dem Milieudruck. — Das Schwurgericht hat Lorenz wegen Aszendententotschlags zu 12 Jahren Zuchthaus verurteilt.

Der psychologisch hochinteressante Fall steht etwa auf einer Mittellinie zwischen Feuerbachs berühmtem Fall in der „Aktenmäßigen Darstellung" (Vatermord auf der Schwarzmühle), — der übrigens in vielem das Gerippe abgegeben hat zu John Knittels Roman „Via Mala" — und dem Reichsgerichtsfall, RGSt. 60, 318 (Vatertötung in einem Dauernotstand für Angehörige).

Schrifttum:

William Stern, Differentielle Psychologie, 3. Aufl., 1921. — Emil Utitz, Charakterologie, 1925. — Ludwig Klages, Grundlagen der Charakterkunde, 6. Aufl., 1928. — Hermann Hoffmann, Vererbung und Seelenleben, 1922. — Derselbe, Das Problem des Charakteraufbaus, 1926 (dies im Text zitiert). — Derselbe, Charakter und Umwelt, 1928. — Edmund Mezger, Monatsschr. f. Krim.-Psychol. 19, 385, 1928. — Derselbe, Kriminalpolitik, 1934 (dies im Text zitiert). — Rosenfeld, Art. „Kriminalpolitik", in Herre-Jagow, Polit. Handwörterbuch 1, 1082, 1923. — Derselbe, Mitteil d. Krim.-biol. Gesellsch., III 55, 1931.

Ernst Heinrich Rosenfeld.

Verbrechensursachen.

Verbrechensursachen sind ja das Hauptproblem der ganzen Kriminologie und somit dieses gesamten Handwörterbuches. Wenn dieses Problem hier doch noch als besonderer Artikel erscheint und in wenigen Spalten Grundsätzliches zusammenzudrängen versucht wird, so ist diese Kürze nur dadurch ermöglicht, daß zahllose andere Artikel das Ursachsgebiet in einzelnen Teilen betrachten und also hier nur kurze methodologische Besinnung Not tut.

1. Wenn man die Entstehung irgend einer sozialen Erscheinung untersucht, so stößt man sogleich auf zwei verschiedene Gruppen von Bedingungen: die eigentlichen Ursachen und die Motive. Die Ursachen sind im Wesentlichen außerpsychologisch, wenngleich auch psychische Ursachen als wirkliche causae im engeren Sinne denkbar sind. Bei der Forschung nach den Ursachen stößt man auf die Bedingungen, die die Natur setzt, und auf die sozialen Einrichtungen und Umstände, die die Menschen geschaffen haben. Bei der Suche nach den Motiven forscht man nach den Beweggründen, die im Menschen selbst gelegen sind, also nach Persönlichkeitsfaktoren (vgl. die Art. Persönlichkeitsaufbau, Persönlichkeitsforschung und Kriminalanthropologie).

Angenommen, es sei richtig, daß der geringe Jodgehalt des verwendeten Kochsalzes in manchen Gegenden einen Kropf erzeuge, daß dieser Kropf den Schilddrüsenstoffwechsel des Menschen abändere, daß diese Abänderung den Charakter im Sinne der Reizbarkeit beeinflusse und daß diese Reizbarkeit die Affektkriminalität vermehre, — so wäre also der geringe Jodgehalt des Salzes eine echte Ursache eines bestimmten kriminellen Verhaltens. Angenommen, es sei richtig, daß der vermehrte Alkoholverbrauch in einem Landstrich die Roheitskriminalität steigere, so scheint es aufs erste, als wenn es sich hier um eine gleiche echte Ursache handle, aber es scheint nur so. Denn der vermehrte Alkoholverbrauch dieser Gegend kann wiederum auf einer bestimmten seelischen Eigenart beruhen, und diese Eigenart kann sozial, kann rassemäßig bedingt sein (das Wort Rasse hier im weitesten Sinne genommen), kann aber auch aus verständlichen Motiven hervorgehen. Schon an diesem Beispiel wird deutlich, wie kompliziert die Ursachsfrage liegen kann. Schon die Kategorie „sozial" ist insofern doppeldeutig, als manche Umstände der Gesellschaftsordnung (vgl. d. Art. Soziale Umwelt) wie eine Naturbedingung den Einzelnen „zwingen", während der Mensch auf andere gesellschaftliche Phänomene verschieden reagieren kann, je nach eigener Wesensart. Ein besonders gutes Beispiel ist die Not: Wie oft wird diese als „Ursache" des Verbrechens angeschuldigt. Aber Not ist ein sozialer Umstand, auf den der Einzelne reagiert (vgl. die Art. Luxus und Elend; Landstreicher und Bettler). Wie er aber reagiert, ist in seiner Persönlichkeit gegründet. Der Eine flieht die Not und wandert, Frau und Kinder im Stich lassend, der Andere kann die Seinen nicht darben sehen und geht mit ihnen in den Tod, der Dritte stiehlt, das schwachsinnige Mädchen prostituiert sich aus Not. Es ist nicht geschickt, wenn man in solchen Fällen die äußeren Ursachen und seelischen Motive gleichsam summiert, ähnlich wie man bei Erörterungen der Haftpflicht das Zusammenwirken mehrerer Ursachen annimmt. Ein seelisches Motiv wirkt nicht mit der äußeren Ursache zusammen, sondern diese Ursache entfesselt bei einem bestimmten Motivzusammenhang das schließlich wirkende Motiv. Eine Zurücksetzung treibt eben nicht jeden, sondern nur manchen ehrgeizigen reizbaren nachtragenden Menschen zur Rache. Es handelt sich also fast stets um einen komplizierten Zusammenhang, aus dem das antisoziale, kriminelle Verhalten entsprießt. Man schafft in diesen verwickelten Beziehungen nur dann einige Klarheit, wenn man entweder die Gesamtkriminalität einer psychisch ziemlich einheitlich gedachten Gruppe oder Bevölkerung untersucht und nun den Verlauf der Kriminalität studiert, sobald ein einschneidendes soziales Geschehnis plötzlich einsetzt. Oder wenn man sich in den einzelnen Fall sorgsam vertieft und hier die sozialen Umstände, die seelische Konstitution und die Reaktion dieser Konstitution auf diese Umstände erwägt. Man kann selbstverständlich auch eine Massenpsyche oder eine Rassenseele untersuchen und feststellen, inwiefern sie auf äußere Schädigungen (Krieg) reagiert oder sich selbst Institutionen schafft, auf die sie selbst mit gewisser Kriminalität reagiert. Die Probleme drängen sich also um folgende Fragen zusammen:

Liefert uns die Statistik eine Kurve, z. B. der Eigentumsvergehen in einem Staat, und zeigt diese Kurve plötzlich eine jähe Richtungsänderung, so wird es von vorn herein wenig wahrscheinlich sein, daß eine seelische Wandlung der Bevölkerung oder der Verbrecherschar die Ursache dieser Änderung ist. Man wird vielmehr geneigt sein, sogleich nach einem äußeren schicksalsmäßigen Faktor zu suchen, wie ihn z. B. der starke Eingriff des Krieges darstellte. Aber dieser Krieg kann wiederum sehr verschiedenartig einwirken, sei es, daß die Männer zu Hause fehlen, sei es, daß viel mehr Frauen an ihrer Stelle in das Erwerbsleben eintreten und dadurch größerer Versuchung ausgesetzt sind, sei es, daß die Kinder schlechter beaufsichtigt sind, sei es, daß die Lebensmittelpreise sich ändern usw. (Exner, Liepmann-Grünhut, Graf Gleispach usw.) So hat Graf Gleispach die Schwankungen des Sexualdelikts über die Kriegszeit untersucht: die Kurve fiel in Österreich vom Kriegsbeginn an ständig, erreichte 1918 den Tiefpunkt und stieg dann anfangs langsam, später jäh zu einem Höhepunkt, der das Niveau vor dem Kriege überstieg. Daß die direkten Kriegsumstände nicht allein ätiologisch wirksam waren, ging schon aus der Tatsache hervor, daß auch am Krieg unbeteiligte Länder (z. B. Schweden) einen ähnlichen Kurvenverlauf darboten. Als kausal wirksame Faktoren sah Graf Gleispach an: die Verschiebung des Bevölkerungsaufbaus, das langsame Zurückströmen der Kriegsgefangenen, die geringeren Hemmungen beim weiblichen Geschlecht, die Ausbreitung des perversen Geschlechtsverkehrs, weniger Anzeigen und geringere Intensität der Verfolgung. Man sieht, daß der Autor hier äußere, ja mehr technische Umstände mit soziologischen und psychologischen Momenten bunt durch einander stellt. Aber diese Buntheit ist notwendig, denn sicher waren alle jene und vielleicht noch andere Faktoren wirksam. Zuweilen löst eine äußere Umweltsänderung sozial eine Vermehrung, psychologisch eine Verminderung gewisser Verbrechen aus, so daß sich beide Einflüsse widerstreiten. Ja Graf Gleispach ist außerdem noch von einem Gesetz krimineller Sättigung der Gesellschaft überzeugt: wird die Vermögenskriminalität hinauf getrieben, so sinke die Sexualkriminalität.

Ergeben sich also für einen Kurvenverlauf eine Reihe von „Ursachen", so ist es noch immer eine schwierige Aufgabe, zu untersuchen, in welcher Stärke sie vermehrend oder mindernd wirken. Man kommt der Wirksamkeit der einzelnen Faktoren etwas näher, wenn man die Generalkurve der Deliktshäufigkeit überhaupt in der Gesamtbevölkerung auflöst in die Kurven einzelner Delikte bei den Geschlechtern, Altersstufen, Berufen, denn jene Faktoren wirken oft auf diese Gruppen verschieden stark ein. Gelingt es gar noch, Kurven des gleichen Deliktes aus solchen Landesteilen beizubringen, in denen jene Faktoren nachweislich eine recht verschiedene Wirkung ausgeübt haben, so entschleiert sich immer mehr deren Kräftespiel.

Der Forscher muß sich besonders davor hüten, die technischen Ursachen einer Kurvenänderung zu übersehen. Ein neuer Minister weist die Staatsanwaltschaften gelegentlich an, ein bestimmtes Delikt wesentlich schärfer zu verfolgen; damit steigt natürlich dessen Häufigkeit nur scheinbar. Und wenn man gar an das gemeinschädliche Verhalten der Prostitution (s. d.), des Bettels und der Landstreicherei (s. d.) denkt, so wechselt die Einstellung des Staates zu diesen Übertretungen so stark und schnell, daß es sehr leichtfertig wäre, in der jähen Kurvenänderung dieser Delikte einen wirklichen Geschehenswechsel zu sehen; nur ein Behandlungswechsel liegt vor. Wirkt sich ein staatlicher Umsturz nicht nur in neuen Gesetzen und Verordnungen aus, sondern schichtet er rassenmäßig und wirtschaftlich die Bevölkerung um, und erzeugt er gar eine veränderte Grundstimmung und Haltung weiter Schichten, so wird es fast zur Unmöglichkeit, alle jene Momente in ihrer Wirksamkeit auf die Deliktskurven aus einander zu halten. Es gibt gleichsam sensible Delikte, die sehr leicht auf technische, wirtschaftliche, gesellschaftliche, psychologische Bedingungen ansprechen, und andere, die relativ starr sind. Es gibt auch Delikte, deren Kurve besonders schnell auf vermehrte Bedrohung durch verschärfte Gesetze anspricht (Generalprävention). Aber wiederum ist es nicht nur die Angst vor dem Gesetz, welche manche Deliktszahlen mindert, sondern das Wissen um die Anwendung des Gesetzes. Es ist nicht sehr einleuchtend, wenn in dem heftigen lang sich hinziehenden Streit um die Todesstrafe als Gegenargument häufig angeführt wird, die Zahl der Kapitalverbrechen sei in den Ländern mit und in denen ohne Todesstrafe prozentual nicht sehr verschieden. Es kommt bei der Abschreckung weniger auf die Möglichkeit der Todesstrafe als auf ihre tatsächliche Anwendung an.

Ein besonders sensibles „Delikt" ist der Selbstmord (s. d. Art). Die Rasse, die wirtschaftliche Lage, die Zugehörigkeit zur Konfession, zu Stadt oder Land, die Altersschichtung, Berufsgliederung, die Häufigkeit der depressiven Psychosen, der Trunksucht, die Jahreszeit wirken hier mit. Dazu kommt die Tendenz der Familie, einen Selbstmord zu verheimlichen, und die Exaktheit der Erfassung der wirklichen Selbstmorde durch die Statistik. Tönnies' besonnene ausgezeichnete Studien haben ja neuerdings hierüber Licht verbreitet.

Außer den soeben beim Selbstmord angeführten Umständen waren es noch die Getreidepreise, die Wohndichte, die gesellschaftlichen und Verkehrssitten, die Familiengliederung, die als soziale Ursachen des Verbrechens bisher viel erörtert worden sind. Viele dieser Erwägungen lassen sich in der selbstverständlichen These zusammenfassen, daß unter sonst gleich bleibenden Umständen eine Verbesserung der wirtschaftlichen Verhältnisse die Eigentumskriminalität drückt, eine Verschlechterung sie vermehrt. Schon dieser Umstand möge besonders davor warnen, einen Begriff aufrecht zu erhalten, der im Beginn der Kriminalstatistik vielfach üblich war: der Moralstatistik. Gelingt es dem Staat, die gefährdete oder verwahrloste Jugend weitgehend der praktischen Unterstellung unter das Strafgesetz zu entziehen und geeigneten Erziehungseinrichtungen zuzuführen, gelingt es ihm, durch Hinrichtung (Raubmörder) und die sichernden Maßnahmen der modernen Gesetze das berufsmäßige Verbrechertum endgültig oder langfristig auszumerzen, so wird eine Senkung der Eigentumsverbrechenskurve deutlich sein. Aber hat man deshalb das Recht, von einer gebesserten Moral zu sprechen? Die Verbrechensbewegung ist ein recht plumper und nur mit größter Vorsicht zu benutzender Anzeiger für die allgemeine Moral.

Während die sogenannten sozialen Ursachen des Verbrechens (im weitesten Sinne) immerhin objektiv nachweisbar sind — „nachweisbar" freilich nur in ihrer Existenz, nicht in ihrer Wirksamkeit auf die Verbrechensbewegung —, so wird die Unsicherheit sehr groß, wenn man bestimmte Änderungen der Verbrechenskurven auf seelische Änderungen der Bevölkerung beziehen will. Solche Änderungen können doppeldeutig sein. Die funktional gleichbleibende seelische Verfassung einer Bevölkerung kann sich anderen Zielen zuwenden, nicht anders als wenn man einer sich stürmisch und kriminell gebärdenden pubertierenden Jugend andere Ziele und Objekte ihrer Aktivität weist: die Kunst des Erziehers ändert nicht den Sturm und Drang, sondern nur den Gegenstand, womit er sich beschäftigt. So können etwa neue Sitten innerhalb der Sexualbeziehungen, vermehrte Betreibung von Sport, Einführung neuer Industrieen, ja selbst die Schaffung der allgemeinen Wehrpflicht das seelische Gesicht der Nation scheinbar ändern, während die eigentlichen seelischen Potenzen des Volkes gleich geblieben sind. Aber auch das Gegenteil ist möglich: wir kennen im Laufe eines Jahrhunderts derartige anthropologische Änderungen des Körperbaus eines Volkes, daß es gezwungen wäre, anzunehmen, die Seelenverfassung sei gleich geblieben. Wir kennen in solchen Fällen die wahren Gründe der Konstitutionsänderung nicht. Deshalb sind die seelischen Auswirkungen sowohl der geophysischen Momente (Außenwirkung) als etwa der Rassenmischungen (Innenwirkung) noch als nicht recht übersehbar anzusehen (vgl. die Art. Rasse und Jahreszeiten). Hierher gehören z. B. jene allzu populären Annahmen, daß die Germanen im südlichen Klima schlaff geworden seien. Bei der Ausdeutung krimineller langfristiger Kurven ist also die Heranziehung solcher seelischen Wandlungen der Bevölkerung (im Sinne des Gegenstandes oder der Funktion) nur mit größter Vorsicht zulässig.

Die Ausdeutung der Längsschnitte der Gesamtverbrechen oder Verbrechensklassen eines Volkes in der Zeit erfordert also seitens des Bearbeiters eine ungemein große Kenntnis technischer, politischer, wirtschaftlicher, juristischer, psychologischer, biologischer, rassekundlicher Momente. Nur die sorgfältigste Abwägung aller dieser causae oder conditiones wird eine glaubhafte Ätiologie liefern.

2. Der zweite Hauptgesichtspunkt bei der kriminellen Ursachsforschung ist die Untersuchung des Querschnittes, des Status. Hier handelt es sich vor allem um das Problem der Kriminalitätsgeographie. Auch sie will ja im Wesentlichen Ursachsforschung sein.

Warum hat Pirmasens die höchsten Affektdeliktszahlen im ganzen Reich?

Da die Pfalz überhaupt hohe Ziffern zeigt, liegt jedem Nichtkenner der örtlichen Verhältnisse der Gedanke nahe, der Weinbau der Pfalz sei die Ursache. Tatsächlich ist aber dieser Rebengürtel, der nur das Rheintal begrenzt, schmal, und Pirmasens liegt nicht in ihm; zudem wird in dem Hauptteil der Pfalz vom einfachen Manne wenig Wein getrunken, in Pirmasens erst recht nicht, da der Lebensstandard dort sehr bescheiden ist. Man weiß, daß dort viel Schuhindustrie lebt. Aber es gibt andere Orte mit gleicher Industrie ohne jene hohen Verbrechenszahlen. Andere soziale Momente lassen sich als wirksam nicht aufzeigen, und so bleibt jener Faktor übrig, auf den sich der Soziologe und der Deuter der Statistik früher nur ungern und nur als auf ein letztes irrationales Refugium zurückzog: die völkische Eigenart des Pfälzers. Wie erwähnt, ist die Affektkriminalität der gesamten Pfalz groß, und es bleibt unerklärbar, warum Pirmasens an ihrer Spitze marschiert. Denn Wenigen wird der historische Einfall einleuchten, daß einer der früheren kleinen Souveräne von Pirmasens eine Leibwache wilder verwegener Burschen gehalten habe, deren erbübertragene Eigenart noch jetzt in der dortigen Bevölkerung spuke. Ob aber diese völkische Eigenart des Pfälzers — bei der dort durch die Jahrhunderte immer erneuten stärksten Rassenmischung — wirklich eine konstitutionelle oder eine geopsychische Qualität sei: — dies zu entscheiden entfällt dem Rahmen der Verbrechensursachsforschung. Es wäre aber höchst verdienstlich, wenn das Interesse für die Eigenart der deutschen Stämme sich auch auf Forschungen erstrecken würde, die die Kriminalität zu den übrigen Eigenschaften der Rasse oder der Landschaft in Beziehung setzte. Was bisher von kriminalitätsgeographischen Studien vorliegt, ist dürftig und methodisch meist nicht einwandfrei.

Hält man sich innerhalb eines völkischen Bereiches an die Kriminalität eines flachen tief liegenden Bezirks und vergleicht damit einen beträchtlich gebirgigen Bezirk, so dürften ebenso Unterschiede der Verbrechensbetätigung zu erwarten sein, wie man etwa von Neapel behauptet, daß die Menschen von Neapel selbst und den Ebenen und Tälern um den Vesuv und gegen Norden einen ganz anderen anthropologischen somatischen Typus hätten als die Bergbevölkerung südlich von Neapel in dem gebirgigen Zipfel zwischen Nocera, Vietri, Sorrent, Castellamare. — Weiß man von der Einwanderung einer bestimmten Industrie in ein völkisch einheitliches Land, ohne daß zugleich ein beträchtlicher Arbeiterzustrom von außen einsetzte, so wird man im Vergleich der örtlichen Kriminalität vor dieser Industrieschaffung und hernach einen interessanten Einblick in die kausale Bedeutung dieser Industrie für die Verbrechensbetätigung gewinnen.

Ähnlich ist es mit der Beziehung von Stadt und Land (vgl. auch diesen besonderen Artikel). Würde es Jemand unternehmen, die Kriminalität von Berlin, Hamburg, Köln,

Leipzig, München zu vergleichen, so ließe sich ein deutlicher völkischer Einschlag in den drei letztgenannten Städten erwarten, wobei aber Kölns rheinischer Katholizismus und Leipzigs evangelische Grundhaltung nicht zu vernachlässigen wäre; Hamburg dürfte als Seeverkehrsstadt eine eigene Note haben; Berlin wäre besonders in speziellen Vergehen interessant: Betrug und Urkundenfälschung. Aber dies alles sind Vermutungen, exakte aetiologische Forschungen liegen nicht vor. Ferner wären die kausalen Bedeutungen der Menschengruppierung im landwirtschaftlichen Dorf, im Industriedorf — hier wieder geschieden in solche, in denen Wohn- und Arbeitsort identisch sind, und solche, bei denen beide aus einander fallen — in der kleinen Stadt, Mittelstadt und Großstadt zu untersuchen. Es sei nur beispielsweise daran erinnert, daß sich die Kriminalität der Stadt (über 20000 Einwohner) zu der des Landes wie 194:97 stellt, und daß in der Stadt Diebstahl, Betrug und Abtreibung überwiegen, während das Land in gefährlicher Körperverletzung und Kindstötung vorangeht.

Solche Forschungen nach dem Einflusse der völkischen Eigenart, der Industrie, der Gebirgigkeit, des Weinbaus, der Bevölkerungsdichte, von Stadt und Land, Küste und Binnenland (man denke an Ionien und Thessalien-Boeotien und die antiken Theorieen darüber), kultureller Schichtung, Konfession usw. sollten aber nicht auf die Gesamtkriminalität erstreckt werden. Dieses Werkzeug ist zu stumpf. Sondern die einzelnen Kategorieen der Verbrechen sollten als Gegenstand der Untersuchung gewählt werden, wobei man sich natürlich vor zu kleinen Zahlen hüten und der Ergebnisse der Wahrscheinlichkeitsberechnung eingedenk sein muß.

3. Über die kausalen Beziehungen des Geschlechts und Alters zum Verbrechen weiß man besser Bescheid (vgl. die Art. Alter und Straffälligkeit, Altersstufen, Geschlecht und Straffälligkeit, Weibliche Kriminalität). Auch über den Beruf (s. d.) ist Einiges bekannt; doch muß man auch hier des landschaftlichen Einflusses gedenken: so braucht z. B. eine antisoziale Betätigung westfälischer Bergleute derjenigen schlesischer Bergarbeiter keineswegs zu gleichen. Hierüber fehlen noch genaue Studien.

Bisher war immer nur davon die Rede, daß eine beliebig orientierte Gruppe von Menschen oder daß äußere Einflüsse auf ihre Kriminalität untersucht wurden. Man kann natürlich das umgekehrte Verfahren einschlagen und eine kriminelle Gruppe, z. B. die der Betrüger, auf ihre berufliche, männlich-weibliche, altersmäßige, rassenmäßige, stadtländliche usw. Zusammensetzung untersuchen. Diese Methode ist sehr ertragreich, aber schwer anwendbar. Denn wer vermag 100 Betrüger, 100 Mörder usw. selbst zu erforschen. Damit wäre der dritte Punkt der Ursachsforschung schon berührt: die Frage, welche Faktoren seelischer Art, also im Wesentlichen welche Motive den Verbrecher bestimmen. Es ist die Forschungsmethode der Kasuistik. Denn die wirklich genaue Erforschung jenes geschilderten Wechselspiels zwischen geophysischen, sozialen, rassemäßigen und individuell psychischen Momenten kann nur am Einzelfall getrieben werden: an jenem Manne, der vor mir sitzt und mit dem ich alle jene Anlagen, Umstände und Einflüsse selbst erörtern kann. Hiervon handelt aber im Wesentlichen die Kriminalpsychologie, die in diesem Handwörterbuch gesondert besprochen wird.

Auch die Art. Affektverbrechen, Alkoholismus, Imbezillität bringen Sachdienliches.

Schrifttum:

Gustav Aschaffenburg, Das Verbrechen und seine Bekämpfung, 3. Aufl., Heidelberg, Winter, 1923. — Graf Gleispach, Die Erforschung der Verbrechensursachen, Zeitschr. f. Strafrechtsw., Bd. 48, 1927. — Joseph van Kan, Les causes économiques de la criminalité (étude historique et critique d'étiologie criminelle), Lyon 1903. — Franz v. Liszt, Strafrechtliche Aufsätze und Vorträge, 2 Bde., Berlin 1905. — Tönnies, Handwörterbuch d. Staatswissenschaften, Art. Moralstatistik. — R. Wassermann, Die Entwicklungsphasen der kriminalstatistischen Forschung, Leipzig, Ernst Wiegandt, 1927. — Albrecht Wetzel, Die allgemeine Bedeutung des Einzelfalls für die Kriminalpsychologie, Groß' Arch., Bd. 55, 1913.

Hans W. Gruhle.

Verbrechensverhütung.

I. Von der Bekämpfung der sozialen Erscheinung Verbrechen durch Vorbeugung ist in den letzten 15 Jahren viel gesprochen und geschrieben, zumal als sich in der unruhevollen Nachkriegs- und Inflationszeit die Unzulänglichkeit einer immer noch vorwiegend auf Generalprävention abgestellten Strafrechts- und Strafvollzugspflege offenbarte. Einen neuen Anstoß zur Beschäftigung mit dem Gedanken einer präventiven Verbrechensbekämpfung erhielt die Öffentlichkeit um 1930, als sich die Folgen einer vielfach übertriebenen und mißverstandenen

Spezialprävention zeigten, die, anstatt die schon von der Lisztschen Schule und aus den Kreisen der Internationalen Kriminalistischen Vereinigung (IKV.) immer wieder mit Nachdruck geforderten „sichernden Maßnahmen" (s. d. Art.) in das System der Spezialprävention einzubeziehen, fast ausschließlich und nicht immer mit Geschick und noch weniger mit Glück den Besserungs- und Erziehungsgedanken betonte und pflegte. Wer aber etwa im ersten Viertel des XX. Jahrhunderts versuchte, mit dem Gedanken einer Verbrechensbekämpfung durch Vorbeugung sich wissenschaftlich auseinanderzusetzen, sah sich trotz des in aller Munde befindlichen Schlagwortes von der Verbrechensverhütung größten Schwierigkeiten gegenüber. Das beruhte nicht etwa darauf, daß der Gedanke der Verbrechensverhütung noch zu neu war, als daß es hätte gelingen können, ihn wissenschaftlich zu begründen. Das Gegenteil ist der Fall. Schon Montesquieu hatte 1748 bei der Erörterung der Folgen härtester Strafen und bei der Charakterisierung der ihnen kriminalistisch zuneigenden Staaten betont, daß dort, wo eine geistige Einflußnahme auf die Haltung der Staatsbürger überhaupt Erfolg versprechen könne, „un bon législateur s'attachera moins à punir les crimes qu'à les prévenir". (Esprit des lois, livre VI, chapitre IX.) Daß die aus seinem unvergleichlichen Reichtum gerade auch kriminalpolitischer Gedanken schöpfenden französischen — Polizeiminister Fouché, der Widerspruchsvolle und Vielgewandte, stellte in einem Rundschreiben an die Präfekten vom 22. XI. 1799 Vorbeugung als die Hauptaufgabe der Polizei hin —, italienischen, englischen und deutschen Staatsmänner, Kriminologen und Kriminalisten der Aufklärungszeit den Gedanken aufgriffen und weitergaben, leider ohne ihn wesentlich zu variieren, geschweige denn zu vertiefen, versteht sich bei dem stürmischen Gedankenaustausch über diese Dinge zu jener Zeit in Westeuropa von selbst. Und bei einer Wiederholung dieses so bestechend, weil gegenüber Folter- und peinlichen Strafen so fortschrittlich, und so überzeugend, weil so nahe liegend und einleuchtend klingenden Gedankens blieb es bis in die neueste Zeit, abgesehen von Abschnitten, in denen man auf der Jagd nach einem Allheilmittel gegen die ständig steigende Verbrechensflut in den sich industrialisierenden Staaten völlig vergaß, daß repressive und präventive Verbrechensbekämpfung untrennbar mit einander verbunden und eigentlich nur der Ausfluß einer sich aus verschiedener Betrachtungsweise desselben sozialen Übels ergebenden Überlegung sind.

So waren denn die Arbeiten, welche auf eine im Jahre 1923 von der „Freien Vereinigung für Polizei- und Kriminalwissenschaft" ausgeschriebene Preisaufgabe über die vorbeugende Bekämpfung des Verbrechertums eingingen, kennzeichnend für die auf diesem Gebiete herrschende begriffliche Unklarheit und Verwirrung, um nicht zu sagen Ratlosigkeit. Von der in ihrer lakonischen Form schlagenden Antwort: „Man schaffe sich einen zuverlässigen Wachhund an!" bis zu den beiden preisgekrönten Arbeiten handelte es sich ausschließlich um eine mehr oder weniger vollständige Aufzählung der bestehenden polizeilichen und kriminalpolizeilichen Mittel und Möglichkeiten zu Maßnahmen, die auch vorbeugend gewendet und gewertet werden können; von einer Erfassung, Abgrenzung und Fundierung des Vorbeugungsgedankens selbst war aber nichts, oder so gut wie nichts zu spüren. Die Schuld für die geringe Ergiebigkeit der Bearbeitung des gestellten Themas darf aber nicht den Preisbewerbern, auch nicht den Veranstaltern des in seiner anregenden Wirkung dankenswerten Wettbewerbs beigemessen werden. Er lag in dem Mißverständnis, in dem die gerade damals wieder in den so unfruchtbaren, darum aber um so heftigeren Streit der Strafrechtsschulen hineingerissene Zeit gegenüber der Frage der Verbrechensverhütung sich befand. Wäre doch vielleicht die beste, sicherlich aber die ehrlichste Antwort auf die Preisfrage diejenige gewesen, die sich wenigstens als Ausgangspunkt aller Erörterungen zu der alten Wahrheit bekannt hätte, daß der Hieb die beste Parade, die erfolgreiche repressive Verbrechensbekämpfung auch die beste Verbrechensverhütung ist, und daß eine wirkliche Trennung beider begrifflich erst da möglich wird, wo man die gegebenen polizeilichen Möglichkeiten verläßt und sich zur Schaffung neuer gesetzlich gutgeheißener Mittel entschließt.

Aus diesem Grunde mußte auch die m. W. erste wissenschaftliche Untersuchung über die Verhinderung strafbarer Handlungen durch Polizeigewalt von Friedrich Kitzinger (s. Schrifttum) unfruchtbar und trotz ihres Gedankenreichtums unbeachtet bleiben. Kitzinger bemühte sich, die Berechtigung der Polizei zur Verhinderung von Straftaten aus der sogenannten Normentheorie Bindings, aus dem Satz: „Aus der Norm entspringt die Pflicht zum normgemäßen Verhalten und das Recht des Staates auf normgemäßes Verhalten" abzuleiten. Er mußte sich zumal in einer Zeit (1913), in der es in Preußen wie in den meisten anderen deutschen Ländern an einer Kodifizierung des Polizeirechts fehlte, und in der die Befugnisse einer infolge ihrer zu praktisch wirksamer Bewältigung drängenden Aufgaben einer Machtausdehnung nicht abgeneigten Polizei mehr durch eine auf Abwägung und Ausgleich widerstreitender Interessen im Einzelfall bedachte, überlegene Rechtsprechung der höchsten Verwaltungsgerichte als durch einen zielbewußten politischen Willen gelenkt und begrenzt wurden, zerreiben zwischen dem, was geltendes Recht war, und dem, was die Zeit als immer dringlicher werdendes Mittel zur Verhinderung strafbarer Handlungen forderte.

II. Das Problem stellte sich wie folgt dar: Die besondere Rechtspflicht, strafbare Handlungen zu verhindern, gerät in Widerstreit mit der anderen, allgemeineren, verbotene, unter Umständen sogar unter Strafandrohung gestellte Handlungen (Freiheitsberaubung, Nötigung, Körperverletzung) zu unterlassen. Gewiß wird man dazu neigen, die besondere polizeiliche Pflicht vor der allgemeinen zu begünstigen, ohne aber auf den ersten Blick entscheiden zu können, ob nun die letztere gänzlich hinter der ersteren verschwindet oder bis zu welchem Grade sie hinter jener zurücktreten muß. Wodurch und wann also ist der Staat berechtigt, zur Abwehr dessen, was er oder seine Organe als gefährlich oder den Verwaltungszwecken zuwider laufend ansehen, in die Rechtssphäre des Einzelnen einzugreifen; was berechtigt ihn insbesondere zum Zwang, also zum Eingriff in die verfassungsmäßig gewährleistete Freiheit des Einzelnen? Diese Frage zu beantworten, ist höchst einfach für die Mentalität des „Polizeistaats", bei dem der „Staatszweck" ja identisch mit dem Zweck der Polizei ist, und gerade hierin neben der weiten Ausdehnung jenes Zweckes dasjenige beruht, was dem Polizeistaat seinen Namen und Charakter aufgeprägt hat, nämlich daß „die Polizeigewalt auf Erreichung des Staatszwecks seinem ganzen Umfange nach gerichtet ist" (Lotz: Über den Begriff der Polizei und den Umfang der Staatspolizeigewalt). Fortgeschrittenere Zeiten aber verlangen eine Beschränkung sowie eine andere Grundlegung des Begriffs und hinweg über die Not- und Behelfskonstruktionen eines Naturrechts, das gerade hier keine wahre Rechtsgrundlage abgeben kann, sowie über die Annahme eines Gewohnheitsrechts und über Folgerungen aus dem „Wesen der Polizei" oder aus der „Rechtsstellung der Verwaltung", die es noch weniger können, drängt alles zur Anerkennung des Grundsatzes, daß es keine Polizeigewalt ohne gesetzliche Grundlage geben darf. Daß dies „zum guten Teil Aufstellung eines Postulats und nicht Schilderung deutschen Rechtes ist" (Kitzinger), muß zum mindesten für die Vergangenheit zugegeben werden. Neigte doch die polizeiliche Praxis in Deutschland im Gegensatz zu England, wo die Polizeigewalt nur gilt, soweit sie vom Recht zugelassen ist, dazu, sich überall dort einzuschieben, wo sie nicht ausdrücklich vom Recht verboten ist (Hatschek, Englisches Staatsrecht). Auch Ableitungen aus dem Begriff der öffentlichen Ordnung erwiesen sich nicht als sonderlich ergiebig. Denn wenn man unter Umdeutung oder Einengung des Wortsinnes „öffentliche Ordnung" der Rechtsordnung, d. h. dem den Rechtsnormen entsprechenden Zustand gleichsetzt, so langt man wieder bei dem selbverständlichen allgemeinen Satze an, daß der Staat das Unrecht verhüten darf. Fruchtbarer erwies sich die Inangriffnahme des Problems von dem Gedanken der Zwangsgewalt aus, zu dem Bindings Erkenntnis überleitet, daß Objekt zwangsmäßiger Realisierung nicht das Gesetz, sondern das subjektive Recht und die Pflicht ist, und den Stein (Handbuch I, 231) in die Worte kleidet, daß die Pflicht der Vollzugspolizei bei Widerstand gegen Gesetz, Verordnung oder Verfügung „für die Rechtswissenschaft zur Lehre von der Anwendung der Gewalt" wird, „welche in ihrem Rechtsprinzip zuletzt nur auf dem Grundgedanken einer absolut berechtigten Selbsthilfe des Staates beruht". So ergäbe sich denn, daß „die staatliche oder polizeiliche Abwehrtätigkeit gegenüber strafbaren Handlungen nichts anderes ist als staatliche Notwehr zwecks Verteidigung des angegriffenen staatlichen Rechtes auf normgemäßes Verhalten" (Kitzinger S. 96).

Gewiß, viel ist auch damit noch nicht gewonnen, doch läßt sich von hier aus die Brücke schlagen zu dem Begriff der Gefahr, der alles polizeiliche Handeln beherrscht und in seinen Bann zwingt. In ihr liegt aber auch das Unbestimmte, Unbestimmbare, das schließlich alle Versuche scheitern läßt, positiv Art und Umfang der Befugnis zum polizeilichen Einschreiten zu erfassen, und das Robert von Mohl (III, 562) veranlaßt hat, die Tätigkeit der Präventiv-Polizei ein Handeln auf Wahrscheinlichkeit zu nennen.

III. Es ist einleuchtend, daß von der auf dem Recht staatlicher Selbsthilfe gegen drohende Gefahren aufgebauten Position aus mit all ihren normative wie kognitive Elemente enthaltenden Möglichkeits-, Wahrscheinlichkeits- und Voraussehbarkeitserwägungen weder bestimmte Grundlagen für eine verbrechenverhütende polizeiliche Tätigkeit entwickelt noch einheitliche Richtlinien oder Begrenzungen für sie aufgestellt werden konnten, daß vielmehr, wie schon erwähnt, fast jedes zur Verbrechensverfolgung angewendete Mittel auch als zur präventiven Tätigkeit geeignet erklärt wurde und auf diese Weise eine Unzahl von Einzelvorschlägen längst bekannten Ursprungs mit mehr Emphase, als ihrer Erfolgsaussicht und vor allem der in ihnen steckenden gedanklichen Leistung zukam, unter der Aufschrift „Verbrechensbekämpfung durch Vorbeugung" angeboten wurden. Dazu gehören vor allem die in diesem Zusammenhange fehlsamen und billigen Vorschläge über Erhöhung der Beamtenzahl, Verbesserung ihrer Ausbildung, Ausrüstung und Besoldung, wie die selbstverständlich in erster Linie für die repressive Tätigkeit benötigten Organisationsmaßnahmen des Erkennungs- und Fahndungsdienstes, des Nachrichtenwesens usw. Was an selbständigen und brauchbaren Vorschlägen zu Tage kam, zerflatterte zum großen Teil, weil der Versuch einer systematischen Zusammenfassung nicht unternommen wurde. Ob und wie weit eine solche Zusammenfassung überhaupt möglich ist, muß allerdings gerade in Hinsicht auf das Ergebnis der vorstehend unter II versuchten, aus Raumgründen nur skizzenhaft gehaltenen grundsätzlichen Erörterung bezweifelt werden. Jedenfalls sind die sich ihr entgegenstellenden Schwierigkeiten sehr erheblich und im Rahmen des H. d. K. kann bestenfalls nur eine Anregung zu einer Aufstellung gegeben werden, deren Ausführung einer späteren ausführlicheren Arbeit vorbehalten bleiben muß.

Immerhin könnte man wohl — Seeligs Aufstellung (H. d. K. II, 74) halte ich nicht für glücklich, weil sie verschiedene Gesichtspunkte durch einander mischt — folgende große Gruppen verbrechenverhütender Tätigkeit unterscheiden:

1. Allgemein staatspolitischer Art. (Dabei ist zu beachten, daß es sich hier eben nicht um polizeiliche Maßnahmen handelt, sondern um solche der verschiedensten Ressorts. Das sei besonders betont, um nicht den Gedanken aufkommen zu lassen, es solle einer Verwischung der Kompetenzen, etwa gar einer Vermischung von Polizei und Wohlfahrtspflege das Wort geredet werden. Gleichwohl muß aber gerade hier an den treffenden Ausspruch erinnert werden, daß eine gute Sozialpolitik die beste Kriminalpolitik ist. Seine Anführung erspart aber den Hinweis auf die großen, auch verbrechenverhütend wirkenden staatlichen Aufgaben, wie Volksbildung, -erziehung und -ertüchtigung, rassische Auslese, Arbeitsbeschaffung, Wohnungsfürsorge, um nur die wichtigsten zu nennen.)

Aufklärung allgemeiner, rechtlicher und ethischer Art; insbesondere auch hinsichtlich der Unterlassung von Handlungen und Beseitigung von Zurschaustellungen, welche bei der bestehenden Verschiedenheit der wirtschaftlichen usw. Lage einen besonderen Anreiz zum Verbrechen bilden können (allgemeine Anreizverminderung). — Aufklärung und Warnung durch speziell rechtliche Belehrung über Gefahren im Wirtschaftsleben usw., wie sie durch die Veröffentlichungen unter der Bezeichnung „Rechtsschutz des Volkes" in der „Deutschen Justiz" regelmäßig erfolgen. In Verbindung damit Förderung der Tätigkeit der „Zentralstelle zur Bekämpfung der Schwindelfirmen" e. V., Mitglied der deutschen Rechtsfront, Hamburg 36, Klopstockstr. 28 und ähnlicher Vereinigungen. — Förderung des Selbstschutzes — s. d. Art. — sowie von belehrenden Ausstellungen nach Art der „Kampf der Gefahr".

2. Fürsorgerischer Art. (Es gilt auch hier die Vorbemerkung zu 1.) Betreuung entlassener Strafgefangener, insbesondere die Schaffung von Übergangsheimen usw. — Entmündigung asozialer Psychopathen. — Jugendfürsorge. Vgl. die betreffenden Stichworte des H. d. K.

3. Allgemein polizeilicher Art. Schutz der Jugend gegen geistige Infektion durch Schmutz- und Schundliteratur, Film usw. und durch offensichtliches Prostitutionstreiben. — Kampf gegen Alkoholismus (Gaststättengesetzgebung) und Rauschgiftsucht. — Kampf gegen übertriebene Lustbarkeiten — s. d. Art. — und gegen das Glücksspiel. — Ausweiszwang — s. d. Art. Legitimationspapiere —, Meldezwang und stärkere Einstellung des Meldewesens auf kriminalpolizeiliche Zwecke (vgl. hierzu die Rechtsprechung, nach der die Polizei, um sich Arbeit zu erleichtern, keine unmittelbare Auskunft verlangeu darf, die sie auf andere Weise erlangen kann, und ähnliche Einschränkungen wie durch KG. in PrVerwBl. 49, 137 und KG. 52, 379). — Fremdenüberwachung, Paß- und Ausweisungswesen. — Polizeiaufsicht (in Zukunft vielleicht der Kriminalpolizei anzugliedern). — Regelung des Arbeits- und Dienstangebots in Großstädten durch Zuzugsperre. — Einführung von Ursprungsattesten für eine Reihe beweglicher Gegenstände nach Art des Kraftfahrzeugbriefes (VO. über Kraftfahrzeugverkehr vom 11. IV. 1934 — RGBl. I, 303 — nebst Ausf.Anw. des RVM. vom 11. IV. 1934 — RMinBl. S. 319 —). — Gesetzliche Regelung des Erwerbes und Führens von Waffen aller Art, insbesondere von Schußwaffen (SchußwaffenG. vom 12. IV. 1928 — RGBl. I, 143—). — Beaufsichtigung der Feuerbestattung in Hinsicht auf kriminalpolizeiliche Belange.

4. Kriminalpolizeilicher Art. Überwachung Vorbestrafter (s. d.). — Überwachung der notorisch Arbeitsscheuen, Landstreicher (s. d.), Bettler, Zigeuner und Landfahrer. — Streifen- und Alarmtruppdienst (s. d.). — Vigilantendienst (s. d.). — Verstärkter Einsatz der Revierpolizei für kriminalpolizeiliche Zwecke (bessere Kenntnis von Sein und Treiben der Revierinsassen). — Nachrichtenaustausch über den Leumund neu Zuziehender. — Völlig unbeschränkte Vorstrafenauskunft im Dienstverkehr aller kriminalpolizeilicher Dienststellen unter einander. — Überwachung der Trödel- usw. Händler (Hehlereigefahr). — Zusammenarbeit mit Wach- und Schließgesellschaften (s. d. Art. Detektive). — Internationale kriminalpolizeiliche Zusammenarbeit (s. d. Art.), insbesondere durch Austausch von Signalisierung Verdächtiger, von Nachrichten über Arbeitsweise, Bandenbildungen usw. — Förderung und Ausbau der Beratungsstellen gegen Diebstahl, Betrug usw.

5. Technischer Art. Mechanische Sicherungsmaßnahmen aller Art, insbesondere Tresor-, Raumschutz- u. dgl. Sicherungen, Lauschanlagen, Notrufanlagen, Reizgase als Abwehrmittel gegen Bank- und Kassenräuber. — Schloßsicherungen aller Art, Auto- und Fahrradschließvorrichtungen, Bewachung der Park- und Aufbewahrungsplätze (vgl. RdErl. PrMin d. I. vom 2. V. 1934 — MinBliV. S. 700a). — Geldpapier- und Schecksicherungen durch technische Maßnahmen. — Vorbeugende technische Brandbekämpfung durch Imprägnierung und durch selbsttätige Signalanlagen. — Rationelle Durchführung der Straßen- und Geschäftsraumbeleuchtung. (Die beleuchtungstheoretischen Untersuchungen sind soweit vorgeschritten, daß sie praktisch für kriminalpolizeiliche Zwecke ausgewertet werden könnten.) (Vgl. d. Art. Selbstschutz.) — Photokopie wichtiger Privaturkunden schon bei ihrer Ausstellung.

6. Zivilrechtlicher Art. Gewinnung der Versicherungsgesellschaften für die präventiv-polizeiliche Arbeit. (Aufnahme der Verpflichtung zu bestimmten verbrechenverhütenden Maßnahmen, wie z. B. zur Anbringung von Sicherheitsschlössern, Brandsicherungen, Erstattung von Anzeigen bestimmter Art usw. in die Versicherungsverträge mit der Wirkung der Befreiung des Versicherers von seinen Verpflichtungen bei Vertragsverletzungen. Abstellung des Anreizes der Versicherungsagenten zu Überversicherungen. Bessere Kontrolle der Mobiliar- und Zubehörsversicherung.) — Erleichterung des Einlegens in sogenannte Nachttresore (Wirkung auf Überfallspläne gegen Droschkenschofföre, Kassierer in Gastwirtschaften, Theatern usw.).

Es bedarf wohl nicht der Versicherung, daß diese Zusammenstellung durchaus keinen Anspruch auf Vollständigkeit erhebt; es sei vielmehr erlaubt, auf das in dieser Hinsicht schon oben Gesagte zu verweisen.

IV. Es ist unumwunden zuzugestehen, daß auch eine vielleicht in der systematischen Anordnung oder in der Vollständigkeit der Aufzählung verbrechenverhütender Mittel bessere Aufstellung als die vorstehende bei der auch in der Verbrechens- wie in der Abwehrtaktik niemals stillstehenden Entwicklung letzthin doch unzulänglich und unbefriedigend bleiben wird. Ein Grund für die bereits beklagte vernachlässigte wissenschaftlich-systematische Bearbeitung des Gebietes der Verbrechenverhütung ist der schon in anderem Zusammenhange (s. d. Art. Kriminalpolizei) erwähnte Umstand, daß vom geltenden Recht überhaupt der primäre öffentliche Anspruch auf Normenbefolgung nach der Pflichtseite hin viel weniger gesichert ist als deren Verfolgung. Denn wenn auch unmöglich der Standpunkt eingenommen werden kann, daß die Verhinderung verbotener und insbesondere strafbarer Handlungen keine Pflicht des Staates sei, sondern nur ein Recht, von dem er nach Belieben Gebrauch machen könne, so fehlt es doch an dem Korrelat jeder vollkommenen Pflicht, dem ihr entsprechenden Recht, und vor allem an dem Träger dieses Rechtes, dem Rechtssubjekt, das auf die Erfüllung dieser Pflicht einen rechtlichen Anspruch hat, ihn praktisch geltend machen und mit Aussicht auf Erfolg verwirklichen kann. Ein anderer Grund für die nur stoßweise geförderte Entwicklung des vorbeugenden Rechtsschutzes liegt in der oben unter II geschilderten Problematik des Polizeigedankens selbst. Aus der Vielfältigkeit und Vielgestaltigkeit der sich immer verändernden und erneuernden Aufgaben der Verwaltungspraxis erwächst die Notwendigkeit, daß die Polizei mit der Fülle ihrer Maßnahmen und Mittel nicht nur für die Befolgung der aus den bestehenden Gesetzen sich ergebenden Rechte und Pflichten einzutreten hat, sondern mindestens im gleichen Maße in die sich immer wieder auftuenden Lücken einspringen muß, um „Unrecht", das zwar nicht, oder noch nicht, ein gesetzlich festgelegtes Unrecht ist, zu verhindern. Der Einwand, daß es sicherer für Regierende und Regierte, für Staat und Volk wäre, diese Lücken durch Gesetze auszufüllen, liegt auf der Hand. Doch nicht nur die Schwerfälligkeit und Langsamkeit der Gesetzgebungsarbeit spricht dagegen, sondern vor allem in politisch erregten Zeiten schneller staatlicher Entwicklung die Erfahrung und das Wissen um das ewig Gestrige aller Gesetzgebung im Gegensatz zu einem starken und zielbewußten vorwärtstreibenden politischen Willen. Men, not measures!

Zeiten der Konsolidierung und des systematischen Aufbaus werden allerdings im allgemeinen geneigt sein, den Zustand polizeilicher Verwaltungspraxis mit all ihren Unzulänglichkeiten, Unsicherheiten und inneren Gefahren zu liquidieren und die gewonnenen Erfahrungen in die festere Form gesetzlicher Normen zu überführen. Das ist tatsächlich auch der einzige sich bietende Ausweg aus der Unklarheit und Begriffsverwirrung, die seit etwa 15 Jahren auf dem Gebiete der Verbrechensverhütung herrschte. Nur dadurch ist ihre systematische Erfassung und Abgrenzung möglich, daß man sie der Sphäre des auf den Einzelfall abgestellten pflichtmäßigen polizeilichen Ermessens entrückt und in der einen oder anderen Form organisch dem System des Strafrechts und des strafgesetzlichen Rechtsschutzes eingliedert. Wie das geschieht, ist schließlich ziemlich gleichgültig gegenüber dem Umstande, daß es überhaupt geschieht, und wirkt sich hauptsächlich in dem verschiedenen Maße aus, in dem das Unbestimmte des „Gefahr"-Begriffs verschwindet; wie ja denn die fast paradox klingende und doch das Wesentliche ausmachende Folge ist, daß die Polizei und Kriminalpolizei, als deren ureigenstes Gebiet in der weiteren Öffentlichkeit die Verbrechensverfolgung gilt, diese Tätigkeit nicht auf Grund der ihrem Wesen entspringenden Generalvollmacht, sondern vermöge einer ihr durch Gesetz (StPO.) übertragenen Aufgabe ausübt, während umgekehrt ihre im allgemeinen unbekannte verbrechenverhütende Tätigkeit gerade auf jener polizeilichen Generalvollmacht (§ 14 PolVerwG.) beruht, die nun wieder zu Gunsten einer auf die Gerichtsbehörden übergehenden und von ihnen wenigstens hinsichtlich der Durchführung teilweise der Polizei zurückzugebenden Aufgabe neu beschränkt wird. So schließt sich der Kreislauf der Entwicklung, um immer wieder neue Anknüpfungsmöglichkeiten zu schaffen.

Bildet das Gesetz feste Tatbestände für verbrechenverhütende Bestimmungen aus, so tritt selbstverständlich das ihnen sonst innewohnende unbestimmte Moment der Gefahr, das oben erörtert ist, zurück; stellt es statt sogenannter, das geltende Recht im allgemeinen beherrschender Verletzungstatbestände Gefährdungstatbestände auf, so liegt es einer aus dem Rechtsbewußtsein und -empfinden der Zeit schöpfenden verantwortungsbewußten Rechtsprechung in Verfolg des schon durch den eröffneten Rechtsmittelzug mannigfaltige Garantien bietenden Verfahrensrechtes ob, Unsicherheit zu bannen.

Das Recht des neuen Deutschlands hat die beiden sich eröffnenden Wege beschritten. Wenn auch, was hier mit einem Worte Franz von Liszts nochmals ausdrücklich betont werden soll, „die Strafe Prävention durch Repression ist, oder wie wir ebenso gut sagen dürfen: Repression durch Prävention" (Strafrechtliche Aufsätze und Vorträge I, 176), und wenn vielfach Strafschärfungen bewußt in den Dienst der Verbrechensverhütung gestellt sind, so enthält doch vor allem die Strafrechtsnovelle vom 24. XI. 1933 (RGBl. I, 995) eine Reihe von echten Vorbeugungsbestimmungen. Die wichtigste, zu einer inneren Einheit zusammengefaßte Gruppe ist die der „Maßregeln der Sicherung und Besserung"; vgl. d. Art. Sichernde Maßnahmen.

Das Gesetz zur Änderung von Vorschriften des Strafrechts und des Strafverfahrens vom 24. IV. 1934 (RGBl. I, 341) hat vorwiegend Gefährdungstatbestände geschaffen, die es ermöglichen, schon in einem frühen Stadium der noch nicht bis zu ihrem schädigenden Endziel gediehenen, dies vielleicht erst vorbereitenden Handlung mit den gewichtigen Mitteln des Strafrechts einzugreifen und dadurch auch im ursprünglichen Sinne des Wortes verbrechenverhütend zu wirken. Auf Einzelheiten der Gesetzgebung einzugehen, liegt nicht im Plan dieses Aufsatzes.

So ergiebig die Ausbildung von Gefährdungstatbeständen sein kann und so notwendig es sein wird, daß die neue Gesetzgebung in Verfolg ihrer in verstärktem Maße auf Verbrechensverhütung eingestellten Kriminalpolitik diesen Weg geht, so liegen darin doch auch Gefahren, die nicht unerörtert bleiben dürfen. Mit der Umänderung von Verletzungstatbeständen in Gefährdungstatbestände wird notwendigerweise der Kampfplatz verlegt. Der Staat ist gleichsam bemüht, den Täter vom Tatort eines möglichen Verbrechens fern zu halten durch ein in vorausschauender Sorge aufgerichtetes Verhau von Bestimmungen, das den Weg zu der für möglich gehaltenen, befürchteten Tat versperren soll. Das ist sicherlich angebracht bei Taten, deren Gefährlichkeit wegen ihrer die Volksgemeinschaft schwer schädigenden Eigenart besonders groß und bei denen die zur ersten Vorbereitung wie zur Vollendung treibende Gesinnung in gleicher Weise verwerflich ist, wie z. B. bei den Verbrechen des Hoch- und Landesverrats und bei Verletzung anderer den Schutz der Volksgemeinschaft sichernder Bestimmungen. Es wird aber bedenklich, wo von einem noch weit abliegenden Tatort, von einem in unklarer Möglichkeitsferne vorerst noch verschwimmenden Tatgedanken abgehalten werden soll, und zwar entsprechend der fern liegenden Wahrscheinlichkeit der Verwirklichung und der deshalb verhältnismäßig geringen Gefahr folgerichtig nur durch Strafen mehr polizeilicher Art und Schwere. Es kann nicht ausbleiben, daß durch so umfassend vorbeugend angelegte Bestimmungen tief in die Handlungsfreiheit aller Volksgenossen eingegriffen wird, und zwar nicht nur in die derjenigen, von denen unter Umständen wirklich eine Gefahr zu gewärtigen ist, sondern auch in die der Mehrzahl der Gutgesinnten und Ordnungliebenden. Ganz abgesehen davon, daß durch diesen schon zwischen den ersten Gedanken an die verbrecherische Tat und den Beginn ihrer Ausführungshandlung eingeschobenen neuen strafbaren Tatbestand, dessen Verwirklichung übrigens vielfach nicht als kriminelles Unrecht empfunden wird, Schwierigkeiten, ängstliche Bedenken und Hemmungen mannigfaltigster Art gerade für die geschaffen werden, die ihrer nicht bedürfen, vermögen solche in vielen Fällen dazu noch später infolge Gesetzesabsorption fortfallende Strafandrohungen zur Verbrechensbegehung entschlossene energische Charaktere nur selten zu beeinflussen. Es hat daher seine guten Gründe, wenn Oetker (in Freisler-Luetgebrune: Grundzüge eines allgemeinen deutschen Strafrechts. Denkschrift des Zentralausschusses der Strafrechtsabteilung der Akademie für deutsches Recht, S. 47) vor einer Verwirklichung des Planes (Nationalsozialistisches Strafrecht. Denkschrift des Preußischen Justizministers, S. 124), die Tatbestände der einzelnen strafbaren Handlungen, soweit möglich, als Gefährdungstatbestände zu fassen, nachdrücklichst warnt und einer Anhäufung von Gefährdungsverboten widerspricht. Der richtige Weg wird auch hier in der Mitte liegen.

Daß die kriminalpolizeiliche Praxis infolge der veränderten Rechtslage jetzt befähigt ist, in ganz anderem Maße als bisher verbrechenverhütend tätig zu sein, ist diejenige Folge der vorstehenden Untersuchung über den Begriff der Verbrechensvorbeugung, die als zwangsläufig sich ergebend aufzuzeigen hoffentlich gelungen ist. Über die Durchführung der nunmehr möglichen Überwachung des Berufsverbrechertums im einzelnen hier zu handeln, würde Absicht und Anlage des Aufsatzes sprengen (vgl. unter Schrifttum); über die hauptsächlichsten Mittel hierzu wird an anderer Stelle (s. die Art. Verwahrung, polizeiliche; Sicherheits- und Schutzhaft) gesprochen werden.

Schrifttum:

Die Literatur, welche die Frage der Verbrechensverhütung in ihrem Grundwesen auch nur streift, ist zahlenmäßig gering; sie wird unten mit angegeben werden. Die zahllosen, Einzelfragen präventiv-polizeilicher Tätigkeit, Vorbeugungs-, Sicherungs- und Selbstschutzmaßnahmen behandelnden Aufsätze entziehen sich der Aufzählung.

F. van Calker, Die Bekämpfung der Kriminalität durch die Fürsorge, Aus dem 72. Jahresbericht der Rheinisch-Westfälischen Gefängnisgesellschaft. — B. Drews, Preußisches Polizeirecht, Allgemeiner Teil, Berlin 1931. — E. Eichner, Einführung in das Bayerische Polizeirecht, München 1933. — W. Gay und M. Julier, Wie kann die vorbeugende Tätigkeit der Polizei bei Bekämpfung des Verbrechertums ausgebaut und erfolgreicher gestaltet werden? Zwei preisgekrönte Arbeiten, Berlin 1925. — J. H. G. von Justi, Grundsätze der Polizeywissenschaft, 3. Aufl., Göttingen 1782. — F. Kitzinger, Die Verhinderung strafbarer Handlungen durch Polizeigewalt, München 1913. — Kürz, Zur Prophylaxe der Roheitsdelikte, Monatsschr. f. Kriminalpsychol. u. Strafrechtsreform, 2. Jahrg. S. 27. — Kriminalistik im Zahlungsverkehr. Ein Handbuch für Behörden, Bankinstitute, Handel und Industrie zum Schutze und zur Abwehr gegen Fälschungen, Betrug und Gewalttaten, Berlin 1934. — R. von Mohl, Die Polizeiwissenschaft nach den Grundsätzen des Rechtsstaates, Bd. III: Präventiv-Justiz, 3. Aufl., Tübingen und Freiburg i. B. 1866. — H. von Müller, Möglichkeit und Wahrscheinlichkeit im Polizeirecht. Preuß. Verwaltungsbl. 51, 92. — Derselbe, Der Verursachungsbegriff im Polizeirecht, Reichsverwaltungsbl. 55, 334. — J. Nagler, Verbrechensprophylaxe und Strafrecht, Leipzig 1911. — S. Nelken, Verbrechen und Versicherung, Berlin 1928. — Neukamp, Wirksame Bekämpfung von Schwindelunternehmen und unlauteren Machenschaften im Wege des Zivilprozesses, Dtsch. Juristenztg. 1932, S. 1392. — Chr. Rochlitz, Polizeilicher Schutz und Trutz, oder Anleitung, sich möglicherweise gegen Raub, Diebstahl und Betrug zu schützen, 2. Aufl., Erfurt 1864. — F. Schneider, Die Durchführung der Überwachung des Berufsverbrechertums in Berlin, Kriminal. Monatsh. 1935, S. 6. — H. Schneickert u. H. Geißel, Einbruch und Diebstahl und ihre Verhütung, Berlin 1923. — F. Scholz, Der Begriff der polizeilichen Gefahr, Verwalt.-Arch. 27, 35. — A. Thomsen, Kriminalpolitische Bekämpfungsmethoden, Berlin 1893. — Derselbe, Grundriß des deutschen Verbrechensbekämpfungsrechtes, Berlin 1905. — H. Weinberger und A. Walitscheck, Polizeirecht, Wien 1927. — K. Wolzendorff, Die Grenzen der Polizeigewalt, Marburg 1905. — Derselbe, Der Polizeigedanke des modernen Staates, Breslau 1918.

In Paris besteht seit längerer Zeit eine „Gesellschaft für Verbrechensvorbeugung". Auf ihre Initiative ist am 20. XII. 1934 eine „Internationale Vereinigung für Verbrechensvorbeugung" gegründet worden, der namhafte Gelehrte auch Deutschlands angehören. Veröffentlichungen sind in Aussicht gestellt, m. W. aber noch nicht erschienen. (Vgl. Monatsschr. f. Kriminalpsychol. u. Strafrechtsreform 1935, S. 39.)

Max Hagemann

Verbrecheralbum s. Erkennungsdienst.

Verbrecherhandschrift.

Die folgenden Ausführungen gelten der Frage, ob und inwiefern die charakterologische Handschriftendeutung (Graphologie, s. d.) auf Verbrecherhandschriften Anwendung finden kann.

Die frühesten Bemühungen, Verbrecherhandschriften charakterologisch auszuwerten, wurden von wissenschaftlicher Seite im Jahr 1893 durch Lombroso gemacht. Er versuchte z. B. typische Mörder- und Diebshandschriften zu beschreiben, blieb aber damit nicht nur in einer vollkommen falschen Typologie stecken, sondern auch graphologisch in ebenso verfehlter Zeichendeuterei. Es gab damals noch keine brauchbare graphologische Methode. Zwar hat in den 90er Jahren des vorigen Jahrhunderts in Frankreich Crépieux-Jamin, auf älteren Autoren fußend, viel wertvolles Material zusammengetragen, doch fehlte ihm der Schlüssel zu einer systematischen Bearbeitung. Nach wertvollen Vorarbeiten der Deutschen W. Langenbruch, W. Preyer, Hans H. Busse und namentlich Georg Meyer gelang es erst im Jahre 1916 Ludwig Klages, die Lehre vom Ausdruck der Schreibbewegung wissenschaftlich zu begründen und in straffer Systematik auszubauen. Durch enge Verknüpfung von Ausdruckskunde und Charakterologie wurde die gesamte Handschriftendeutung mit einem Schlage aus dem Bereich der Zeichendeuterei herausgehoben. Die Autoren, welche auf L. Klages folgten, sind — soweit sie sich nicht zu ihm bekennen — doch stark von ihm beeinflußt; teilweise haben sie versucht, neue Systeme aufzustellen, haben manche Einzelfrage eingehender behandelt und von neuen Gesichtspunkten aus beleuchtet, aber grundlegende neue Erkenntnisse konnten sie nicht bringen.

Auf methodischem Wege sind heute aus der Schrift zu entnehmen: die Anlagen des Willens, des Gefühls und des Intellektes, das „Temperament", die Triebfedern oder Interessen (wie Besitzliebe oder Gleichgültigkeit gegen Besitz, geistige oder materielle Neigungen, Ichbehauptung oder Hingabevermögen usw.). Sehr genau kann die Form des Selbstbewußtseins festgestellt werden, vieles läßt sich über psychische Störungen sagen und verhältnismäßig sicher sind Psychopathie und geistige Minderwertigkeit erfaßbar. Grundsätzlich nicht zu ermitteln sind Alter, Geschlecht, Nationalität und Beruf, obzwar es hierfür auch jeweils typische Schriften gibt. Bestimmte Krankheitsdiagnosen können nicht gestellt werden, über das Lebensschicksal läßt sich überhaupt nichts sagen. — Im übrigen hängt es vom charakterologischen Wissen, dem psychologischen Verständnis, der Kombinationsgabe und Gestaltungskraft des einzelnen Graphologen ab, ob und wie weit er ein geschlossenes, tiefgreifendes und erschöpfendes Bild vom Urheber einer Handschrift zu geben vermag. Für alles im weiteren Gesagte ist Voraussetzung, daß die Schriftbeurteilung immer nur in Händen langjährig geschulter, nach allen erforderlichen Richtungen gründlich durchgebildeter und vor allem ihrer Verantwortung voll bewußter Graphologen liegt.

Was kann nun praktisch und theoretisch die graphologische Untersuchung von Verbrecherhandschriften leisten? Hier sind im wesentlichen drei Fragen zu beantworten: 1. Inwieweit kann im Strafprozeß die Handschrift zur Persönlichkeitsanalyse des Angeklagten herangezogen werden? 2. Kann die Handschriftendeutung ein Hilfsmittel im Strafvollzug werden? 3. Kann die systematische, graphologische Untersuchung von Verbrecherhandschriften Beiträge zur Kriminalpsychologie liefern?

Ad 1. Um einen wichtigen Punkt sofort vorwegzunehmen: die Graphologie kann nur ein Hilfsmittel zur Persönlichkeitsanalyse des Täters werden, nicht aber zum Nachweis einer angelasteten Tat. Es ist also nicht möglich, den Verbrecher schlechthin aus der Handschrift zu erkennen. Vielmehr kann man, wenn auch nicht immer, so doch sehr häufig aus der Handschrift auf gewisse Dispositionen schließen oder auch auf Zusammenhänge zwischen dem Täter und seiner Tat, soweit sie in seiner psychischen Eigenart begründet sind. Hier wäre also die graphologische Analyse etwa als Ergänzung eines psychiatrischen Gutachtens zu denken oder sie könnte in leichteren Fällen sogar an dessen Stelle treten. — Auch zur Prognose für den Angeklagten könnte die Handschriftenuntersuchung mit herangezogen werden; denn im heutigen deutschen, wahrscheinlich auch künftigen österreichischen

Strafprozeß spielt in diesem Zusammenhang die Beurteilung der Gefährlichkeit rechtlich eine große Rolle (Maßregeln der Besserung und Sicherung), und hier könnte die Handschriftendeutung manches über die Anlagen des Individuums aussagen. Bei Rückfälligen allerdings werden auf diese Weise in den wenigsten Fällen neue Aufschlüsse über die Gefährlichkeit gewonnen werden, bei erstmalig Straffälligen hingegen eher, mag es sich nun um einen Betrüger handeln, um einen hemmungslos Aggressiven oder einen minderwertigen Psychopathen usf. — Für die Prognose der straffälligen Jugendlichen ist die Kenntnis ihrer Arbeitstüchtigkeit von großer Bedeutung. Es können somit auf Grund graphologischer Untersuchungen Hinweise gegeben werden, welche der jugendlichen Täter möglicherweise auf dem Umwege über gründliche berufliche Schulung leichter zu einem geordneten Leben erzogen werden können und welche nicht. Und da, wie erwähnt die Triebfedern des Schreibers zu erkennen sind, läßt sich auch über die besondere berufliche Eignung des Einzelnen etwas aussagen.

Ad 2. Für den Strafvollzug kann sich die Arbeit des Graphologen um so wertvoller auswirken, je mehr im künftigen Strafgesetz die Anpassung des Strafvollzugs an den Täter vorgesehen ist. Besonders könnten auch in den Erziehungsanstalten für Jugendliche auf Grund der Handschriftenuntersuchung oftmals früher als erst durch peinliche Erfahrungen die harmloseren und psychisch gesünderen Elemente von den übrigen getrennt werden.

Ad 3. Von der Bearbeitung der einzelnen Verbrecherhandschrift zur kriminalpsychologischen Bearbeitung eines größeren Schriftmaterials ist nur noch ein Schritt. Ersteres wurde bereits häufig unternommen und veröffentlicht, letzteres wurde von der Verfasserin an Hand einiger hundert Schriften von Vermögensverbrechern auf Grund der Methode von L. Klages versucht und an 400 Schriften von Sexualverbrechern fortgeführt. Diese Arbeiten zeigen, daß die systematische und methodisch fundierte Untersuchung von Verbrecherhandschriften zu manchen neuen psychologischen Ergebnissen führen kann, die auf anderem Wege nur schwer zu gewinnen sind. Sie zeigen auch, welche kriminellen Dispositionen aus der Handschrift leichter und welche schwerer zu erkennen sind, und bestätigen schließlich verschiedene Anwendungsmöglichkeiten graphologischer Analyse in der Strafrechtspflege.

Schrifttum:

L. Klages, Handschrift und Charakter, 14. 15. Aufl., 1932, J. A. Barth. Graphologie, 1932, Quelle & Meyer, Leipzig, in Wissenschaft und Bildung. — Franz Exner, Graphologie und Strafrecht, in Monatsschrift für Kriminalpsychologie und Strafrechtsreform, Jahrg. XXII, 1931, Heft 2. — R. Fetscher, Kriminalbiologische Erfahrungen an Sexualverbrechern (2. Das Schriftbild der Sexualverbrecher) in Zeitschr. f. Sexualwissenschaft und Sexualpolitik, XVIII. Bd., 5. Heft, 1931. — R. Wieser, Die Verbrecherhandschrift, I. Teil: Die Handschrift der Betrüger, Diebe und Einbrecher, II. Teil: Die Handschrift der Sexualverbrecher, Heft 6 und 9 der Kriminologischen Abhandlungen, herausgegeben von W. Gleispach, 1930 und 1933, J. Springer, Wien.

Roda Wieser.

Verbrechertaktik.

1. Ein gekürzter Abriß der Verbrechertaktik muß Selbstbeschränkung üben. Keine verbrecherische Tätigkeit entbehrt gewisser methodisch aufspaltbarer Mittel, Gewohnheiten, Tricks. Wissenschaftlich lassen sich aber nur die Verfahrensformen darstellen, die eine typische Kunstfertigkeit des Angriffsplans verraten. Scharf scheiden wir Verbrechertaktik von Verbrechenstechnik, obschon manche Überschneidungen statthaben.

Das Problem der Verbrechertaktik läßt eine Zerlegung in Vorbereitung, Ausführung und Deckung nach begangener Tat zu. Dabei wird in diesem letzten Falle weniger das Geschehnis, seine rechtliche Qualifikation und seine psychologische Deutung verschleiert, als die Entdeckung des Täters verdunkelt.

Die ungeheure Vielfältigkeit der kriminellen Angriffsmittel erlaubt keine Aufstellung allgemeiner Regeln der Verbrechertaktik; zudem ist das Verbrechen eine gesellschaftliche Fehlleistung, ihr Erscheinungswechsel verändert dauernd das Gesicht der Kriminalität. Verbrechertaktik ist Anpassung an schwache und unbewachte Punkte im seelischen Gefüge und dem soziologischen Standort des Opfers. Taktik als Psychologie des Angriffs läßt schnellere und feinere Adaption an jede neue Konstellation zu als die Technik des Verbrechens.

Ein gutes Beispiel ist das Vergehen des Betruges; es ist heute nicht möglich, die Taktik des Betrügers darzustellen, weil die empirische Kriminalwissenschaft — die in Deutschland nur in schwachen Ansätzen sichtbar ist — dem raschen Wechsel neu auftauchender, mit elastischer Psychologie sofort ausgenützter Betrugsmöglichkeiten nicht zu folgen vermag. Die gewaltigen wirtschaftlichen Schwankungen, die sozialen Umschichtungen und politischen Veränderungen, die Deutschland seit dem Jahre 1914 erlebt hat, haben ihren eigenen Betrugsparasitismus gefunden. Selbst an bevölkerungspolitische Strukturverbildungen, wie den Frauenüberschuß der Länder, die am Weltkrieg teilgenommen haben, kristallisierten sich raschestens eigene Betrugsformen an. Diese wechselvolle Vielfalt wird von Wächter (dieses Handwörterbuch, I, 153ff.) zutreffend angedeutet.

Wir müssen daher einen anderen Weg gehen. Wir müssen eine Gruppe wichtiger Delikte auswählen, bei denen eine gewisse Stabilität von Angriffsobjekt und Angriffssituation vorliegt. In diesen Fällen ist es naturgemäß auch zur Ausbildung einer ziemlich konstanten, untersuchbaren und darstellbaren Verbrechertaktik gekommen. Solche Delikte sind der Taschendiebstahl, die Brandstiftung und der Mord.

2. In der Gefechtslage zwischen Taschendieb und Opfer hat sich seit Jahrhunderten nichts Wesentliches verändert: Geld oder Wertgegenstände des Gebrauchs umgeben wir mit einem gewissen mechanischen Schutz. Wir entziehen sie der freien Sicht, wenn sie nicht, wie Frauenschmuck, absichtlich vorgewiesen, in diesem Falle aber möglichst fest mit der Kleidung, dem Halse oder der Hand verbunden werden. Zudem gilt die Öffentlichkeit auch für den Wegnahmeakt, ist also gleichzeitig Gefährdung und Schutz. Geld oder Wertgegenstände verbergen wir also an gewissen Stellen der Kleidung, die nicht ohne weiteres dem Zugriff zugänglich sind.

Ferner schützen wir Wertobjekte durch ein verstärktes Maß von Aufmerksamkeit. Wir vermeiden, im Besitz von größeren Beträgen unsichere Gegenden, gefahrvolle Tageszeiten, die Annäherung verdächtiger Personen. Verdächtig ist dem Wertträger der ärmlich Gekleidete als der Prototyp dessen, dem wir Begehrlichkeit ansinnen. In Ermangelung einer besseren Psychologie entnimmt die Furcht des Besitzers Verdachtsmomente der äußeren Hülle oder groben Symptomen von Mangel, wie Blässe, hohlen Wangen, Hungrig- oder Müde- oder Verfrorenaussehen.

Außer dem Schutz der Kleidung und ihrer Verschlüsse und dem Schutz der Aufmerksamkeit umgeben wir uns aber auch mit der Zone eines räumlichen Abstandes vom Nächsten. Diese Distanz bedeutet Vermeidung des direkten körperlichen Angriffs und erhöhte Fluchtmöglichkeit, ist also ein überaus wertvoller Lebensschutz.

Legen wir vor die Überwindung dieser drei Schwierigkeiten noch eine Vorbereitungshandlung, stellen wir an ihr Ende einen Deckungsakt, so gelangen wir zu folgender schematischen Zerlegung des Taschendiebstahls:

1. Abschätzung des Wertträgers durch den Taschendieb,
2. Überwindung des räumlichen Abstandes zwischen Opfer und Dieb,
3. Überwindung des psychischen Wertschutzes beim Opfer,
4. Überwindung des mechanischen Wertschutzes beim Opfer,
5. Beutesicherung durch Weiter„flößen" des erlangten Wertobjekts.

Der Taschendieb muß also zuerst einmal wissen oder vermuten, daß eine bestimmte Person Geld oder andere Wertgegenstände bei sich hat. Für diese Feststellung gibt es allerlei Indizien: Benutzung einer bestimmten Fahrklasse in der Eisenbahn oder auf dem Schiff, von teuren Plätzen im Theater oder Kino, bestimmter Hotels oder bestimmter Räume in diesen Hotels. Abheben größerer Summen bei einer Bank oder auf einem Reisebüro, Vorzeigen größerer Geldscheine beim Geldwechsel an Eisenbahnschaltern, in Bahnhofsrestaurants, schließlich der allgemeine Eindruck der Sicherheit, Würde, Macht, Beruhigung und guten Laune, bisweilen aber auch der Ängstlichkeit, den Leute mit Geld in der Tasche machen; wenn wir auch auf diese Dinge wenig achten, so hat der erfahrene Taschendieb offenbar einen scharfen Blick für den Reflex eines vollen Portemonnaies auf Stimmung, Mimik und Motorik des Menschen.

Auch äußere Situationen lassen auf Bargeldbesitz schließen: der Besuch einer großen Messe, Teilnahme an einem Sängerfest oder einer landwirtschaftlichen Jahresschau, Antritt einer überseeischen Reise. Zahlungstermine spielen eine Rolle, so die Zeit nach den bäuerlichen Ernteverkäufen, zumal der sparsame Mensch in einer anderen Umgebung, losgelöst von der Familie und für kurze Festgelegenheiten eine explosive Neigung zu Verschwendung zeigt.

Hat der Taschendieb einen Wertträger aufgespürt, so gilt es, erst einmal die räumliche Zwischenzone von Mensch zu Mensch zu überwinden. Direkte Annäherung ist schlechte Taktik von Bauernfängern, Ansprechen in den oberen Gesellschaftsschichten nicht üblich, auffallend und mißtrauenerweckend. Der Taschendieb geht einen anderen Weg. Er sucht Lebenslagen auf, in denen der räumliche Abstand notwendigerweise und gewohntermaßen verringert ist. Etwa wenn Menschen in bestimmten Geschäftsstunden sich auf den Verkehrsmitteln zusammendrängen, bei großen Volksfesten und Aufzügen, in Theatern, Museen und Ausstellungshallen, wenn Geschehnisse zu bestimmten Stunden stattfinden und die gedrängte Masse außerdem eine gehetzte, abgelenkte Masse ist, wie bei der Abfahrt von Schnellzügen und Überseedampfern. Jagdgründe der Taschendiebin sind Kaufhäuser, Arbeitsamt, Leihamt, Marktplatz und in Gegenden, in denen die Toten noch öffentlich ausgestellt werden, die Leichenhalle. Die Massenbildung kann durch Mitwirkung von Teilnehmern verstärkt werden, die ungünstige Massenkonstellation kann man zu zweit und zu dritt korrigieren. Das schwierige Vorbeiwinden auf den Perrons von Straßenbahnen oder auf den Korridoren von D-Zugswagen, der ungeduldige Andrang an Theatergarderoben nach der Vorstellung kann zu kurzer, aber allerengster körperlicher Berührung umgestaltet werden.

Neben der räumlichen Distanz steht jene Schutzzone, die wir instinktiv mit psychischen Mitteln um uns ziehen. Wir weichen vor verdächtigen Gestalten zurück, vergrößern den Schutzraum. Daher muß der erfolgreiche Taschendieb sehr gut gekleidet sein („Don't be deceived by fine clothes and a good appearence. Sneak thieves must look well to do business". Nr. 5 der „Twentyfour Commandments" der amerikanischen Jewelers' Security Alliance), darf sich aber wiederum nicht allzu auffallend aus der Masse herausheben, da sonst Wiedererkennen und Verfolgung erleichtert ist. In Manieren, kosmetischen Hilfen findet der gute Taschendieb das immer wieder wirksame Mittel, die Wachsamkeit des Opfers einzuschläfern oder nach begangener Tat dem Verdacht zu entschlüpfen.

Für die Wirksamkeit dieser Taktik spricht die Erfahrung, daß nur verhältnismäßig wenige Taschendiebstähle rechtzeitig vom Opfer selbst bemerkt werden, daß nur sehr geschickte und ausdauernde Kriminalbeamte auf Straßenbahnperrons, an Haltestellen und Bahnhofsschaltern Taschendiebe in flagranti ertappen und im übrigen zahllose Diebstähle von der Eitelkeit des Bestohlenen auf die Ebene des Zufallsverlustes abgeschoben werden. Bei den Aburteilungen sind Versuchsfälle häufig, ein Beweis dafür, daß meist nur Kunstfehler oder Betriebspech zur Entdeckung führen.

Neben der Wirkung eines harmlosen, die instinktive Abwehr entwaffnenden Äußeren macht der Taschendieb von einem anderen psychologischen Kunstgriff aus dem Inventar des Zauberkünstlers Gebrauch. Er lenkt die Aufmerksamkeit des Opfers ab oder er benutzt den Augenblick, in dem die Aufmerksamkeit sich auf ein anderes Objekt fixiert hat. Alle erregenden Vorgänge oder Schaustellungen eignen sich für diesen Zweck. Jeder starke Affekt, den man unschwer künstlich erzeugen kann, durch Anstoßen, auf den Fußtreten, beleidigendes Verhalten engt die Aufmerksamkeit in der Richtung des Angreifers ein, blendet sie in anderen Bezirken ab. Sensationelle Flugveranstaltungen z. B., auch Illuminationen oder Feuerwerke, haben für den Taschendieb den zusätzlichen Vorteil, die Kontrollbeobachtung durch die Umstehenden, die alle steil nach oben blicken, auszuschalten.

Liegen alle diese Bedingungen vor, so kann der Taschendieb zum Nahangriff übergehen. Hier beginnt das Gebiet der Technik, die aber ohne vorhergehende Taktik gar nicht erst zum Einsatz käme. Muß er schon bei der Annäherung in allen muskulären Innervationen über durchschnittlich flink sein — ein gutes, neben der Strafhandlung liegendes Symptom, eher südlichen Völkern eigen, ist die Trias: Gang, Blick, Sprache — so bedarf das Arbeitsinstrument, die Hand, guter Auswahl und sorgsamen Trainings. Die Hand muß klein sein, die Finger lang, muskulös, von feinstem Tastgefühl. Der Taschendieb muß mit den Fingern alle Gegenstände mit Gedankenschnelle „ablesen" können, die sich in einer Tasche befinden . . . „Die harte Haut an Ihrer Hand muß alle weg, die müssen Sie öfters baden mit Soda und dann einreiben mit Glyzerin oder Talg", sagt der Lehrer zum Adepten des Taschendiebstahls bei Luz (S. 79). Der alte Diebesgriff, die Schere, ist oft genug beschrieben worden von Avé-Lallemant bis Hans Groß. Um Schere-machen zu können, muß man die Hände frei haben; der Taschendieb kann weder Stock noch Schirm, auch keine steifen Manschetten, Ringe oder Armbanduhren brauchen. Eher läßt sich schon ein Paletot als „Fliegerdeckung" über den arbeitenden Arm legen (Polzer S. 163). So geht der Taschendieb vor, mit größter Schnelligkeit, ohne daß das Opfer bei sachgemäßer Arbeit eine Berührung oder einen brüsken Gewichtsunterschied merkt, wenn das Objekt der Tasche entzogen wird. Daher bezeichnet der Jargon der Taschendiebe den ahnungslosen Bestohlenen als „Leiche".

Wenn wir die rasche Weitergabe an einen Komplizen hinzunehmen, so liegt die Taktik des Taschendiebes in wesentlichen Zügen vor uns. Weil zu erfolgreicher Aktion wirkliche Taktik gehört, sind große Taschendiebe — wenigstens die Ausführenden — niemals ganz jung, seltener Frauen, obschon der Frau die räumliche Annäherung viel leichter fiele als dem Mann, auffallend häufig Russen, Polen, Ungarn, Balkanbewohner und auch Juden. Sie schwärmen zu allen großen Massenveranstaltungen an, haben ihre Wanderstraßen, ihr

Jagdgebiet (in großen Bädern, historischen Städten von internationalem Ruf usw.), ihre Hotels, eine Tradition und eine lernbare Technik. Auch die Taktik ist lernbar, aber nur der geborene Meisterdieb wird sie dauernd oder wenigstens längere Zeit anwenden können, ohne gefaßt zu werden. Vollkommene Taktik ist zum Gelingen wesentlich wichtiger als fehlerfreie Technik.

Die Erfolgchancen sind verhältnismäßig groß und durch die Statistik nur andeutungsweise festzustellen. Will man Zahlen der Hamburger Kriminalpolizei vom Jahre 1927 Allgemeingültigkeit zusprechen, so würden auf 100 anhängige Taschendiebstahlsachen 27 ermittelte Täter kommen. Aber erstens einmal wird nur ein Bruchteil der durchgeführten Taschendiebstähle angezeigt und zweitens bedeutet die „Ermittlung" noch keine Überführung und keine Verurteilung. In den Fällen, in denen die simple Technik des Zugriffs eine ausgebildete Taktik überwog, bei allen Arten des einfachen Diebstahls, entfielen in Hamburg 1927 auf 100 anhängige Sachen 45 ermittelte Täter.

3. Auch bei der Brandstiftung, einem Delikt, das sich vom Taschendiebstahl psychologisch und soziologisch grundlegend unterscheidet, deutet die geringe Anzahl der entdeckten und verurteilten Täter darauf hin, daß es neben mancherlei technischen Übungen eine Taktik der Brandstiftung gibt. Freilich hat diese Taktik ein ganz anderes Gesicht.

Preußische Erhebungen (Kieler Taschenbuch IV, 8) stellten für die Zeit von 1881 bis 1905 eine Gesamtzahl von 828000 Bränden fest. Nach der sicherlich viel zu tief gegriffenen Schätzung waren von allen diesen Bränden 40,5% auf Fahrlässigkeit oder Brandstiftung zurückzuführen (die Erfahrungen der Kriegs- und Inflationszeit berechtigen zu einer Erhöhung auf etwa 60%). Nach den preußischen Feststellungen kam es aber nur in 1,17% aller Brandfälle zu einer Verurteilung.

Auch der Brandfall, der zur Ermittlung eines Täters geführt hat, ja in dem es zu einer Hauptverhandlung gekommen ist, endet recht häufig mit einem Negativum. Die Freispruchs-Hundertsätze sind für Deutschland 30,0 (1902/06), 28,3 (1907/11) und 29,5 (1924/28). Sie liegen — trotz der recht eindringlichen Kooperation der Versicherungsgesellschaften — erheblich über den Freispruchziffern für Verbrechen und Vergehen gegen die Reichsgesetze überhaupt (18,5, 18,6, 14,2 für die entsprechenden Zeitabschnitte (KrimStat. 1912, I, 67 und KrimStat. 1929, S. 11ff.). Die Taktik des Brandstifters ist durch das Angriffsobjekt des Rechtsbruches, das Mittel der Tatdurchführung und die Eigenart der Bevölkerungsgruppe bestimmt, die in erster Linie den Brandstifter stellt. Dieses Moment ist sehr wesentlich und prägt der Taktik einen konservativen Charakter auf. Es trafen nämlich 1928 auf

	Verurteilungen wegen Verbrechen u. Vergehen überhaupt	Verurteilungen wegen Brandstiftung
Erwerbstätige in d. Landwirtschaft .	71 249	153
Erwerbstätige in d. Industrie . . .	224 252	183

Das Mißverhältnis zu Ungunsten der brandlegenden Angehörigen von Landwirtschaft, Forstwirtschaft, Jagd und Fischerei ist offensichtlich; es wird noch durch die kriminal-geographischen Sonderheiten des Delikts unterstrichen. Die Kriminalitätsziffern der wegen vorsätzlicher Brandstiftung verurteilten Personen sind im Durchschnitt der Jahre 1926—1928:

Württemberg	2,3
Mecklenburg	1,7
Hessen	0,39
Hamburg	0,22
Reich	1,0

Die bäuerliche oder kleinbürgerliche Brandstiftungstaktik zeigt primitive Züge und große Einförmigkeit. In erster Linie werden natürliche oder strafrechtlich irrelevante Brandursachen vorgetäuscht. Die Blitzwirkung wird bei heftigen Gewittern herangezogen, die Sonnenstrahlung unter Vermittlung von Medien wie Rasierspiegeln, Flaschen, Brillengläsern; weiter die Selbstentzündung, der Kurzschluß, die feuergefährliche Intervention von Katzen und Hunden. „Der Brandstifter, der eine Brandursache vortäuschen will, bedient sich hierfür feuergefährlicher Arbeiten. Er läßt beispielsweise Fett überkochen, die Zigarre in Zeugengegenwart hinfallen, er verliert Glut auf der Schaufel usw. Auch Mängel an Feuerstätten, Schornsteinen, Beleuchtungskörpern werden vielfach bewußt vom Brandstifter geduldet, vergrößert oder geschaffen, um Funkenflug, Herausfallen von Glut und andere Entzündungen angeben zu können. Dann sind es wieder alltägliche Fahrlässigkeiten, die als Ausrede für eine vorsätzliche Brandstiftung angewendet werden: Kinder haben mit Zündhölzern gespielt, das Feuer war unbeaufsichtigt, an verbotener Stelle wurde geraucht oder mit Licht hantiert. Der zufällige Unfall mit einer Petroleumlampe oder einem feuergefährlichen Gerät ist für die in die Enge getriebenen Brandstifter vielfach die letzte Ausrede, um den Vorsatz in Fahrlässigkeit umzudeuten“ (Kieler Taschenbuch S. 51).

Neben der Ursachenvortäuschung gehört zur Taktik des Brandstifters die Konstruktion eines sicheren Alibi. Wenn man sagt, daß zur Entstehung eines Brandes Brennstoff, Zündwärme und Luft gehört, so ist eine der wichtigsten Zündquellen die menschliche Einwirkung. Da man gewohnt ist, die Brandlegung mit der Anwesenheit des Brandstifters zeitlich eng zu verbinden, strebt die Taktik des Rechtsbrechers ein räumliches und zeitliches Alibi an. Eine lange Reihe von Zeit- und Fernzündungsmethoden ist ausgedacht worden, um den belastenden Orts- und Zeitkonnex zu zertrennen, von der einfachen langsam herunterbrennenden Kerze bis zum komplizierten chemischen oder elektrischen Zündungsapparat. Liegt ein ausgezeichnetes Alibi vor, dann pflegen freilich die übrigen Komponenten des Brandes: günstiger Brandraum und ausreichende Luftzufuhr um so sorgfältiger vorbereitet und ausgesucht zu sein. Auch liegt es in der Natur eines jeden verwickelten technischen Brandapparates von Uhren, Drähten, Batterien usw., daß unter den Brandtrümmern leicht Materialreste erhalten bleiben und den Überführungsring schließen; das einfache, an das Strohdach gelegte Zündholz hinterläßt viel geringere Spuren als der ausgeklügelte Apparat, zumal wenn für die Brandleitung keine besonderen Stoffe, sondern „ansässiges“ landwirtschaftliches Material benutzt wird.

Das Alibi wird daher verdächtig erscheinen (folglich unvollkommene Brandstiftertaktik sein), das sehr auffällig mit den sonstigen Lebensgewohnheiten kontrastiert und in der Beweislage allzu günstig ist. Der gute Leumund und, was sehr viel weniger ist, die Unbescholtenheit, wollen bei diesem Verbrechen wenig sagen; um so wichtiger sind die wirtschaftlichen Verhältnisse des Verdächtigen. Es ist höchst selten, daß beim Brandstifter aus Eigennutz fällige Zahlungen in weiter Ferne liegen.

Eine andere taktische Methode, die häufiger ist, als im allgemeinen angenommen wird, besteht in der Abwälzung der Täterschaft, mögen die Beschuldigten wie Bettler, Landstreicher, entlassene Dienstleute in einer glaubhaften Beziehung zum Brande stehen oder generell verdächtig sein wie Vorbestrafte, politische Gegner, arbeitslose Handwerker und Baumeister. Wenn es zutrifft (Kieler Taschenbuch, S. 99), daß auf 100 verurteilte Brandstifter entfielen:

40 Eigentümer und Angehörige
16 Pächter und Mieter
22 Angestellte und Bedienstete
3 Miteinwohner
5 Bauhandwerker
3 Verbrecher
11 Fremde,

wenn also 56% aller Brandstifter das eigene Hab und Gut ansteckten, 22% Angestellte und Bedienstete, nur 19% Außenstehende waren, so wird durch diese Zahlen sowohl die Möglichkeit wie die Tatsache erfolgreicher Abwälzung der Täterschaft klargestellt.

4. Ähnlich wie beim Brande eines Hauses eine Reihe von Ursachen möglich und der Brandstifter bemüht ist, seinen Eingriff in die Wirkung von Naturkräften umzudeuten, unterliegt der Tod eines Menschen den verschiedensten kausalen Erklärungen. Natürlicher Tod, Unglücksfall, Selbstmord können das Ende verursacht haben. Die taktische Deckungsform dieser drei, strafrechtlich irrelevanten Todesarten hat den Vorteil, daß die Suche nach einem Täter überhaupt nicht aufgenommen und nur der Sachverhalt nachgeprüft wird, der sich aus dem Befund und den äußeren Umständen ergibt. Besteht die Möglichkeit, auch nur die entfernte Möglichkeit, eines ursächlichen Zusammenhangs, so findet die strafgerichtliche Untersuchung ihr Ende, die Taktik des Täters ist erfolgreich gewesen.

Unter gewaltsamem Tod verstehen wir das Setzen einer Todesursache, die in dem natürlichen Lebensablauf des Individuums nicht begründet ist. Bei manchen Todesfällen ist die Todesursache nicht ohne weiteres ersichtlich, zweideutig, vieldeutig und nur einer genauen sachverständigen Untersuchung zugänglich. Wird der Krankheitsverlauf nicht beobachtet, findet man erst die Leiche auf, so geht auch die Reihe der Krankheitserscheinungen verloren. Rascher Gehirn- oder Herztod (etwa bei Epileptikern, Alkoholikern, Arteriosklerotikern) ähnelt häufig bis in Einzelheiten hinein dem Tod durch Giftwirkung. Auch Krankheitssymptome (Erbrechen bei Betrunkenen, Schwangeren usw.) lassen sich von Vergiftungserscheinungen äußerlich schwer unterscheiden und werden nach alter bäuerlicher Vergiftungspraxis häufig absichtlich zusammengelegt.

Bei großen Seuchen, bei Cholera- oder schweren Grippeepidemien kann der Gifttod, z. B. durch Arsen, dem Seuchentod bis aufs Haar ähneln, und da bei solchen Epidemieen die Beerdigung beschleunigt zu werden pflegt, so entgeht mehr als ein Mord dem Auge und dem Zugriff der Staatsgewalt (s. den Giftmord Wittmann 1866). Mit der Erfindung der Giftgase erweitert sich das Gebiet dieser künstlich herbeigeführten Verwechslungen.

Sehr viel häufigere taktische Maßnahme des Mörders ist der vorgetäuschte Unglücksfall. Bei zahlreichen Unfallsformen sind äußere Verletzungen tödlicher Art natürlich und keineswegs besonders auffällig. Durchaus nicht selten ist der Absturz älterer Leute, meist eines Bauern vom Heuboden auf die harte Tenne. Eigenartig ist die Neigung mancher Männer, die Frau ins Wasser zu stoßen oder ein künstliches Segelunglück herbeizuführen, wenn sie ihrer überdrüssig sind oder sich von den finanziellen Lasten oder den sozialen Gefahren einer außerehelichen Schwangerschaft bedroht fühlen.

Mehrere Fälle von Absturzmord sind in den letzten Jahren zur Verhandlung gekommen, wissenschaftlich viel besprochen war der Fall Halsmann (1929), den das Schwurgericht als Totschlag qualifizierte. Hier wie bei dem berühmten Absturzmord Tourville (Stilfserjoch aus den siebziger Jahren des vorigen Jahrhunderts) lag eine persönliche Konfliktsituation vor, ging eine Hiebverletzung mit einem Stein voran, wurde der Absturz durch Hinabwerfen des Toten oder Sterbenden vorgetäuscht. In beiden Fällen besaßen der Livländer wie der Engländer nicht die alpinistische Erfahrung, um einen echten Absturz, der ganz bestimmte Verletzungen verursacht, vorzutäuschen. Der Taktik fehlte die Technik.

Seltener sind Schußverletzungen. Hier muß der Täter Situationen aufsuchen, in denen ein Unglücksfall der vorgeschlagenen Art nicht völlig unwahrscheinlich ist. Manche Unglücksfälle auf der Jagd sind verdächtig, bisweilen liegen sie unter den Antezedentien eines Täters, der später bei anderer Tötungstechnik gefaßt wird. Instruktiv ist der Fall des Sanitätsrats B. (Sachsen 1927). B. hatte seine dritte Frau auf der Jagd erschossen. Er war, wie er behauptete, über einen Schnürsenkel gestolpert, wobei sich der tödliche Schuß löste. B. hatte nach einander mehrere vermögende Frauen geheiratet und Gewicht darauf gelegt, als Universalerbe eingesetzt zu werden. Das Gericht kam unter Betonung dringenden Tatverdachts zur Freisprechung.

Daß die Verwechslungstaktik: Unfall ... Mord nicht immer erfolglos ist, beweist der Fall Strasser (Altona 1925 und 1926). Strasser ermordete am 28. II. 1925 seine Ehefrau durch fingierten Unfall; am 30. X. erfolgte der Mord an dem Sohne unter genau der gleichen taktischen Durchführung. Jetzt erst, beim Repetiermord, kam es zur Entdeckung und Überführung.

Bei der steigenden Selbstmordneigung gewinnt auch die Vortäuschung dieser Todesursache an Bedeutung. Bei manchen Todesarten: Erhängen, Erschießen, Ertränken, bei Gasvergiftung ist es nicht leicht, einen Selbstmord auszuschließen. Der Plan gelingt, wenn keine groben technischen Fehler gemacht werden und das Opfer sich irgendwie selbstmordverdächtig machen läßt, also etwa, wenn eine Frau menstruiert war, Selbstmordabsichten geäußert hat oder andere Selbstmordmotive aufgefunden werden können. Nicht selten ist bei der unehelich Schwangeren Selbstmordvortäuschung gelungen und erst durch einen späteren Zufall wieder aufgedeckt worden. Gute Beispiele dieser taktischen Methode sind die Mordfälle Kühn (Ohrdruf 1868) und Knapp (Kapplertal, Baden 1848). Auch andere bedrückende Lebenslagen wie die Verhaftung geben Motive der Selbstentleibung nachdrücklicher Art, können daher kriminell mißbraucht werden.

Sehr viel primitiver ist die Taktik, die Tötung als Verbrechen zuzugeben und einen Fremdtäter vorzuschieben. In hohem Grade unglaubhaft ist die Ausrede eines Doppelgängers, die man trotz des kindlichen Inhalts noch bisweilen hören kann, wenn der Täter einwandfrei wiedererkannt ist und nun überrascht und verwirrt nach einem Ausweg sucht (Fall Puttlitz, Berlin 1855). Die Ausrede wäre kaum der Erwähnung wert, wenn es nicht wirkliche erstaunliche Ähnlichkeiten zwischen wahrem Täter und unschuldig Verdächtigtem gegeben hätte.

Eine etwas höher stehende Variante des Doppelgängers ist die Abart der großen Unbekannten, die sich beim Mord unter der romantischen Gestalt des „Räubers“ präsentiert (Fall Thode 1866, Fall Rein 1919). Auch der Fall Halsmann entwickelte sich in zweiter Instanz in dieser Richtung, und im Fall des erschossenen Grafen St. (Riesengebirge 1931) ging die erste Ausrede des später wegen fahrlässiger Tötung verurteilten Sohnes auf Fremdtäter märchenhafter Art, auf „Räuber“.

Bei der Taktik des Mordes müssen wir zwischen den sichernden Maßnahmen unterscheiden, die *vor* der Tat getroffen werden, und jenen auch noch zur Taktik gehörigen, vielleicht in Reserve gehaltenen Ausflüchten, die vorgebracht werden, wenn einmal die Tötung durch einen Menschen und zweitens die Tötung durch den Täter selbst festgestellt ist. Hierher zählen die Rechtfertigungsgründe der Notwehr, einer amtlichen oder quasiamtlichen Befugnis oder des rechtlich verbindenden Befehls, der Schuldausschließungsgrund des Notwehrexzesses, die Qualifikationsverschiebungen zur Abtreibung mit tödlichem Ausgang, zur fahrlässigen Tötung, zur Tötung auf Verlangen, natürlich und regelmäßig in äußerster Gefahr zum Totschlag (z. B. die Fälle Lenzbauer 1807 und Bichel 1806 und 1808 bei Feuerbach). Ich möchte eigentlich zur Taktik des Mörders nur die Vorbereitungen rechnen, die *vor* der

Tat durchdacht und irgendwie zur Durchführung gebracht worden sind.

Zweifellos zur Taktik gehört aber wiederum die rechtzeitige Konstruktion eines zuverlässigen Alibi. Beim Anstifter und bei einzelnen Mordarten (Vergiftung, Gastod) kommt eine zeitlich genau fixierbare körperliche Einwirkung nicht in Frage, scheidet also das Problem des Alibi aus. Die neugeschaffenen technischen Möglichkeiten rascher Ortsveränderung (Fahrrad, Auto, auch gewisse athletische körperliche Gehleistungen) erleichtern die Herstellung eines guten Alibi. Häufig wird die Nachprüfung dieses entscheidenden Punktes im Verfahren vernachlässigt und der formlosen Befragung durch einzelne Beamte überlassen, die dann in der Hauptverhandlung als Zeuge das Alibi als gesichert erklären. Von allen taktischen Methoden bieten sich beim Alibi dem Täter die größten Chancen; höchst lehrreich ist hier der Fall des Füseliers W. (Frankfurt a. d. Oder 1855).

Die wissenschaftliche Bearbeitung der Verbrechertaktik steht noch in den ersten Anfängen; trotz des gewaltigen, durch Kriminalisten, Psychiater und Gerichtsmediziner zusammengestellten Materials zeigt die spärliche Literatur und das teilweise wenig wissenschaftliche Schrifttum eine Lücke an, die der Ausfüllung bedarf.

Schrifttum:

Brandstiftungen und Brandursachen, die Technik ihrer Ermittlung, herausgegeben von Tramm, Hellwig, Rhode, Kiel 1933 (als Handschrift gedruckt). — Feuerbach, Aktenmäßige Darstellung merkwürdiger Verbrechen, Gießen 1828. — W. Luz, Das Verbrechen in der Darstellung des Verbrechers, Heidelberg 1927. — Neuer Pitaval, begründet von Hitzig und Häring. — Notable British Trials Series. — Pitaval der Gegenwart, herausgegeben von Frank, Roscher, Schmidt. — W. Polzer, Handbuch für den praktischen Kriminaldienst. — Pfister, Merkwürdige Kriminalfälle, Frankfurt 1814. — Pitaval, Causes célèbres et interéssantes avec les jugements qui les ont décidées, Paris 1736. — Schneickert, Kriminaltaktik u. Kriminaltechnik, Lübeck 1933. — O. Vogel, Brandstiftungen und ihre Bekämpfung, Berlin 1929. — Alb. Weingart, Kriminaltaktik, Leipzig 1904. — Kenyeres, Sachliche Beweise bei der Klärung von Todesfällen, Berlin 1935. — Vielfach sind auch noch die Werke von Jagemann, Handbuch der gerichtlichen Untersuchungskunde, Frankfurt 1838 und von Hans Groß-Höpler, Handbuch für Untersuchungsrichter, München 1921, als Anleitung brauchbar.

Hans v. Hentig.

Verbrechertum, organisiertes.

Der Grund, weshalb die Ansichten über das organisierte Verbrechertum so außerordentlich stark aus einander gehen, ist in der Ungenauigkeit des Begriffs: organisiert zu suchen. Nicht nur, daß dieses Wort im Laufe größerer Zeiträume seine Bedeutung gewandelt hat, wird es auch vom Sprachgebrauch zu ein und derselben Zeit verschieden verwendet.

Zweifellos kann man als organisiertes Verbrechertum diejenigen Banden bezeichnen, mit denen sich in Deutschland im 16. Jahrhundert die Landfriedensgesetzgebungen und später die Reichspolizeiverordnungen beschäftigen. Das Gaunertum jener Tage trat vielfach ganz offen als Organisation der staatlichen und bürgerlichen Organisation gegenüber. Es lebte nach eigenem Gesetz und Recht und war ein Hohn der bürgerlichen Gesellschaft und der staatlichen Ordnung. Dasselbe gilt von den in der zweiten Hälfte des 17. Jahrhunderts Paris terrorisierenden Banden und dem im Anfange des 19. Jahrhunderts in London in offenem Kampfe mit der Polizei liegenden Gesindel. Auch die um dieselbe Zeit in Süd- und Mitteldeutschland und im Rheinland auftretenden Räuberbanden gehören hierher. Aber da beginnen die Unterschiede bereits unscharf zu werden. Nicht jede Bande oder, wie es heute im Jargon heißt, Kolonne oder Clique, d. h. eine Vereinigung, oder richtiger gesagt ein mehr oder weniger zufälliger Zusammenschluß von Verbrechern, die gemeinsam eine oder mehrere Straftaten ausführen und sich dann wieder trennen, kann als „organisiert" bezeichnet werden. Dieser Unterschied soll im Folgenden noch weiter erörtert werden.

Besonders abgegrenzt werden müssen ferner alle illegalen politischen Vereinigungen und Bünde, welche sich bei der Verfolgung ihrer Ziele verbrecherischer Mittel bedienen. Hierin gehört auch trotz ihrer vielfach undurchsichtigen und sicher nicht immer politischen Ziele die Mafia Siziliens, und selbst die jetzt zu einem gewöhnlichen Verbrecherbund gewordene Camorra Süditaliens hat ihren Ursprung in einer politischen Geheimverbindung gehabt. Anders verhält es sich mit den Räuberbanden Korsikas, deren wohl letzter Räuberhauptmann André Spada erst im Juni dieses Jahres (1935) hingerichtet worden ist. Von einem organisierten Verbrechertum läßt sich hier schon deshalb kaum sprechen, weil der Zusammenhang zwischen den einzelnen, meist nur aus wenigen Mitgliedern — viele korsische Räuber waren sogenannte Einzelgänger — bestehenden Banden eigentlich allein durch die ihnen allen in gleicher Weise Zuflucht und Unterstützung gegen Polizei und Gendarmerie gewährende ärmere Landbevölkerung hergestellt wurde.

Eine eigenartige, zwischen politischem Geheimbund und Verbrechervereinigung stehende Erscheinung bilden einzelne festgefügte und bis ins Einzelne durchorganisierte Vereinigungen des Gewerbs- und Berufsverbrechertums in den Vereinigten Staaten von Amerika. Sie müssen im allgemeinen als Verbrecherorganisationen oder als Organisationen von Personen, welche mittels Begehung von Verbrechen in großem Stil Gewerbe treiben, angesehen werden. Diese von Erpressung lebenden Trusts, die Racketeers, kämpfen mit allen Mitteln des Verbrechens und der Korruption um eine Monopolstellung im Wirtschaftsleben, die sie dann natürlich wieder in verbrecherischer, d. h. wucherischer Weise ausnutzen. Vermöge ihrer Geldmittel ist es ihnen häufig möglich gewesen, sich durch Bestechung, Stimmenkauf usw. einen erheblichen politischen Einfluß zu sichern, der dann zur „legalen" Durchsetzung ihrer Ziele verwandt wurde. Denkbar sind diese Formen der Verbrechensorganisation nur bei den besonderen in Amerika herrschenden wirtschaftlichen Verhältnissen. Welche Rolle dabei die von einem großen Teil der Bevölkerung abgelehnte und von fast allen übertretene Prohibition gespielt hat, braucht nicht näher erörtert zu werden, wenn man bedenkt, welche ungeheuren Geldmittel aus den vom Publikum mit Wucherpreisen bezahlten heimlichen Übertretungen der Prohibitionsbestimmungen immer wieder der an Aufhebung der bill of prohibition interessierten Industrie zuflossen und von ihr in skrupellosester Weise in diesem in zahllosen Verbrechen ausmündenden Wirtschaftskampf verwendet wurden.

Im einzelnen auf diese höchst verwickelten und nur aus der eigenartigen Struktur amerikanischen Wirtschaftslebens zu erklärenden Verhältnisse des organisierten Verbrechertums in Amerika einzugehen, ist im Rahmen des H. d. K. unmöglich; es muß auf das Schrifttum verwiesen werden.

In Deutschland fehlte es glücklicherweise immer an Bedingungen, aus denen ein organisiertes Verbrechertum amerikanischer Prägung hätte erwachsen können. Gleichwohl haben in Deutschland die Zuhältervereine, später Verbrecher- oder Unterweltvereine genannt, die Öffentlichkeit eine Zeit lang erheblich beunruhigt.

Nach dem aufsehenerregenden Prozeß gegen den Zuhälter Heinze, welcher der Novelle zum Strafgesetzbuch vom 25. VI. 1900 den Namen gegeben hat, wurde in Berlin im Jahre 1889 von Zuhältern der „Geselligkeitsverein Königstadt" gegründet. Andere Vereinsgründungen in Berlin und in Großstädten wie Hamburg, Leipzig, Dresden, Breslau, Hannover und Braunschweig folgten in den folgenden Jahrzehnten. Die sich damals in Gruppen zusammenschließenden Zuhälter versprachen sich gegenseitigen Schutz und Hilfe gegen die Polizei und gegen „Entgleisungen ungetreuer Dirnen". Die Hilfe bestand zunächst hauptsächlich in der Bestellung eines tüchtigen Verteidigers bei einem Strafverfahren gegen ein Vereinsmitglied wegen Zuhälterei und in Belieferung des Verhafteten mit Zusatznahrung aller Art. Später wurden diese Unterstützungen wesentlich erweitert: das aus der Strafhaft entlassene Mitglied erhielt für einige Zeit eine laufende Barunterstützung oder wurde als Kellner, Geschäftsführer usw. in „befreundeten" Gastwirtschaften untergebracht, bis sich wieder eine oder mehrere Prostituierte gefunden hatten, welche es übernahmen, durch ihren Erwerb für seinen Unterhalt zu sorgen. Die Mittel zur Durchführung ihrer Bestrebungen flossen den Vereinen aus den ungewöhnlich hohen Eintrittsgeldern, Mitgliederbeiträgen und Bußen wegen Zuwiderhandlungen gegen die Satzungen sowie aus der Veranstaltung öffentlicher Vergnügungen zu. Die Disziplin in den Vereinen war außerordentlich streng und wurde durch Strafen aller Art, auch durch Verhängung von Prügelstrafe — durch plötzlichen nächtlichen Überfall auf der Straße vollzogen — und durch Ausschluß aus dem Verein aufrecht erhalten. Streitigkeiten unter den Mitgliedern wurden durch eine „Kommission" von 5 oder 6 bewährten und in ihren Kreisen besonders angesehenen Vereinsbrüdern geschlichtet, gegen deren Entscheidung es keine Berufung gab. Hieraus haben sich später die übertriebenen Gerüchte und die phantastischen Vorstellungen von „Ganovengerichten" entwickelt.

In manchen Äußerlichkeiten ahmten die Vereine Gebräuche der Logen nach; die Mitglieder nannten sich unter einander Bruder, über Satzungen und Einrichtungen des Vereins war jedermann zu Stillschweigen verpflichtet, auch durfte über Entschließungen des Vorstandes, dessen Vorsitzendem übrigens meist eine sehr weitgehende persönliche Verfügungsgewalt auch über Geldmittel eingeräumt war, nicht gesprochen werden. — Inwieweit von Vereinswegen „Leumunds- und Entlastungszeugen" in Strafprozessen gestellt und sonstige Verdunkelungsmaßnahmen vorgenommen wurden, ist mit Sicherheit niemals festzustellen gewesen. Als unzweifelhaft kann aber angenommen werden, daß Prostituierte, die Anzeige gegen ihren Zuhälter erstattet oder sonst ungünstig ausgesagt hatten, mit allen Mitteln eingeschüchtert und nicht selten durch Mißhandlungen oder durch die in ihren Folgen viel schwerer wiegende Drohung, von dem Verein und den ihm befreundeten Vereinen in anderen Städten verfehmt zu werden, zur Zurücknahme ihrer Anzeige und zu falschen Angaben gezwungen sind. Daß schließlich mancher „Raubüberfall", manche schwere Körperverletzung oder auch Körperverletzung mit tödlichem Ausgang, die von der Polizei nie geklärt werden konnten, auf Vollstreckung einer vom Verein ausgesprochenen Strafe gegen verräterische oder unzuverlässige Mitglieder zurückzuführen ist, kann wohl als sicher angenommen werden.

Die ziemlich schnell vor sich gehende Entwicklung und Ausdehnung der Zuhältervereine führte zum Zusammenschluß einzelner Gruppen, der sogenannten Ringe, die wieder unter einander zusammengeschlossen wurden. Im Jahre 1930 hatte Berlin etwa 40 Zuhältervereine, die sich in 3 Hauptringe gliederten. Außerdem bestanden eine Reihe von ringfreien Vereinen, unter denen aber auch ein Zusammenschluß zu beobachten war. Die Ringe hielten hauptsächlich den Verkehr und den Zusammenhang mit den auswärtigen Vereinen aufrecht.

Nach außen hin traten die Vereine durchweg als Geselligkeits-, Sport-, Lotterie- und Sparvereine in Erscheinung. Die Namen waren für Uneingeweihte harmlos, Eingeweihte verstanden den manchmal zynischen Doppelsinn, den auch nur anzudeuten hier unmöglich ist. — Die Mitglieder setzten sich ursprünglich nur aus Zuhältern zusammen. Um aber nach außen hin den wahren Zweck nicht allzu leicht erkennen zu lassen, wurden „Vorbestrafte", später auch Unvorbestrafte, hauptsächlich Gastwirte, Kellner, kleine Gewerbetreibende, kurz die ganze große Zahl derer, die sich an der Peripherie des Prostitutions- und Amüsierbetriebes bewegen und von ihm leben, aufgenommen.

Diese in ihren Folgen so häufig mißverstandene Strukturwandlung hängt auf das engste mit der Erscheinung zusammen, die ich an anderer Stelle (s. Vortrag: Berufsverbrecher in Mitteilungen der J. K. V. 1931) die Verbürgerlichung des Verbrechens genannt habe. Gabriel Tarde hat einmal gesagt: la société c'est l'imitation! Dieses Wort bewahrheitet sich hier und zwar in geradezu grotesker Weise. Welche lächerliche Kleinbürgerlichkeit und läppische Nachahmung der als Formen der „guten Gesellschaft" in Film und Roman aufgefaßten Zerrbilder gesellschaftlicher Gebräuche mit Stolz von diesen „Verbrechern" geübt wurde, die doch nach der gängigen Phrase sich angeblich als Totfeinde der bürgerlichen Gesellschaft fühlten und großsprecherisch bekannten, kann nur der ermessen, der Vereinsfeierlichkeiten, Begräbnisse eines prominenten Mitgliedes und Ähnliches beobachtet hat. Daß bei solchen Anlässen, insbesondere aber bei den großen öffentlichen Vereinsfestlichkeiten alles zu vermeiden versucht und meist auch vermieden wurde, was Uneingeweihte über die wahre Natur der feiernden Gesellschaft hätte belehren können, war einer strengen und rücksichtslos durchgreifenden „Saalpolizei" zu danken, die nicht nur auf angemessenes Benehmen, sondern auch auf dezente Kleidung der den Verein angehörenden Frauenwelt — Prostituierte und Kupplerinnen — zu achten hatte. Da jedes Mitglied 5—10 Eintrittskarten verkaufen mußte, traten die eigentlichen Vereinsmitglieder hinter der Menge der harmlosen und zum großen Teil auch ahnungslosen Gäste zurück, so daß nur dem schärfer Blickenden gewisse Dinge auffielen, die nicht recht zu den sonst üblichen „Wintervergnügen" kleinbürgerlicher Vereine passen wollten, wie z. B. die schon erwähnte strenge Aufsicht, ein Überfluß an zum Teil wertvollem, aber nicht gerade geschmackvollem Schmuck, eine etwas krampfhafte Sucht zur Verschwendung und ein eigenartig zwischen frecher Herausforderung und sich duckender Unterwürfigkeit schwankendes Verhalten der Frauen.

Soziologisch ist dieser Wandel, was die „Verbrechervereine" anbetrifft, wohl folgendermaßen zu erklären: Wie die Entstehungsgeschichte zeigt, dienten diese Vereine zwar asozialen Zwecken, doch nicht gerade der Begehung von Verbrechen. Sie kamen dabei in weitem Maße dem Geselligkeitsbedürfnis — das Wort in seinem ursprünglichen Sinne gebraucht — einer Schicht entgegen, die sich wegen ihres Vorlebens oder auch wegen der nicht gerade sauberen Lebensführung überall gemieden sieht, deren Angehörige aber in derselben Weise wie alle Einzelwesen danach streben, trotz allem ein möglichst großes Maß von Wertung der eigenen Persönlichkeit seitens ihrer Mitmenschen zu genießen. Dieses Bedürfnis ist jedem Individuum eingeboren. Es kann natürlich nur befriedigt werden in einem einigermaßen gleichartig zusammengesetzten Kreise, in dem der eine vor dem anderen nicht soviel an Vorzügen materieller oder ideeller Art voraus hat, daß von vorn herein eine Über- und Unterordnung gegeben ist. Dies zeigt überhaupt die Gründe für den Zusammenschluß von Personen auf, deren Leben sie zu irgend einer Zeit in Berührung mit dem Verbrechen und Verbrechertum brachte und die seit jener Zeit mit oder gegen ihren Willen den Zusammenhang mit der anderen Seite der Gesellschaft verloren haben. — Die mit dem Wachsen der Großstädte und mit der Erweiterung des Mitgliederkreises gegebene Ausdehnung der Vereine, das daraus folgende Fallenlassen oder doch Zurückstellen des ursprünglichen Vereinszieles, das ja nur noch für einen kleineren Teil der Mitglieder unmittelbare Bedeutung besaß, mußte neben der Verwandlung, die der großstädtische Verbrecher von einer Bassermannschen Gestalt zu dem Talmi-Elegant durchgemacht hatte, entsprechend der allgemeinen Entwicklung — der er immer folgt und zwangsläufig zu folgen hat, wenn er Erfolg haben will, — zur äußerlichen Verbürgerlichung auch der Zuhältervereine führen.

Aus diesem Grunde ist auch die Bezeichnung „Verbrecher"-Verein in dem Sinne, daß einmal alle ihre Mitglieder „Verbrecher" seien, und weiter, daß Sinn und Ziel des Zusammenschlusses die Begehung oder doch die Vorbereitung von Verbrechen sei, zum mindesten mißverständlich. Wer den Umfang und die Zusammensetzung dieser Vereine gekannt hat, muß ohne weiteres zugeben, daß dort etwa von Vereins wegen geschmiedete Pläne niemals ein Geheimnis geblieben wären. Daß gleichwohl in früherer Zeit die Gefährlichkeit dieser Vereinsbildungen, die zwar von der Polizei im ganzen wie in ihren prominenteren Mitgliedern überwacht wurden, unterschätzt ist, kann nicht zweifelhaft sein. Politische Gründe, hergeleitet vielleicht aus einer unrichtigen Auslegung und ängstlichen Bindung an den Wortlaut des Art. 124 RVerf., mögen dazu beigetragen haben, der Kriminalpolizei nicht immer die Handlungsfreiheit gegenüber den sogenannten Ringvereinen zu gewähren, wie sie sie aus kriminalistischen und kriminaltaktischen Gründen für angezeigt hielt und sich öfter gewünscht hat. Denn wenn auch schließlich der Verein als solcher den auf Rechnung einzelner Mitglieder gehenden Straftaten, wie z. B. Einbruchsdiebstählen, fernstand — bei den Schlägereien, die mit anderen Vereinen geliefert wurden, und bei den Verwüstungen von Lokalen mißliebig gewordener Gastwirte war übrigens meist das Gegenteil der Fall —, so war doch immer und unter allen Umständen das regelmäßige Zusammenkommen zahlreicher Krimineller eine Gefahr für die öffentliche Sicherheit und Ordnung. Daß man diese Gefahr in Kauf genommen hätte, um desto sicherer bestimmte Verbrecherkreise zu beobachten und zu überwachen, trifft wohl nur in ganz seltenen Fällen zu, kann aber auch diese Ausnahmen nicht entschuldigen, denn die zu ihnen führende kriminaltaktische Spekulation ist falsch, aus Gründen, die sich der Erörterung hier entziehen.

Es konnte natürlich nicht ausbleiben, daß innerhalb der Vereine sich kleine Gruppen, Cliquen genannt, abspalteten, die ihren eigenen Namen führten, daß Bekanntschaften geknüpft, daß Jünger ihre Lehrer und Meister fanden, daß Gelegenheiten erwogen, Pläne besprochen wurden und daß auf diese Weise doch ein zum mindesten mittelbarer Zusammenhang zwischen Vereinen und Verbrechen entstand. Gerade der Umstand, daß die jugendlichen Mitglieder einiger gefährlicher Cliquen, die vor 3 bis 4 Jahren in Berlin als Autobanditen auftraten und schwerste Verbrechen verübten, fast alle gleichzeitig Mitglieder mehrerer Ringvereine waren, darunter auch solcher, die als Vereine in heftiger Fehde mit einander lagen, spricht für die Richtigkeit dieser Beurteilung der Vereine und ihrer Stellung zur Kriminalität.

Cliquen und Kolonnen, im Wesentlichen nur dem Namen nach und nach der altmodischeren Arbeitsweise der letzteren und nach ihrer Zusammensetzung aus älteren Jahrgängen verschieden, können wegen ihrer geringen Mitgliederzahl und des — im Ganzen gesehen — Unplanmäßigen ihres Vorgehens, das vorwiegend von den eingehenden günstigen Annoncen oder Tips abhängt, wohl nicht als organisiertes Verbrechertum angesehen werden. (Ihre trotz allen Zusammenhalts im Ernstfalle doch nur lose Fügung und ihre Arbeitsweise sind in dem Art. Berufsverbrecher beschrieben.) Das Bild ändert sich aber in dem Augenblick, wo die Kolonnen auf Bestellung arbeiten, d. h. im Dienst einer Hehlerbande, eines Rauschgiftschmuggel-Konsortiums, von Versicherungsbetrügern (s. Schrifttum unter Rückriem), von Autoschiebern u. dgl. Straftaten ausführen.

Die dem wirklich organisierten Verbrechertum angehörenden Personen müssen wohl fast ausnahmslos als gefährliche Gewohnheitsverbrecher im Sinne des G. vom 24. XI. 1933 (RGBl. I S. 995) angesehen werden und fallen daher unter die diesbezüglichen Bestimmungen. Die kriminalpolizeiliche Praxis des neuen Deutschlands hat mit den sogenannten Unterweltsvereinen aufgeräumt und die Zusammenhänge so gründlich gesprengt, daß mit ihrem Wiederaufleben nicht zu rechnen ist.

Schrifttum:

H. Asbury, Die Unterwelt von New York, Leipzig 1929. — F. C. B. Avé-Lallemant, Das deutsches Gaunertum. — A. Ehrt u. J. Schweickert, Die Entfesselung der Unterwelt, Berlin-Leipzig 1932. — Ambroise Got, L'organisation de la pègre en Allemagne, Paris, Mercure de France v. 15. II. 1932, S. 72—85. — R. Graßberger, Gewerbs- und Berufsverbrechertum in den Vereinigten Staaten von Amerika, Wien 1933. — Ph. Greiner, Verbrechensbekämpfung im nationalsozialistischen Staat, Kriminal. Monatsh. 1934, S. 121. — F. Hermann, Verbrecherklubs, Internat. öffentl. Sicherheit 1928. — H. Herz, Kriminalität der Mafia, Monatsschr. f. Kriminalpsychol. u. Strafrechtsreform 1, 385. — H. Lobbes, Internationale Taschendiebe und ihre Verteidigungstaktik, Kriminalist. Monatsh. 1934, S. 154. — H. Palitzsch, Gibt es eine „Internationale Organisation der Verbrecher"? Polizei 1930, S. 216. — J. Polke, Der „rote Feuerbund", Kriminalist. Monatshefte 1928, S. 157. — F. Rückriem, Vorsätzliche Brandstiftungen in der Provinz Pommern, Kriminalist. Monatsh. 1935, S. 169. — L. von Thót, Camorra und Mafia, Groß-Arch. 62, 225.

Max Hagemann.

Verbrecherviertel.

Die Bezeichnung Verbrecherviertel ist, sit venia verbo, eine poetische Lizenz, eine — literarische Übertreibung. Der praktische Kriminalist spricht nicht von „Verbrechervierteln", er hält sich an eine mehr oder minder eingebürgerte topographische Bezeichnung wie: um den Schlesischen Bahnhof, Scheunenviertel, an der Pfandkammer, wenn er in Berlin eine Gegend bezeichnen will, wo sich eine Razzia oder eine Einzelfahndung lohnen dürfte. In Hamburg heißt, oder richtiger hieß es: das Gängeviertel, in London: Whitechapel, in Paris: La Butte, oder Rue de Lappe. Wie aber dem bildenden Künstler perspektivische Verkürzungen, d. h. tatsächliche Unrichtigkeiten erlaubt sind, um eine bestimmte Konzentration des Eindrucks zu erwecken, so müssen auch demjenigen, der mit wenigen Worten eine Stimmung hervorrufen will, Zusammenfassungen im Ausdruck gestattet sein, die zwar einer begrifflichen Zergliederung nicht standhalten, aber doch ein bestimmtes gefühlsbetontes Bild entstehen lassen.

In der Wirklichkeit gibt es Verbrecherviertel in der eigentlichen Bedeutung des Wortes nicht. Sie sind aus einer Fülle von Gründen soziologischer und aus ebenso vielen rein praktischer Art eine Unmöglichkeit.

Mit den in wirtschaftlichen Verhältnissen wurzelnden Ursachen der Kriminalität hängt es zusammen, daß die von der ärmeren und ärmsten Bevölkerung bewohnten Stadtviertel meist auch von Kriminellen bewohnt werden. Dort, in den von zahlreichen Mietsparteien bewohnten Häusern mit ihrem ewigen Kommen und Gehen ist der Einzelne am wenigsten beobachtet, wie ja niemand so einsam ist wie im Trubel der Großstadt, in der jeder mit sich und seinem Daseinskampf und seinen Freuden beschäftigt, ohne Zeit und Interesse für seinen Nachbar ist. Hier finden Außenseiter der Gesellschaft bei ihresgleichen oder doch bei Menschen, die es sich längst abgewöhnt haben, nach dem Woher und Wohin zu fragen, am ehesten Unterschlupf. Alte, unübersichtliche Bauart der Häuser erleichtert gegebenenfalls eine Flucht vor der Polizei. Dabei darf aber nie übersehen werden, daß in diesen selben Gegenden unzählige anständige, rechtschaffene und ehrliche Volksgenossen aus wirtschaftlichen Gründen oder wegen der Nähe ihrer Arbeitsstätte zu wohnen gezwungen sind.

Wenn auch das skizzierte bei Nennung des Wortes Verbrecherviertel auftauchende äußere Bild im großen und ganzen der Wirklichkeit entspricht und immer entsprechen wird, so darf doch die Strukturwandlung dessen, was wir Verbrechertum nennen, nicht übersehen werden. Viele Bewohner von Vorderhäusern der besten und teuersten Wohngegenden würden erstaunt sein, wenn sie wüßten, was in ihren Hinterhäusern, also mit ihnen unter einem Dach, wohnt und vor sich geht.

Daß eine gesunde Wohnungspolitik ein wichtiges Mittel in dem Kampfe gegen das Verbrechertum ist, ist bekannt. Sie gehört jedoch zu den Aufgaben der großen sozialen Reformen überhaupt und ist deshalb der Erörterung im HdK. entzogen.

Schrifttum:

Engelbrecht, Berliner Verbrecherquartiere, Polizei, Jahrg. 20, S. 240.

Max Hagemann.

Verdunkelungsgefahr s. Kollusionsgefahr.

Vererbung.

1. Die Biologen, die sich die Aufgabe gestellt haben, die Vererbungsregeln an Tieren und Pflanzen zu untersuchen, haben es relativ leicht, zu brauchbaren Ergebnissen zu gelangen: vermögen sie doch das Experiment in ihre Beobachtungsreihen einzufügen. Sie wählen sich einen Stamm, halten ihn durch Inzucht rein und verfolgen nun die Art und Weise, in der sich die Merkmale in den auf einander folgenden Generationen offenbaren. Oder sie paaren je einen Partner mit der Eigenschaft A und der Eigenschaft

„nicht A“ mit einander und untersuchen die Nachkommenschaft, indem sie je nach Fragestellung dann wiederum die Rasse rein halten oder jeweils A oder nicht A kreuzen. Zudem vermögen diese Biologen leicht Tausende von Nachkommen zu erzeugen und unter ihnen die Zahlen und damit die Wahrscheinlichkeitsberechnungen aufzustellen, wie oft ein gewisses Merkmal erscheint. Die sogenannten Mendelschen Vererbungsregeln sind durch die Sorgfalt moderner Forschung im Grunde bestätigt, aber in ihrer Ausdeutung weitgehend verfeinert und kompliziert worden. 1929 hieß es, daß die amerikanischen Wissenschaftler 20 Millionen Einzelindividuen der Taufliege Drosophila auf die verschiedensten Merkmale hin untersucht hätten. Man faßt heute das Wesen des Merkmals oder der Eigenschaft sehr viel vertiefter auf, man nimmt an, daß deren reales Erscheinen oft von *mehreren* Substanzteilen der Zellkernsubstanz und auch gewissen Außenbedingungen abhänge. Man hat auch gelernt, die Aufmerksamkeit nicht nur auf das Sein oder Nichtsein eines Merkmals zu richten, sondern seine *Quantität* zu untersuchen. Manche Forscher sind ferner geneigt, beim Zusammentreten der männlichen und weiblichen Substanz im Zeugungsprozeß dem einen Partner eine relativ höhere Valenz über die Potenzen des anderen Partners zuzusprechen. Ja die vortrefflichen amerikanischen Biologen haben neuerdings in Gestalt wirksamer Bestrahlung oder bestimmter Temperatureinwirkungen u. dgl. Außeneinflüsse kennen gelehrt, die schrittweise Mutationen ergeben und somit eine „gerichtete“ Abänderung der Eigenschaften in der Nachkommenschaft erlauben. So kompliziert diese Forschungen auch geworden sind und so sehr sie manche Grundbegriffe der Erblehre gewandelt haben, so erfreut sich doch Zoologie und Botanik noch immer der Kenntnis bestimmter Erbregeln, die von der Züchtung zur Erzielung bestimmter Ergebnisse praktisch verwertet werden können. Es kann an dieser Stelle nicht das verwickelte Gerüst der ganzen modernen Erbbiologie aufgebaut werden. Wünscht sich jemand tiefer in sie zu versenken, so greife er zu den am Schluß des Artikels angeführten Werken.

2. Der Streit, ob jene Mendelschen Regeln in moderner Form auch für den Menschen gelten oder nicht, läuft meist ziemlich leer. Könnte man den Menschen den oben angedeuteten Bedingungen und Versuchen unterwerfen, so würden sich jene Regeln wohl mit großer Wahrscheinlichkeit wiederum bestätigen. Da man aber innerhalb der menschlichen Kultur keine Experimente veranstalten und keine Stämme (im engeren biologischen Sinne) rein züchten kann, — da ferner jede Familie nur einige, meist wenige Kinder hervorbringt, so ist es leider nicht möglich, für eine einzelne Vereinigung eines Mannes mit einer Frau eine bestimmte Erbprognose aufzustellen. Man bezeichne den Vater mit bestimmter Eigenschaft mit AA und die Mutter ohne diese Eigenschaft mit aa, so wird sich folgende Erbmöglichkeit ergeben:

AA ←→ aa

Aa Aa Aa Aa

Alle (4) möglichen Kinder sind gleich, sie sehen äußerlich alle aus wie der Vater (AA), haben aber doch alle auch die Anlage zum mütterlichen „nicht A“ (= aa). Selbst wenn diese Familie nur ein Kind hervorbrächte, müßte das soeben Gesagte auf dieses Kind zutreffen. Heiratet dieses Kind einen Partner, der ihm äußerlich gleicht (also das väterliche Äußere hat), so kann man ihm äußerlich nicht ansehen, ob er innerlich wirklich dem Vater entspricht, also *nur* die A-Anlage hat, oder ob er innerlich dem Geschwister gleicht, also innerlich auch die „nicht A“(= a)-Anlage trägt. Im ersteren Falle würde die Ehe ergeben

Aa ←→ AA

AA AA Aa Aa

Wiederum würden alle Kinder gleich aussehen, aber die Hälfte der Geschwister wäre innerlich anders gebaut. Bringt diese Familie nur ein Kind auf die Welt, so weiß man natürlich nicht, welcher Hälfte es angehört. — Läge aber der soeben angedeutete zweite Fall vor, so ergäbe sich folgende Ehe

Aa ←→ Aa

AA Aa Aa aa

Von den 4 Kindern sind also äußerlich drei gleich, eins verschieden (*ohne* die großväterliche Eigenschaft). Von den drei äußerlich gleichen Geschwistern sind aber innerlich nur 2 gleich, das dritte ist „rein gemendelt“ (AA). Bringt diese Ehe aber nur *ein* Kind hervor, so kann man von vorn herein nicht ahnen, ob es zum Typus AA oder Aa oder aa gehören wird. Ist das Kind dann da, so kann man ihm ansehen, ob es aa oder eine der anderen beiden Strukturen hat; welche der beiden letzteren Strukturen es hat, kann man nicht ahnen.

Zusammengefaßt ergeben sich also, wenn sich 2 Partner mit äußerlich verschiedener Eigenschaft vereinen (AA und aa) bei den Enkeln folgende Möglichkeiten

AA Aa aa

Sind aber beispielsweise nur 2 Enkel da, die die betreffende Eigenschaft besitzen, so können sie beide AA oder beide Aa oder beide verschieden sein. Aber es ist sogar möglich, daß beide Enkel aa sind, also das fragliche Merkmal nicht besitzen. Denn die oben angegebenen Zahlenverhältnisse sind nur Wahrscheinlichkeitszahlen, die sich im konkreten Falle nicht immer zu realisieren brauchen. Man sieht, daß schon nach diesen alten klassischen Mendelschen Regeln die Erbprognose im Falle der einzelnen Familie schwierig ist, fügt man aber gar noch die oben angedeutete Quantitätstheorie des Merkmals oder die relative Valenz ein, so wird die Angelegenheit unübersehbar.

3. Um hier doch in der Forschung weiter zu kommen, haben die modernen erbbiologischen Forschungsinstitute, insbesondere unter der Führung von Rüdin und Luxenburger einen anderen Weg beschritten. Man wählt ein Elternpaar, bei dem ein Partner ein Merkmal (z. B. eine bestimmte geistige Störung) besitzt, und forscht (ganz unabhängig von allen Theorieen), wie oft das gleiche Merkmal in der Nachkommenschaft, auch bei den Seitenlinien, vorkommt. Zum Vergleich untersucht man, ob und wie oft man dieses Merkmal auf Stammtafeln antrifft, bei denen kein Elternteil das Merkmal besaß. Endlich läßt man sich selbstverständlich jene Fälle nicht entgehen, bei denen beide Elternteile das Merkmal tragen. Nach bestimmten Berechnungsverfahren, auf die hier nicht einzugehen ist, kommen nun jene Forscher etwa zu folgenden Ergebnissen: Gewählt sei das Beispiel eines bestimmten Gemütsleidens, der Schizophrenie:

Ist ein Elternteil schizophren, so sind durchschnittlich 9,1 % der Kinder abermals schizophren, daneben sind 17,6 % aller Kinder schizophrenieähnliche Psychopathen sowie 22,6 % andere abnorme Typen. Sind beide Eltern schizophren, so lauten die entsprechenden Zahlen 53 und 29 %. Bei der Durchschnittsbevölkerung erwartet man einen Prozentsatz von 0,85 % Schizophrenie (nach Gütt-Rüdin-Ruttke S. 97 s. u.).

Die Forschung hat begreiflicherweise zuerst die körperlich greifbaren Merkmale als Gegenstand gewählt. So haben die Augenärzte gefunden, daß von den in der Jugend erblindeten Augen 10 % durch angeborenen Star erblindeten.

Die Neurologen wendeten sich bestimmten Formen der Idiotie oder des Veitstanzes (Chorea Huntington) oder bestimmten Systemerkrankungen von Hirn oder Rückenmark zu. Auch die Psychiater beteiligten sich vor allem an der Erforschung der großen endogenen Psychosen in der Annahme, daß ein körperliches Substrat, erkrankt, auch diesen seelischen Störungen zu Grunde liegen müsse. Auf allen diesen Gebieten hat die Erbforschung reiche Ergebnisse gezeitigt.

An den psychiatrischen Forschungen hat natürlich auch der Kriminalist ein gewisses Interesse. Denn wenn es im Wesen einer bestimmten Psychose liegt, zu einer Verbrechenskategorie zu neigen, so würden auch die Erbwahrscheinlichkeiten im Rahmen der Erforschung der Verbrechensursachen liegen. Freilich ist schon an anderer Stelle dieses Handwörterbuches (oben S. 446ff.) auseinandergesetzt worden, daß die Bedeutung der echten Psychosen für die Verbrechensbegehung klein sei.

4. In sehr viel schwierigeres Gebiet muß die Forschung eintreten, wenn es sich nicht um körperlich greifbare Eigenschaften handelt, sondern um seelische Verhaltensweisen. Die Psychologie ist sich über das Wesen der Eigenschaft noch nicht einig. Die eine Gruppe von Forschern macht z. B. zwischen blauer Augenfarbe (Pigmentarmut) und Geiz keinen Unterschied. Beides seien menschliche Eigenschaften und könnten also in gleicher Weise erbbiologisch behandelt werden. Eine zweite Gruppe von Wissenschaftlern gibt das für gewisse seelische Eigenschaften, nämlich solche zu, die sicher körperlich unterbaut seien, z. B. den angeborenen Schwachsinn. Aber auch gewisse seelische Konstitutionsfaktoren, wie etwa die konstitutionelle Erregtheit (Hypomanie) werden noch hinzu gerechnet, da sich solche „Eigenschaften" immer offenbaren, gleichgültig in welchem Lebensraum ein Individuum heranwachse. Die Psychologie unterscheidet aber die seelischen (sogenannten leeren) „Funktionen" als eingeborene Wesenszüge von der Form und Weise, wie sie sich als reale Lebensform ausgestalten. Derselbe Wesenszug des Einfallsreichtums, der sogenannten Eigenanregbarkeit, kann sich im Leben als Unternehmergeist eines vielgewandten Kaufmanns oder als romantische Unruhe eines pseudologistischen Hochstaplers offenbaren. Ob sie sich im einen Falle so oder im anderen anders zeigt, hängt u. a. von der Schicht der Geburt, von der Kinderstube, den äußeren Einflüssen, kurz dem Schicksal oder dem Lebensraum ab, in dem jemand heranwächst. Deshalb ist eine dritte Gruppe von Forschern nicht geneigt, solche Eigenschaften (wie kaufmännische Betriebsamkeit oder Hochstapelei) als Grundwesenszüge anzusehen, deren Erblichkeit zu untersuchen lohne. Es seien dies Lebensformen, um einen Ausdruck von E. Spranger aufzunehmen, aber keine Charaktereigenschaften. Diese Forscher schließen aus der Vererbung

also alle Prägungen aus, die erst durch Wirtschaftslage, Gesellschaft, Kultur erfolgen. Die Psychologie setzt z. B. in einer Weise, die hier nur angedeutet werden kann, bei der Frage der Talente aus einander, daß es wohl ein vererbbares Talent für Mathematik insofern gebe, als bestimmte angeborene seelische (leere) Funktionen in dem Zahlenmaterial der Arithmetik ein besonders brauchbares Material fänden und sich deshalb diesem zuwendeten. Im engeren Sinne gebe es aber keine eingeborene Anlage für Mathematik, weil diese ein Kultur- aber kein Naturmoment sei.

5. Die gleiche Überlegung gilt nun, wie für viele soziale Erscheinungen, auch für das Verbrechen. Jene eben erwähnte erste Gruppe von Forschern untersucht das Verbrechen auf seine Vererbung genau so wie Blauäugigkeit. Die andere Gruppe sieht in dem Verbrechen eine soziale Einstellung oder Betätigung. Zur ersten Gruppe gehörte z. B. Lombroso mit seinen Thesen: der Verbrecher ein Primitiver, der Verbrecher ein Kind, der Verbrecher ein Epileptiker. Alle drei Eigenschaften: Primitivität (= Atavismus, Darwinsche Theorie), Infantilität, Epilepsie galten Lombroso als Körpereigenschaften und so suchte er nach anderen Körpereigenschaften, die den Verbrecher außerdem noch kennzeichnen, und fand sie in seinen vielerörterten Degenerationszeichen. Aber selbst Lombroso, für den also sein Delinquente nato eine Körpervarietät war, mußte im Laufe seiner Untersuchungen selbst zugestehen, daß seine Aufstellungen nur für 40% aller Verbrecher zuträfen. (Über Lombroso siehe unter dem Stichw. Kriminalanthropologie). Heute gibt es nur noch wenige Forscher, die der Lombrososchen Lehre anhängen. Der extremste Gegenpol wissenschaftlicher Anschauung hält das Verbrecher-Sein für einen Beruf, wie den des Kaufmanns oder Juristen, also für eine rein kulturbedingte Lebensform. Auch diesem extremen Standpunkt wird nicht viel Zustimmung erwachsen. Eine vermittelnde Theorie ist der Meinung, daß das Verbrechen in der Tat eine Kulturerscheinung sei (siehe d. Art. Verbrechensursachen), abhängig von zahlreichen sozialen und persönlichen Faktoren. Aber ebenso sehr wie die Wahl eines Berufes oft von rein zufälligen außergewöhnlichen Schicksalsmomenten abhängig sei, ebenso oft sei sie doch durchaus von persönlichen Anlagen des Individuums bestimmt. Man pflegt zu argumentieren: ein vielverdienender Rechtsanwalt aus alter Juristenfamilie hatte drei Söhne, und nur einer ergriff die Tradition der Familie und wurde Jurist, der andere wurde bildender Künstler und darbte, der dritte ging nach Amerika und brachte es als Bauunternehmer zu Wohlstand. Nach der strengen Vererbungsmeinung müßte jeder der Söhne sein juristisches, künstlerisches, unternehmerhaftes Talent ererbt haben, weil in der Familie eben jene Potenzen als Gene vorhanden gewesen seien. Nach anderer Meinung war nur der Künstler ein originär begabter, anlagemäßig spezialisierter Mann; Jurist und Unternehmer waren intellektuell gleich gut begabte, einfallsreiche aber durchschnittliche Persönlichkeiten; dies war ihre Anlage. Daß aber der eine Jurist, der andere Bauunternehmer wurde, lag in schicksalsmäßigen Einflüssen des Lebensraumes, die mit Vererbung nichts zu tun hatten.

Wendet man derartige Anschauungen auf das Verbrechen an, so entsteht folgende Auffassung: Es gibt viele Zufalls-, Gelegenheits- und Fahrlässigkeitsverbrecher, die sich von der Gesamtheit der Bevölkerung überhaupt nicht unterscheiden und kein spezielles Erbgut besitzen. Es gibt andere Persönlichkeiten, die auf sozial tiefster Stufe geboren zum Verbrechen kommen müssen. Es gibt eine dritte (kleine) Gruppe von Individuen, die unter allen Umständen, in jeder sozialen Lage zum Verbrechen gelangen müssen.

Diese Auffassung glaubt also auch an einen „geborenen" Verbrecher; freilich nicht im Lombrososchen Sinne körperlicher Stigmata, sondern im Sinne angeborenen Charakters. Die meisten Charaktere lassen sich erziehen, ihre Anlagen lassen sich zu sozial nützlichen Betätigungen bringen, aber es gibt — um ein Beispiel zu nennen — Individuen, die so lebendig, aktiv, unternehmungslustig, unruhig, gewandt, aller Dauer abgeneigt, infolgedessen arbeitsscheu, aber phantasievoll, einfühlungsfähig, klug sind, daß sie trotz aller aufgewendeten Erziehungsmühe, mögen sie Kinder einfachster oder gehobenster Bildungsschicht sein, zum Hochstapeln kommen müssen. Es gibt einen anderen, an Zahl häufigeren Typus, dessen Gefühlsarmut, Geistesschwäche, Roheit, Aktivität so groß ist, daß der Lebensraum ungelernter Arbeiter, daß die Ordnung der Schule, meist auch die besondere Aufwendung der Fürsorgeerziehung nicht ausreicht, um sie vor verbrecherischer Laufbahn zu bewahren. Es sind die viel besprochenen Unverbesserlichen der Fürsorgeerziehungsanstalten und die Anwärter auf die spätere Sicherungsverwahrung. Die soeben geschilderten 2 Typen des gewandten klugen Hochstaplers und des gering begabten rohen Eigentumsverbrechers sind nur 2 Beispiele; es könnten noch mehr aus jener Gruppe geschildert werden, bei denen die eingeborene

Anlage ganz oder vorwiegend die Lebensform bestimmt. Bei solchen Anlageverbrechern — sie sind unter sich also keineswegs einheitlich — lohnte es durchaus, auf der Stammtafel nach erblichen Momenten zu suchen. Wenn diese z. B. beim Hochstapler auch keineswegs immer als verbrecherische Lebensform gefunden werden, so zeigen sich doch dort, bei den Aszendenten, nicht selten die gleichen Wesenszüge der Unruhe, Unstetheit, Haltlosigkeit, Abenteuerlust usw.

Die Anhänger dieser wissenschaftlichen Auffassung fassen ihre These also folgendermaßen kurz zusammen: Die verbrecherische Betätigung ist eine Lebensform, die sich zum Teil bei durchschnittlichen Individuen aus äußeren Einflüssen ergibt: M (= Milieu)-Typen; — die zum weiteren Teil aus der unglücklichen Zusammenwirkung von ungünstigen Charakteranlagen und ungünstigem Lebensraum entspringt: M + A (A = Anlage)-Typen; — die schließlich auch allein aus bestimmten eingeborenen Wesenszügen hervorgehen kann: reine A-Typen.

Welcher Typus im einzelnen Falle vorliegt, kann eben nur aus der gründlichen persönlichen Untersuchung jedes einzelnen Falles entschieden werden. Es gibt in der Literatur wenig glückliche Studien, die z. B. aus der Tatsache, daß ein Onkel und sein Neffe beide mit dem Strafgesetz in Konflikt kamen, auf 2 A-Verbrecher schließen wollen. Dies wäre genau so voreilig, wie wenn man bei Onkel und Neffe, die beide Kaufleute sind, deshalb auf eine gemeinsame Erbanlage schließen wollte. Auch bei der Beurteilung der sogenannten Verbrecherfamilien ist Vorsicht geboten. Es ist durchaus denkbar und bei wenigen der veröffentlichten Verbrecherfamilien macht es auch wirklich den Eindruck, daß es Familien gibt, bei denen A-Verbrecher ein relativ festes Gen vererben, z. B. das oben genannte Charaktersyndrom: arm an Geist und Gemüt, roh, sehr aktiv. Daß die damit behafteten Nachkommen wieder Verbrecher werden, ist so gut wie sicher. Aber man bedenke auch, daß es sehr tiefstehende Familien gibt, bei denen sich auf Grund des tiefen sozialen, bildungsmäßigen, gesundheitlichen, hygienischen Niveaus übelste Zustände des Lebensraums entwickeln, und daß in solchem Lebensraum Alkoholismus, Prostitution, Verbrechen als soziale Folgen selbstverständlich sind. Kinder, die in solcher Umgebung heranwachsen, sind allein schon durch die äußeren Einflüsse sozial aufs schwerste gefährdet. Man bedenke auch, daß ein gering begabter ungelernter unständiger Arbeiter oft nur ein schwachsinniges Mädchen zur Ehefrau findet, — eine andere nimmt ihn nicht —, und diese debile Frau setzte nun bisher erbmäßig wieder debile Kinder in die Welt. Erbliche Charaktermomente, erbliche Unterbegabungen, äußere Einflüsse schlechtesten Lebensraums, Trunksucht und dazu noch gelegentlich Tuberkulose verquicken sich dann zu einem so unseligen Durcheinander, daß die Kinder, die solchen Verhältnissen entstammen, sich selbst bei normaler Anlage kaum zum Niveau eines ordentlichen fleißigen sozialen Staatsbürgers heraufarbeiten können. Den amerikanischen Studien über Verbrecherfamilien ist deshalb nicht viel zu entnehmen, weil die dort beschriebenen Tatsachen nicht immer zuverlässig erscheinen und die verwendeten Begriffe zu unscharf sind. Besonders mit dem vagen Begriff „feeble-minded" läßt sich wissenschaftlich nicht arbeiten.

6. Möge man jener erstgenannten Theorie zustimmen, daß die Verbrechensverübung eine menschliche Eigenschaft sei, wie Blauäugigkeit, oder möge man der Meinung beipflichten, daß nur die Eigenschaften des Charakters und der Intelligenz vererbt werden können, die direkt oder indirekt zur Lebensform des Verbrechens führen können, auf alle Fälle erweist sich das seit 1934 geltende Gesetz zur Verhütung erbkranken Nachwuchses als ein kräftiger Bundesgenosse in der Bekämpfung des Verbrechens. Zwar ist, wie erwähnt, die Bedeutung der beiden großen dort angeführten endogenen Psychosen (man.-depr. Gemütsstörung und Schizophrenie) für die Verbrechensbetätigung nicht sehr groß, um so wichtiger ist aber die im Gesetz festgelegte Bekämpfung des Schwachsinns. Zwar unterscheidet das Gesetz zwischen endogenem und exogenem Schwachsinn (letzterer auf Grund von Geburtstraumata, Lues, früher Meningitis, Enzephalitis, Säuglingskopfunfällen) und läßt nur für ersteren die Sterilisation zu. Aber schwachsinnige Individuen sind stets unerwünschte Volksgenossen, sie beteiligen sich in hohem Maße an der kleinen Alltagskriminalität, an Arbeitsscheu, Betteln und Landstreichen und an der Prostitution. Sie vermögen selten eine geordnete Familie zu gründen und sind niemals gute Erzieher. Deshalb wird jeder Volksfreund der Tendenz des Gütt-Rüdin-Ruttkeschen Kommentars zum Sterilisierungsgesetz zustimmen, den Begriff des endogenen Schwachsinns möglichst weit zu fassen und also möglichst viele Schwachsinnige an der Fortpflanzung zu hindern. Von dem gleichen allgemeinen Gesichtspunkt aus empfiehlt es sich, auch jene Individuen unter die Sterilisierungsmöglichkeit einzubeziehen, bei denen kein formaler Schwachsinn nachgewiesen werden

kann, bei denen aber im Sinne der früher sogenannten Moral insanity und des oben definierten geborenen Verbrechers ein völliger Mangel der Gemütsdispositionen und rohe ungehemmte Aktivität nachweisbar sind. (In Übereinstimmung mit Gütt-Rüdin S. 94.) Im Wortlaut des Sterilisationsgesetzes ist freilich diese Möglichkeit nicht begründet, weshalb die Meinungen der Sachverständigen und die Rechtsprechung der Erbgesundheitsgerichte hierüber noch geteilt sind. Daß man Sittlichkeitsverbrecher nach heute geltendem Recht unter bestimmten Umständen auch der Kastration unterwerfen kann, ist ein weiterer bedeutungsvoller Fortschritt in der Verbrechensbekämpfung. Freilich soll dieser operative Eingriff dem Verbrecher den Sexualtrieb und daher auch den Anreiz zum Sexualverbrechen nehmen. Dies hat mit dem Gesichtspunkt der Vererbung logisch nichts zu tun, wenngleich es auch als ein erwünschtes Nebenergebnis erscheint, daß diese gemeingefährlichen Verbrecher keine Kinder, zu deren Erziehung sie ja doch unfähig wären, in die Welt setzen können.

7. Hat man als Fachmann mit der Erörterung der Vererbungsprobleme auch in Laienkreisen zu tun, so stößt man immer wieder auf ein Mißverständnis, das noch kurz besprochen werden soll. Der Laie, oft auch leider der Pädagoge, ist allzu leicht geneigt, in der Feststellung der Eingeborenheit einer Anlage gleichzeitig auch ihre Unbeeinflußbarkeit, Unerziehbarkeit zu sehen. Man hört nicht selten die pädagogische Ausrede: ich kann mit dem Kinde nichts anfangen, es ist erblich belastet. Das ist ein grundfalscher Standpunkt. Man denke doch besonders der sicher eingeborenen Anlage eines künstlerischen Talents! Nach wieviel Seiten läßt es sich doch künstlerisch entwickeln, je nach den Einflüssen, denen es unterworfen wird. Und wenn man auch in den Biographieen von Künstlern zuweilen liest, daß sie sich aus sogenanntem „instinktiven Gefühl" gewissen Einflüssen fest verschlossen hätten, um eigenwillig ihren Weg zu wandeln, so findet man in den gleichen Biographieen oft kurz hernach bestätigt, welch außerordentlichen Einfluß gewisse Schicksalsmomente auf die weitere künstlerische Laufbahn gehabt haben. Das Gleiche gilt von den Charakterzügen. Anlagen lassen sich erzieherisch entwickeln, Anlagen lassen sich unterdrücken. Vor allem aber können — wie schon oben angedeutet — (leere) Charakteranlagen, wie z. B. Geschäftigkeit, auf die verschiedensten Gebiete und Gegenstände der Kultur gerichtet und dort verankert werden. Noch einmal sei des Beispieles der Pubertät gedacht: der Überschwang der Aktivität dieser Jahre ist sicher biologisch eingeboren. Ob er sich aber auf das Zerstören von Gartenanlagen und Friedhöfen richtet oder in staatlich oder speziell militärisch überwachter Erziehung auf Sport und Selbstausbildung gelenkt wird, ist das Ergebnis pädagogischer Kunst. Daß es daneben einzelne schwer oder nicht erziehbare unglückliche Charakteranlagen geben kann, an denen alle Erziehungskunst scheitert, soll nicht geleugnet werden. Auf dem Gebiet der verbrecherischen Betätigung haben ja unsere modernen Verwahrungsgesetze mit diesem Umstand abgerechnet.

Schrifttum:

Baur-Fischer-Lenz, Menschliche Erblichkeitslehre, München, Lehmann, 4. Aufl. 1934. — Goldschmidt, R., Einführung in die Vererbungswissenschaft, 5. Aufl., Berlin, Springer, 1928, S. 568. — Lenz, F., Menschliche Auslese und Rassenhygiene, 4. Aufl. — Gütt-Rüdin-Ruttke, Gesetz zur Verhütung erbkranken Nachwuchses, München, Lehmann 1934, 272 S. — Rüdin, Ernst, Erblehre und Rassenhygiene im völkischen Staat, München, Lehmann, 1934.

Hans W. Gruhle.

Vergehen s. Kriminalstatistik.

Vergiftungen.

1. Vergiftungen sind durch „Gifte" herbeigeführte Funktionsstörungen des lebenden Organismus, die entweder Wiederherstellung, dauerndes Siechtum oder den Tod zur Folge haben. Nach dem Verlauf unterscheidet man zwischen akuter und chronischer Vergiftung.

Bei einer tödlichen Vergiftung kann entweder Giftmord, Selbstmord oder Unglücksfall vorliegen.

Für die strafrechtliche Beurteilung erscheinen Vergiftungen als vorsätzliche oder fahrlässige Tötungen oder Körperverletzungen. Darüber hinaus pönalisiert das RStGB. die Verwendung von Gift als ein sogenanntes gemeingefährliches Verbrechen: Brunnenvergiftung und Verbreiten vergifteter Sachen (§§ 324—326), und das auf eine Einzelgefährdung tendierende Verbrechen der Beibringung von Gift, Vergiftung im engeren Sinne § 229. Dieser Sondertatbestand der Vergiftung unterscheidet sich von Tötung und Körperverletzung dadurch, daß der Tod oder die Gesundheitsbeschädigung nicht eingetreten zu sein braucht, und von einer versuchten Tötung dadurch, daß für den Täter nicht der Vorsatz, zu töten, sondern nur die Absicht der Gesundheitsbeschädigung erforderlich ist. Ist infolge einer solchen „Vergiftung" eine schwere Körperverletzung im Sinne des § 224 oder der Tod wirklich eingetreten, so erhöhen sich die gesetzlichen Mindeststrafen auf 5 bzw. 10 Jahre Zuchthaus. Die Strafrechtswissenschaft hat diesem komplizierten Sondertatbestand in der bisherigen Form die Existenzberechtigung abgesprochen. Praktisch spielt er neben den verschiedenen Formen der Tötung und Körperverletzung und den gemeingefährlichen Verbrechen eine geringe Rolle: 1930 10 Verurteilte, darunter 7 Frauen. Die deutschen Entwürfe haben den Sondertatbestand des § 229 RStGB. durch einen allgemeinen subsidiären Tatbestand der wissentlichen und gewissenlosen Lebensgefährdung ersetzt. Der besondere kriminelle Gehalt heimlicher Vergiftungen wird sich auch im künftigen Recht in der Strafzumessung bei Tötungen, Tötungsversuchen und Körperverletzungen auswirken (vgl. auch „Das kommende deutsche Strafrecht", besonderer Teil, Bericht der Strafrechtskommission, Berlin 1935 S. 261).

2. Die Tatbestände der Brunnenvergiftung, des Verbreitens vergifteter Sachen und der Vergiftung im engeren Sinne verlangen eine klare Auslegung des Begriffes Gift. Für gesondert geregelte Einzelgebiete hat die Gesetzgebung den Sinn von Bezeichnungen wie „hochgiftige Stoffe" (VO. über die Schädlingsbekämpfung mit hochgiftigen Stoffen vom 29. I. 1919 — RGBl. 165 — in Verbindung mit Ausf.VO. vom 22. VIII. 1927 — RGBl. I, 297) und „giftfrei" (G. betr. Verwendung gesundheitsschädlicher Farben vom 5. VII. 1887 — RGBl. 277 — §§ 6 und 4) selbst durch Einzelaufzählung abschließend bestimmt.

Kein Stoff ist ein Gift an sich. Ein bestimmter Stoff kann dadurch zum „Gifte" werden, daß er einem Individuum „gegeben" wird und dieser Begriff des „Gebens" (früher „Vergebens") liegt sprachlich in dem Worte „Gift". Sind die Funktionsänderungen, die ein bestimmter Stoff — etwa Arsenik — in einem Individuum herbeiführt, schädlicher Art, so handelt es sich um eine Giftwirkung, sind sie nützlich, um eine Arzneiwirkung. Dieselbe Substanz kann also, je nach der verabreichten Menge, zum Arzneimittel (Heilmittel) werden — oder zum Gifte. Unwesentlich für den Giftbegriff ist, daß eine Substanz, wie etwa Arsenik, schon in kleinen Mengen schädlich wirkt oder daß sie etwa körperfremd ist. Das lebensnotwendige Kochsalz, in großer Menge aufgenommen, wird zum Gift und ebenso reines, destilliertes Wasser, das in großer Menge in die Blutbahn eingespritzt wird. Während die Wirkung der meisten Gifte eine „chemische" ist, bezeichnet man die wasserentziehende Wirkung des Kochsalzes und die die Blutkörperchen lösende des destillierten Wassers als eine „physikalisch-chemische" Wirkung. Dagegen ist die Anämie verursachende Wirkung des Radiums eine rein „physikalische", bedingt durch Aussendung von Strahlen. In Erweiterung einer Definition von Jacobj (Sammlung von Vergiftungsfällen 1931, 2, C 4) kann man demnach sagen: „Gift ist jeder Stoff, sobald er durch Wirksamwerden seiner chemischen, physikalisch-chemischen oder physikalischen Kräfte auf die Lebensvorgänge eines Individuums schädigend einwirkt oder unter gegebenen Bedingungen schädigend einwirken muß".

Diese Definition scheidet rein mechanische Wirkungen, etwa die schneidende Wirkung von Glas, aus. Stoffe wie zerstoßenes Glas wurden früher als „mechanische Gifte" bezeichnet, können aber, wenn überhaupt, höchstens eine „Körperverletzung", keine „Vergiftung" herbeiführen.

Strafrechtlich einer Vergiftung gleichzusetzen ist die absichtliche Beibringung von Krankheitserregern, wie Bakterien (Ruhr, Typhus, Cholera, Tetanus, Diphtherie) oder Würmern (Trichinen). Diese organisierten Krankheitserreger sind keine „Stoffe" und demnach auch keine „Gifte", sie enthalten oder erzeugen aber solche.

Der Nachsatz in der Giftdefinition von Jacobj ist für Fälle von Vergiftungsversuchen mit unzulänglichen Mitteln erforderlich: So können z. B. große Mengen flüssigen, metallischen Quecksilbers oder eine mehrfach tödliche Gabe von Phosphor in Form eines ganzen Stückes ungelöst und darum ohne Giftwirkung den Darmkanal durchlaufen. Ebenso wird eine reichliche Gabe von Arsenik, eingeschlossen in eine im Magen-Darmkanal unlösliche Kapsel oder Pille, unwirksam bleiben.

3. Giftmenge und Anwendungsform. Für jede Giftwirkung ist einerseits die Giftmenge, andererseits die Verwendungsform und der Ort der Beibringung maßgebend. Eine für den Menschen pro Kilo Körpergewicht krank machende (toxische) oder tödliche (letale) Dose eines bestimmten Giftes läßt sich nur ungefähr, nie genau angeben. Bei Giften, die als Arzneimittel gebraucht werden, gibt die Maximaldose des „Arzneibuches" einen Anhalt dafür, welche Menge im allgemeinen ohne Gefahr verabreicht werden kann. Die Maximaldose eines Arzneimittels für einen Erwachsenen kann aber schon den Tod eines Kindes herbeiführen. Aber selbst die hundert-, ja die tausendfache Menge der Maximaldose, also etwa mehrere Gramm Arsenik, brauchen, innerlich beige-

bracht, nicht tödlich zu wirken, wenn, was vorkommen kann, das Gift durch den Brechakt wieder entfernt wird. Auch kann ein Gift, wie das Strychnin, zusammen mit Tierkohle als „Gegengift" in mehrfach tödlicher Gabe innerlich ohne Schaden genommen werden.

Wichtig ist auch, ob ein Gift in den leeren oder mit Speisen gefüllten Magen gelangt. Der Mageninhalt verdünnt das Gift und verzögert oder vermindert seine Wirkung.

Auch die Form, in der ein Gift in den Magen gelangt, ist für die Wirkung wichtig. Eine in Wasser schwer lösliche Substanz, wie der Arsenik in Form eines groben Pulvers, wird im Magen nur sehr langsam in Lösung gehen und bei gleicher Dose schwächer wirken als eine Arseniklösung. Bei Einführung in den Mastdarm, etwa als Klistier, oder in die weibliche Scheide, können viele Gifte rasch zur Wirkung gelangen. Sublimatpastillen haben schon wiederholt beim Einlegen in die Scheide zu tödlichen Vergiftungen geführt. Durch die fettgetränkte unverletzte Körperhaut dringen gut nur fettlösliche Substanzen wie Benzol, Nitrobenzol, Nikotin, in den Körper ein; dagegen werden von Wundflächen aus alle Gifte leicht resorbiert.

Die meisten Gifte wirken rascher und in geringerer Menge, wenn sie in Lösung unter die Haut oder in die Muskulatur eingespritzt, als wenn sie innerlich verabreicht werden. Die rascheste Wirkung wird durch Einspritzung in die Venen erzielt, und bei Giften, welche sich im Magen-Darmkanal leicht zersetzen, ist die intravenöse Injektion auch die wirksamste. Einer subkutanen oder intramuskulären Einspritzung kommt die Einwirkung von vergifteten Waffen (Giftpfeilen) nahe. Besonders rasche Wirkung kann durch Einatmung gas- oder dampfförmiger Gifte zu stande kommen, eine besonders langsame Wirkung, wenn feste Gifte, etwa Bleisplitter von einem Geschoß, im Gewebe eingebettet sind.

Auch intravenös oder subkutan beigebrachte Gifte werden zum Teil im Magen-Darmkanal (Kot) oder in den Nieren (Harn) wieder ausgeschieden. Manche Gifte, die rasch durch die Nieren ausgeschieden werden, wie die Kalisalze oder das südamerikanische Pfeilgift Curare, sind innerlich, bei normaler Nierenfunktion, kaum schädlich. Bei verhinderter Ausscheidung durch die Nieren, bei Nierenerkrankung, können derartige Substanzen auch innerlich wirksam werden. Nicht wenige Gifte gehen auch in die Milch über und auf diesem Wege können Säuglinge mit Alkohol, Schlafmitteln, Morphin u. a. vergiftet werden.

4. Giftempfindlichkeit. Der kindliche Organismus zeigt vielen Giften gegenüber, auf das Kilo Körpergewicht berechnet, die gleiche Empfindlichkeit wie der des Erwachsenen. Manche Schlafmittel werden von Kindern in besonders hohen Gaben vertragen. Dagegen ist eine gesteigerte Empfindlichkeit des Kindes gegen Abkochung von Mohnköpfen, Opium und Morphin hervorzuheben.

Abgesehen von besonderer Empfindlichkeit Giften gegenüber durch die erwähnte Erkrankung von Ausscheidungsorganen (Nieren, auch Leber) kommt noch eine individuelle Überempfindlichkeit, auch „Allergie" genannt, vor, die man, sofern sie angeboren ist, als Idiosynkrasie, sofern sie erworben ist, als Anaphylaxie zu bezeichnen pflegt. Eine gesteigerte Empfindlichkeit Giften gegenüber kann eine vorübergehende Erscheinung sein und z. B. bei Frauen sich nur während der Menstruation oder der Schwangerschaft äußern.

Auch eine gesteigerte Resistenz gegen Gifte, „Giftfestigkeit", kann sowohl angeboren wie erworben sein. Bekannt ist die Gewöhnung an Gifte bei wiederholter Zufuhr kleiner, allmählich steigender Mengen, so beim Arsenik und den sogenannten Rauschgiften (Alkohol, Morphin, Kokain) (s. d. Art.).

Bei wiederholter Zufuhr kleiner Giftgaben, wie sie nicht selten bei Arsenikmorden erfolgt, sind die Vergiftungserscheinungen wenig stürmisch und auffällig und können in ihrem Verlauf leichter mit Infektionskrankheiten verwechselt werden als bei einmaliger Beibringung großer Giftmengen.

Manche Gifte haben die Eigenschaft, daß sie sich bei wiederholter Beibringung im Körper anhäufen. Eine solche „Kumulation" ist namentlich beim Blei und den Digitaliskörpern zu beobachten.

5. Statistik der Vergiftungen. Giftmord und Selbstmord. Die Zahl der Morde durch Gift nimmt seit längerer Zeit beständig ab, dagegen die der Selbstmorde zu. Tödliche Unglücksfälle durch Gift werden gleichfalls viel seltener verzeichnet als Selbstmorde. Sie werden allerdings auch recht häufig nicht als Vergiftungsfälle erkannt, was übrigens für die Mehrzahl aller Vergiftungen gilt.

Zu Giftattentaten finden heute in den Kulturstaaten vergiftete Waffen kaum Verwendung. Häufig sind Giftüberfälle als Eifersuchtsdelikte, wobei durch Bespritzen namentlich des Gesichtes mit einer ätzenden Flüssigkeit (Schwefelsäure-Vitriolöl, Salzsäure, Phenol, Natronlauge) lebenslängliche

Entstellung durch Narben beabsichtigt und oft erreicht wird. Andererseits ist auch ein Mordversuch durch Bespritzen mit flüssiger Blausäure bekannt. Sowohl schwere Körperschädigung wie der Tod kann herbeigeführt werden mit den meist flüssigen Kriegskampfstoffen, von denen man unterscheidet: Tränengase (Weißkreuzstoffe), Nasen- und Rachenreizstoffe (Blaukreuzstoffe), Lungengifte (Grünkreuzstoffe) und Hautgifte (Gelbkreuzstoffe). Über verbrecherische Betäubung, namentlich durch Chloroform, wird oft in Tageszeitungen berichtet. Auch verdient die Willenlosmachung durch alkoholische Getränke oder durch Kokainpralinen zum Zwecke geschlechtlichen Mißbrauches hier Erwähnung.

Bei Giftmorden steht der Arsenik immer noch an der Spitze der Gifte, obwohl heute auch dem Laien bekannt ist, daß Arsen selbst in Spuren und diese in Leichen noch viele Jahre nach der Vergiftung chemisch nachzuweisen sind. Die häufige Verwendung des Arseniks erklärt sich daraus, daß er ein weißes, geruchloses Pulver darstellt, das keinen stark ausgeprägten Geschmack besitzt, in Lösung farblos ist und somit leicht unbemerkt in Speisen beigebracht werden kann. Letzteres gilt auch für das Bleiweiß und für die als Rattengift gebrauchten Kieselfluornatriumpräparate, Thalliumpräparate und das Bariumkarbonat, ferner für das in Haushaltungen als Fleckenentfernungsmittel oft vorrätige Kleesalz und weiter für viele Pflanzengifte.

Die häufigste Beibringung von Giften erfolgt in Speisen. Doch sind auch andere Zuführungsarten nicht selten, namentlich wenn ein Giftmord durch Ärzte, Apotheker oder Pflegepersonal ausgeführt wird. Die Geschichte der Gifte kennt alle möglichen Arten der kriminellen Giftbeibringung: Von vergifteten Handschuhen, Blumen, Briefen bis zu vergifteten Kerzen. (Vgl. L. Lewin, Die Gifte in der Weltgeschichte, Berlin 1920, S. 93ff.) Neuartig erscheint der kürzlich aus Frankreich gemeldete Giftmord an einer Frau, die durch den Gebrauch eines von einem Apotheker vergifteten Lippenstiftes starb (Apothekerzeitung 1933, S. 55). Der medizinische bzw. toxikologische Bildungsgrad des Giftmörders kommt in der Wahl seines Giftes zum Ausdruck. Ein verbrecherischer Arzt wird Gifte wählen, die nicht nur unbemerkt beigebracht werden können, sondern die auch keine besonders auffälligen Krankheitssymptome machen und die in der Leiche schwer nachzuweisen sind. In diese Gruppe von Substanzen gehören manche Pflanzengifte, wie Digitalin, Strophanthin, Akonitin, Diphtherietoxin, die alle schon zum Giftmord durch Ärzte gebraucht wurden, wobei wiederholt die Vergiftungssymptome des einen Produktes durch Zugabe eines zweiten verschleiert wurden.

Das heute in Deutschland am häufigsten gebrauchte Gift zu Selbstmorden ist das Kohlenoxyd in Form des Leuchtgases. An zweiter Stelle stehen die Schlafmittel, namentlich das Veronal, während das frühere Modegift Lysol heute seltener Verwendung findet und der einst so häufige Phosphorselbstmord seit dem Verbot der Phosphorstreichhölzer fast verschwunden ist.

Wenn bei einem Vergiftungstod im Magen-Darmkanal große Giftmengen gefunden werden, namentlich wenn es sich um stark bitter schmeckende Substanzen handelt, wie das Strychnin, oder stark sauer schmeckende, wie die Mineralsäuren, oder um stark riechende Substanzen, wie das Phenol, so sprechen diese Umstände im Zweifelsfalle mehr für Verunglückung oder Selbstmord als für Mord. Auch die Kombination einer Vergiftung mit einer anderen gewaltsamen Todesart (Erhängen, Erschießen) spricht mehr für Selbstmord.

6. Erkennung der Vergiftungen. Manche Vergiftungen sind schon durch das Krankheitsbild, das sie hervorrufen, fast mit Sicherheit zu erkennen, so die Strychninvergiftung auf Grund ihrer eigentümlichen Krämpfe. Bei Vergiftungen, die lediglich Lähmungen zeigen, ohne besondere Nebenumstände, wie etwa die enge Pupille bei der Morphinvergiftung, läßt sich aus dem Vergiftungsbilde keine bestimmte Diagnose stellen.

Auf eine Vergiftung hinweisen werden häufig Erscheinungen wie Übelkeit, Erbrechen, starke Durchfälle, die sich einige Zeit nach der Nahrungsaufnahme einstellen, namentlich wenn diese bei mehreren Personen auftreten, welche dieselben Speisen genossen haben. Steigern sich die Erscheinungen weiter bis zum Tode, bei vorher anscheinend gesunden Menschen, so wird dies, wie auch andere unerwartete und plötzliche Todesfälle den Verdacht einer Vergiftung nahe legen. An Vergiftung durch ein geruchloses Gas wie Kohlenoxyd oder Kohlensäure wird zu denken sein, wenn beim Aufenthalt in einem Raume Schwindel und Benommenheit eintritt. Auch äußere Begleitumstände können auf Vergiftungen hinweisen: So das Auffinden von einer Giftflasche oder von Tablettenröhrchen neben einem Bewußtlosen oder Toten. Mit Sicherheit kann eine Vergiftung im allgemeinen aber erst durch den Nachweis eines oder mehrerer Gifte im Körper oder in den Entleerungen (Erbrochenes, Harn, Kot) eines anscheinend Vergifteten erkannt werden. Andererseits werden bei einer Sektion (s. d. Art.), welche bei Verdacht einer Vergiftung unter besonderen Vorsichtsmaßregeln durchzuführen ist, für viele Gifte, namentlich solche, die lokale Veränderungen herbeiführen (Ätzgifte), schon weitgehende Schlüsse auf bestimmte Gifte möglich sein.

7. Der Nachweis von Giften. § 91 StPO.: „Liegt der Verdacht einer Vergiftung vor, so ist die Untersuchung der in der Leiche oder sonst gefundenen verdächtigen Stoffe durch einen Chemiker oder eine für solche Untersuchungen bestehende Fachbehörde vorzunehmen. Der Richter kann anordnen, daß diese Untersuchung unter Mitwirkung eines Arztes stattfindet." Der wichtigste Nachweis für die meisten anorganischen Gifte ist ein chemischer (s. d. Art. Chemische Untersuchungsmethoden). Zahlreiche Lehrbücher vermitteln die Kenntnis dieser Methoden. Manche Gifte, welche den Blutfarbstoff verändern, vor allem das Kohlenoxyd, lassen sich physikalisch durch das Spektroskop nachweisen. Wird der Tod durch Teile von Giftpflanzen, wie Tollkirschenbeeren, Bilsenkraut- oder Stechapfelsamen, Giftpilze oder auch durch Gifttiere wie die Canthariden verursacht, so kann die botanisch- bzw. zoologisch-mikroskopische Untersuchung die Giftquelle ermitteln. Viele Pflanzengifte, vor allem Alkaloide und Glykoside, können zwar in reinem Zustande leicht chemisch charakterisiert werden; aber beim Versuch ihrer Isolierung aus Leichenteilen haften den meist nur geringen vorhandenen Substanzmengen Verunreinigungen so fest an, daß der chemische Nachweis vielfach unsicher wird oder ganz versagt. In solchen Fällen kann oft noch der pharmakologische Nachweis durch den Tierversuch mit Erfolg durchgeführt werden. Näheres über die im Einzelfalle in Betracht kommenden Proben wird bei Besprechung der einzelnen Gifte erwähnt werden.

Viele organischen Gifte sind derart leicht zersetzlich, daß ihr Nachweis in gefaulten Leichenteilen unmöglich wird. Die Leichenteile müssen also vor Fäulnis geschützt werden und dies kann durch Kälte (Verpacken in Eis) oder durch Zusatz genügender Mengen eines Konservierungsmittels geschehen. Als solches kommt, sobald bei der Sektion der Verdacht auf empfindliche Alkaloide wie Kokain, Lobelin, Akonitin oder die Glykoside (Digitaliskörper) besteht, nur reiner Alkohol in Betracht, nicht etwa Formalin u. a. Schwach saure Reaktion ist dabei weniger schädlich als alkalische Reaktion.

Ein Nachweis vieler Gifte wird auch noch in exhumierten Leichen möglich sein. Durch die Leichenverbrennung werden zwar alle organischen Gifte zerstört, aber manche anorganischen Gifte, namentlich Arsen, lassen sich noch in der Asche nachweisen.

8. Einteilung der Gifte nach ihrer Wirkung. Entsprechend ihrer Wirkung lassen sich die Gifte zunächst unterscheiden in solche mit vorzugsweise lokaler Schädigung am Orte der Einwirkung und solche mit vorzugsweise resorptiver Wirkung, die entfernt vom Orte der Anwendung nach der „Resorption", dem Eindringen in die Körperorgane, auftritt.

Lokale Wirkung besitzen die „Ätzgifte", zu denen anorganische und organische Säuren, Phenole, Laugen, Ammoniak, von Metallsalzen Sublimat und Chlorzink, lokal reizende Gase und Dämpfe (Kampfgase) gehören.

Bei allen übrigen Giften tritt die resorptive Wirkung in den Vordergrund oder ist neben der lokalen Wirkung vorhanden. Nach der besonders hervortretenden Lokalisation der Wirkung unterscheidet man:

Blutgifte. a) Gifte der Blutbildungsstätten: Radium, Benzol. b) Gifte, die Auflösung der roten Blutkörperchen verursachen (Hämolyse) und dadurch blutigen Harn: Arsenwasserstoff, chlorsaures Kali, Säuren. c) Gifte, die den Blutfarbstoff verändern: Er wird auffällig rot durch Kohlenoxyd und Blausäure; braun (Methämoglobinbildung) durch chlorsaures Kali, Natriumnitrit, Nitroglyzerin, Nitrobenzol, Anilin; desgleichen (Hämatinbildung) durch Arsenwasserstoff, Säuren, Laugen.

Herzgifte: Bariumsalze, Akonit, Fingerhut, Maiblume, Oleander, Meerzwiebel, afrikanische und indische Pfeilgifte.

Magen-Darm-Gifte: Arsenik, Zinksalze, Kupfersalze, Quecksilbersalze, Bleisalze, Nikotin, Colchicin, Bakteriengifte.

Nierengifte: Sublimat, Phenol, Canthariden.

Lebergifte: Phosphor, Arsenik, Alkohol, Chloroform, Ätherische Öle, Giftpilze.

Nervengifte: a) vorherrschende Erregung, Krämpfe: Thallium, Kokain, Atropin, Strychnin, Pikrotoxin, Cicutoxin; b) vorherrschende Lähmung: Kohlenoxyd, Kohlensäure, Blausäure, Benzin, Benzol, Alkohol, Äther, Chloroform, Schlafmittel, Aldehyde, Phenole, Nitrobenzol, Opium (Morphin), Coniin, Schlangengifte.

Der Tod bei resorptiver Vergiftung tritt am häufigsten ein entweder durch Lähmung des Atmungszentrums oder des Herzens.

9. Die kriminell wichtigsten Gifte.

I. Anorganische Gifte.

Halogene: Fluor, Chlor, Brom, Jod.

Fluor. Fluorwasserstoff ätzt stärker als Salzsäure. Keine kriminelle Bedeutung. Fluornatrium, giftiges Konservierungsmittel. Kieselfluornatrium als Ratten- und Küchenschabenmittel („Orwin, Albatol, Tanatol“ u. a. m. im Handel). Tod durch Verwechslung, Mord, Selbstmord. Beide Verbindungen machen Übelkeit, Erbrechen, allgemeine Schwäche, Bewußtlosigkeit. Sektion zeigt Blutungen, Geschwürsbildungen im Magen-Darmkanal. Nachweis: Flußsäure ätzt Glas.

Chlor. Grünes, die Schleimhäute stark reizendes Gas, verflüssigt in Bomben. Kampfgas. Verursacht Lungenreizung, Atemnot, Erstickung. Chlor wird leicht frei aus Chlorkalk, aus Natriumhypochlorit (Fleckenwasser, Eau de Javelle), auch im Magen. Chlorkohlenoxyd (= Phosgen). Farbloses Kampfgas, verflüssigt in Bomben. 10mal giftiger als Chlor, giftiger als Blausäure. Verursacht tödliche Lungenentzündung. Senfgas (Dichloräthylsulfid, „Gelbkreuz“-Kampfstoff). Ölige Flüssigkeit. Noch giftiger als Phosgen. Macht auf Haut und Schleimhäuten schwere Entzündung. Chlorwasserstoff = Salzsäure. Rohe konzentrierte Salzsäure, an der Luft rauchende Flüssigkeit. Als Reinigungsmittel im Haushalt. Zu Eifersuchtsattentaten, Selbstmord, Mord an Kindern. Wirkung und Leichenveränderung wie Schwefelsäure (s. d.). Nachweis: Vermehrung der Chloride im Harn. Chlorsaures Kali (Kaliumchlorat). Weißes Salz in Zahnpasten, in Wasser gelöst als Gurgelmittel. Zu Selbstmord, Abtreibung. Tödliche Gabe 15—30 g. Diese verursacht Erbrechen, Durchfälle, Blausucht, Atemnot, Tod durch innere Erstickung infolge von Blutveränderung (Methämoglobinbildung). Sektion: Gewebe braun, Nierenveränderung. Nachweis: In Substanz im Magen, Chlorentwicklung mit Salzsäure. Im Blut spektroskopisch Methämoglobin.

Brom. Braune, ätzende Flüssigkeit. Wie die Bromsalze ohne toxikologische Bedeutung.

Jod. Schiefergraue Kristalle. Braune Lösung in Alkohol = Jodtinktur. Zu Selbstmord getrunken. Als Abtreibungsmittel in Gebärmutter eingespritzt.

Borsäure. Weißes in Wasser lösliches Pulver. Als Arzneimittel eingespritzt Tod durch Verwechslung mit Kochsalzlösung.

Stickstoffverbindungen. Stickstoffoxyde = Nitrose Gase. Rote Dämpfe, die gewerbliche Vergiftungen verursachen. Verflüssigt in Bomben als Kampfgas. Dämpfe, wenig lokal reizend, verursachen, eingeatmet, tödliche Lungenentzündung und Methämoglobinbildung im Blut. Salpetersäure ätzt wie Schwefel- und Salzsäure (s. d.) unter Gelbfärbung der Gewebe. Ammoniak. Gas, verflüssigt in Eismaschinen. Im Handel in wässeriger Lösung als „Salmiakgeist“. Im Haushalt als Reinigungsmittel. Stark riechende, eingeatmet stark reizende, alkalische Flüssigkeit, welche die Schleimhäute, getrunken, meist nicht so schwer verätzt wie Kali- oder Natronlauge (s. d.), sondern nur stark entzündlich rötet. Selten zu Selbstmord. Tödliche Gabe 10—30 g starker Ammoniaklösung. Nachweis: Geruch, Nebel mit Salzsäure.

Schwefel. Als gelber elementarer Schwefel ohne toxikologische Bedeutung. Innerlich Abführmittel. Verbrennt zur stechend riechenden Schwefligen Säure (Schwefeldioxyd). Diese wird oxydiert zu Schwefelsäure. In hoher Konzentration ölige Flüssigkeit „Vitriolöl“. „Vitriol-Attentate“. Hierbei Verätzung der Haut mit Hinterlassung von Narben. Verbrennung der Kleider. Getrunken häufig durch Verwechslung. Selbstmord. Morde bei Kindern. Verätzung schon in der Umgebung des Mundes. Weiter in Mund, Speiseröhre, Magen. Schädliche Wirkung ist von der Konzentration abhängig. In nicht ätzender Konzentration unschädlich. Von konzentrierter Säure tödliche Gabe etwa 10 g. Vergiftungserscheinungen: Starke Leibschmerzen, Erbrechen, Durchfall, Kollaps. Wenn Tod nicht akut eintritt, Spätfolgen durch Gewebszerstörung mit Narbenbildung (Strikturen) im Magen-Darmkanal. Sektion zeigt Entzündung, Schwellung, Ätzung (Schorfbildung) in Verdauungsorganen. Blutungen bzw. braunes Hämatin im Magen. Chemischer Nachweis durch Bariumchlorid. Schwefelwasserstoff. Nach faulen Eiern riechendes, stark giftiges Gas. Gewerbliche Vergiftungen.

Phosphor. Wachsartige, gelbe Masse. Gegen Selbstentzündung unter Wasser aufbewahrt. Löslich in Fetten. Geruch und Geschmack besonders eigentümlich, an Knoblauch erinnernd. Früher zu Streichholzköpfchen. Heute ungiftiger roter Phosphor nur an Streichholzschachteln. Gelber Phosphor dient als Gift gegen Ratten, Feldmäuse, Krähen in Form von Latwerge oder Pillen. Früher Mord und Selbstmord unter Verwendung von Streichholzköpfchen häufig, ebenso Tod bei Gebrauch als Abtreibemittel. Heute noch Giftmorde. Tödliche Gabe: Dezigrammdosen. Vergiftungsverlauf: Anfangs Erbrechen nach Phosphor riechender, im Dunkeln leuchtender Massen. Nach vorübergehender Erholung 2—3 Tage später Gelbsucht, wieder Erbrechen, dann Leberschwellung, Haut- und Schleimhautblutungen, große Schwäche, Benommenheit, Kollaps. Sektion: Verfettung der inneren Organe, namentlich der Leber, neben Blutungen. Nachweis nach Mitscherlich: Bei Wasserdampfdestillation Leuchten im Dunkeln. Durch Oxydation des Phosphors entsteht Phosphorsäure; besitzt keine spezifische Giftwirkung, nur Ätzwirkung, entsprechend der Konzentration.

Arsen. Graues Metalloid. Durch Oxydation entstehen Arsenige Säure (= Arsenik) und Arsensäure mit spezifischer Giftigkeit. Rote und gelbe Arsensulfide, Realgar und Auripigment, sind praktisch ungiftig. Giftig die grünen Arsenkupferverbindungen Scheeles Grün und Schweinfurter Grün, die als Mittel gegen tierische und pflanzliche Schädlinge Verwendung finden. Als Arzneimittel (gegen Syphilis) wichtigste organische Arsenverbindung: Salvarsan. Sehr giftiges, die Blutkörperchen lösendes Gas: Arsenwasserstoff, verursacht gewerbliche Vergiftungen. Die toxikologisch wichtigste Arsenverbindung, der Arsenik, bildet ein weißes Pulver oder weiße porzellanartige Stücke, die in Wasser schlecht löslich sind. Verwendung als Rattengift, zur Konservierung von Tierbälgen, zum „Schönen" von Pferden. Vergiftungen durch Verwechslung des Pulvers mit Mehl, Zucker. Häufigstes Mittel zu Giftmorden, da Lösungen farb-, geruchlos und ohne auffälligen Geschmack, somit in Nahrungsmitteln leicht unbemerkt beizubringen. Tödliche Gaben: Dezigramme. Akute Vergiftung: Choleraähnlicher Brechdurchfall, Fieber, Entzündung der Schleimhäute, unstillbarer Durst. Tod in Stunden bis Tagen. Subakute und chronische Vergiftung: Schleimhautentzündung, Fieber, Übelkeit, Brechneigung, Abmagerung. Verdickung und Schwarzfärbung der Haut. Nervenschmerzen und -lähmungen. Es besteht die Möglichkeit der Gewöhnung an allmählich steigende Arsenikgaben (Arsenikesser in Steiermark). Die Sektion zeigt Entzündung und Blutungen im Magen-Darmkanal. Arsennachweis gelingt noch in Spuren chemisch im Liebig-Marshschen Apparat (Arsenspiegel) und biologisch durch Schimmelpilze (Penicillium brevicaule), die auf arsenhaltigem Material mit Knoblauchgeruch wachsen.

Antimon. Wichtigste Verbindung, der Brechweinstein, wirkt arsenikähnlich und hat heute gegenüber früher geringe toxikologische Bedeutung.

Wismut. Wismutverbindungen dienen als Magen- und Darmmittel, Wundstreupulver, Syphilismittel. Hierbei medizinale Vergiftungen.

Kali- und Natronlauge. Wässerige Lösungen von Ätzkali und Ätznatron (= Laugenstein). Verwendung in der Technik zur Seifenherstellung (Seifensiederlaugen). Vielfach zu Selbstmorden. Mord an Kindern. Wegen des starken „Laugengeschmacks" kaum in Nahrungsmitteln beizubringen. Tödliche Gaben des festen Laugensteins 10 bis 20 g. Vergiftungserscheinungen als Wirkung der Gewebsverätzung ähnlich wie bei Säurevergiftung. Bei Sektion Schleimhäute mehr gequollen, erweicht, bei Blutungen Alkalihämatin mehr rot gefärbt als bei Säurevergiftung. Alkaliverätzung machen auch starke Lösungen der Pottasche und der Schmierseife. Seifenlösungen in Gebärmutter eingespritzt als Abtreibemittel.

Kalzium. Ätzkalk. In Breiform schwächer ätzend als Kali- und Natronlauge.

Barium. Von Bariumsalzen ist praktisch ungiftig das unlösliche Bariumsulfat (Schwerspat, Kontrastsubstanz für Röntgenaufnahmen), giftig das als Enthaarungsmittel dienende Bariumsulfid. Bariumkarbonat, in Wasser unlöslich, aber in der Salzsäure des Magens löslich. Rattengift. Da geschmacklos, in Speisen leicht beizubringen. Zufällige und absichtliche Vergiftungen. Grammdosen sind tödlich. Macht Leibschmerzen, Durchfälle, Erbrechen, Lähmung der Muskulatur. Tod durch Herzlähmung. Sektion zeigt Blutungen im Magen. Nachweis: Grünfärbung der Flamme, Fällung durch Schwefelsäure.

Radium. Arzneimittel zur Strahlenbehandlung. Technisch zur Herstellung leuchtender Zifferblätter. Spuren, chronisch aufgenommen, lagern sich in Organen (Knochen) ab und können tödliche Blutschädigung (Anämie) verursachen.

Chrom. Chromsäure, starkes Ätzmittel. Kaliumchromat (gelb), Verwechslung mit Schwefel. Kaliumbichromat (orangerot), zum Gerben, in elektrischen Elementen. Gewerbliche Vergiftungen. Vereinzelt zu Mord, Selbstmord und Abtreibung. Grammdosen können tödlich wirken. Chromate machen innerlich Leibschmerzen, blutiges Erbrechen, Durchfälle, Nierenschädigung bis zur Harnverhaltung. Sektion zeigt Verätzungen, Blutungen, Chromatfärbung im Magen, Nierenveränderungen. Nachweis durch Wasserstoffsuperoxyd als blaue Überchromsäure.

Mangan. Manganoxyd (Braunstein) macht eigentümliche gewerbliche Vergiftung. Kaliumpermanganat (übermangansaures Kali) löst sich in Wasser mit violetter

Farbe. Dient als Desinfektionsmittel. Selbstmordfälle. Große Gaben machen Verätzungen, die den Tod zur Folge haben können.

Kupfer. Kupfersulfat (Kupfervitriol, blau) und Kupferazetat (Grünspan, grün). Selten zu Selbstmord und Mordversuchen. Tödliche Gaben 10—20 g. Machen starkes Erbrechen grünlicher Massen und ebensolche Durchfälle. Tod durch Gefäß- und Herzlähmung. Sektion: Entzündung und Schleimhautschwellung im Magen-Darm-Kanal. Nachweis: Ammoniak macht Blaufärbung.

Silber. Silbernitrat (Höllenstein) ätzt oberflächlich. „Argyrie" (Graufärbung der Haut) bei chronischer Silberaufnahme.

Gold. Goldverbindungen sind Arzneimittel gegen Tuberkulose. Medizinale Vergiftungen.

Zink. Farblose Salze als Arzneimittel. Chlorzink ist starkes Ätzmittel. Lösung versehentlich oder absichtlich getrunken. Zinksulfat (Zinkvitriol), Brechmittel wie Kupfersulfat.

Quecksilber. Als flüssiges Metall innerlich unschädlich. In Dampfform längere Zeit eingeatmet: chronische Schädigung. Wichtige berufliche Vergiftung. Ungiftige Verbindung: roter Zinnober. Alle anderen Verbindungen sind giftig. Quecksilberchlorid (Sublimat). In Pastillen, als Desinfektionsmittel, rot gefärbt. (Blaue Pastillen enthalten Quecksilberzyanid.) Häufig zu Selbstmord. Mordversuche seltener: Lösungen schmecken stark metallisch. Tödlich: Dezigrammdosen. Akute Vergiftung: Lokale Verätzung. Mundentzündung, Schmerzen, Erbrechen, blutige Durchfälle, Eiweiß im Harn, Harnverhaltung. Tod nach 2—4 Tagen. Chronische Vergiftung: Entzündung im Mund, Verdauungsstörungen, schleimige Durchfälle, nervöse Störungen (Zittern, Befangenheit, Lähmungen). Sektion zeigt lokale Verätzung an Einführungsstelle (z. B. Scheide). Schwellung, Geschwürsbildung, Blutungen, besonders im Dickdarm. Nierenentzündung. Nachweis: Auf blankem Kupferblech grauer Fleck, mit Jod rotes Quecksilberjodid.

Thallium. Farblose Salze (Azetat und Sulfat) medizinisch innerlich als Enthaarungsmittel. Neuerdings als Gift gegen Ratten und Mäuse (Zeliopaste, rot gefärbte Zelioweizenkörner). Zunehmende Selbstmorde. Mord selten. Vergiftung von Kindern durch Essen der ausgelegten Körner. Machen Übelkeit, Erbrechen, Fieber, Nierenreizung, Muskelzuckungen, Lähmungen. 2—3 Wochen nach Giftaufnahme: Haarausfall am ganzen Körper, Tod im Koma. Sektion: Kein Befund oder Blutungen im Magen-Darm, Nieren- und Leberschädigung. Verfettungen. Nachweis durch Grünfärbung der Flamme.

Blei. Bleioxyde: Bleiglätte (lachsfarben), Mennige (ziegelrot) und Bleiweiß (Bleikarbonat) sind wichtige, wasserunlösliche Anstrichfarben. Gehen im Magen-Darm-Kanal langsam in Lösung. Wasserlöslich ist der süßlich schmeckende Bleizucker (Bleiazetat), in Lösung als Bleiessig gebräuchlich. Akute Vergiftung durch Bleiweiß oder Bleizucker zu Mord und Selbstmord sehr selten. Häufiger Bleiglätte als Abtreibungsmittel. Tödliche Gaben etwa 20 g. Machen Erbrechen, Kolikschmerzen, Krämpfe, Lähmungen, Bewußtlosigkeit, Tod nach längerer Zeit. Chronische Vergiftung: Wichtigste gewerbliche Vergiftung. Blässe, Blutarmut, Bleisaum am Zahnfleisch. Magen-Darm-Störungen (Kolikschmerzen) mit Verstopfung, Gelenkschmerzen, Lähmungen der Hände, Sehstörungen, Hirnerkrankung. Fehlgeburten. Sektion meist nicht charakteristisch. Blei in Organen: Leber, Knochen. Nachweis durch Schwefelwasserstoff.

II. Organische Gifte (Kohlenstoffverbindungen).

Kohlenoxyd. Das reine Kohlenoxyd ist ein brennbares, farb- und geruchloses Gas und besitzt keine toxikologische Bedeutung. Es bildet zu 5—20% den giftigen Bestandteil des Leuchtgases und ist in dieser Form das heute am häufigsten gebrauchte Selbstmordmittel geworden. Neben Kohlensäure findet es sich weiter im Kohlendunst und anderen Verbrennungsgasen, die häufig Tod durch Unglücksfälle (Gasbadeofen, Automotoren, Explosionsgase) herbeiführen. Verlauf der akuten Vergiftung: Je nach der Konzentration des Kohlenoxyds in der Einatmungsluft setzen früher oder später Vergiftungserscheinungen ein, wie Benommenheit, Kopfschmerzen, Übelkeit, Erbrechen, Schwindel, Herzklopfen, plötzlich eintretende Schwäche (Unfähigkeit, das Fenster zu öffnen), Bewußtlosigkeit, manchmal Krämpfe. Tod durch Atmungslähmung. Bei Wiederbelebung können Nachkrankheiten folgen: Zucker im Harn, Herzschwäche, Sehstörungen, Organblutungen (Haut), Lähmungserscheinungen (Blase, Darm), nervöse Störungen aller Art, Gehirnerkrankungen. Wiederholte Aufnahme kleiner Kohlenoxydmengen führt zu „chronischer Vergiftung" ohne kriminelle Bedeutung. Sektion: kirschrote Leichenflecke. Im Blut Kohlenoxyd-Hämoglobin (chemisch und spektroskopisch nachzuweisen), kapillare Blutungen in Haut und Organen. Organdegeneration.

Kohlensäure. Farb- und geruchloses, nicht brennbares Gas, das spezifisch schwerer ist als die Luft und sich in den tiefen Teilen eines Raumes ansammelt. Dadurch lebensgefährlich in Gärkellern, Schächten, Gruben. In Bomben im Handel. Neben Kohlenoxyd in Verbrennungsgasen. Vergiftung: Beschleunigung der Atmung, Atemnot, Bewußtlosigkeit, Krämpfe, Atmungsstillstand. Sektion: Gesicht blau, Organblutungen, Lungenödem.

Blausäure, Zyanide, Bittermandelöl. Blausäure in Dampfform riecht eigentümlich, dient als Entwesungsmittel gegen Insekten (Kleiderläuse, Wanzen, Mehlmotte) und kann bei diesem Gebrauch zu tödlicher Verunglückung führen. Hinrichtungsmittel in den Vereinigten Staaten von Nordamerika. Selbstmordmittel bei Chemikern. Häufiger Mord und Selbstmord durch das wichtigste Salz der Blausäure, das Zyankali. Dieses leicht zugänglich wegen Verwendung in der Goldindustrie (galvanische Bäder). Tödliche Gaben von Zyankali: Dezigramme. Aus Zyankali bildet sich im Magen freie Blausäure. Nicht aus den praktisch ungiftigen Ferro- und Ferrizyankali (gelbes und rotes Blutlaugensalz). Selten Todesfälle durch bittere Mandeln (tödliche Gabe 50 g) und andere, bitter schmeckende Fruchtkerne (Pfirsich, Pflaume, Kirsche). Vergiftung: Blausäuredampf, eingeatmet, oder Zyankali, in Substanz oder in wässeriger Lösung verschluckt, kann in wenigen Minuten durch Atmungslähmung zum Tode führen, unter Krämpfen und Bewußtseinsverlust. Bei langsamerer Vergiftung treten erst Schwindel, Angstgefühl, Übelkeit, Erbrechen, Atemnot, Pupillenerweiterung, Krämpfe auf. Aussehen dabei rosig. Sektion: Totenflecke hellrot. Blut in Organen, auch in Venen, hellrot. Zyankali macht Verätzung im Magen wie Alkalien. Nachweis: Geruch charakteristisch. Mit Eisensalzen Berlinerblauprobe.

Petroleum, Benzin, Benzol. Petroleum und Benzin wirken schwach, Benzol stark narkotisch, letzteres etwa so stark wie Chloroform. Getrunken: Lokale Reizung im Magen-Darm-Kanal, Kopfschmerz, Rausch, Bewußtlosigkeit. Benzoldämpfe, chronisch eingeatmet, machen Blutarmut. Sektion: Blutüberfüllung der Organe, Blutungen.

Alkohole. Methylalkohol (Methanol, Holzgeist), Bestandteil des denaturierten Spiritus. Verwechslung mit Äthylalkohol. Fälschungsmittel alkoholischer Getränke. Todesfälle durch Verwechslung nicht selten. Tödliche Mengen von etwa 50 g an. Berauschende Wirkung gering. Erscheinungen von Übelkeit, Erbrechen, Sehstörungen treten erst nach Stunden auf. Krämpfe, Atemlähmung. Sektion: Nicht charakteristisch. Nachweis: Oxydation zu Formaldehyd.

Äthylalkohol. Akute tödliche Vergiftungen am häufigsten durch Trinken von Branntwein (Weinbrand, Rum, Kirschgeist) mit 40—50% reinem Alkohol. Trinkwetten, auch Selbstmordfälle. Mord bei Kindern (20—30 g Schnaps für diese gefährlich). Tödliche Mengen für Erwachsene bei raschem Trinken etwa 3/4 Liter Branntwein. Vergiftung: Nach kurzer Erregung Bewußtlosigkeit (Narkose) und Tod durch Atemlähmung. Bei langsamer Vergiftung und Wiedererholung: Übelkeit, Erbrechen, Kopfschmerz. Chronische Vergiftung s. d. Art. Alkoholismus. Sektion: Blutüberfüllung, Blutungen. Nachweis: Geruch. Jodoformprobe.

Äther, Chloroform (Inhalationsnarkotika). Narkosetodesfälle. Selbstmord durch Einatmung oder Trinken. Verbrecherische Betäubung meist durch Chloroform. Chronische Einatmung oder Trinken von Äther führt zur Sucht. Wirkung wie Äthylalkohol. Im Anschluß an Äthernarkose: Erkrankung der Atmungsorgane, im Anschluß an Chloroformnarkose: Organverfettungen. Chloroformähnlich wirken moderne chlorhaltige Lösungsmittel der Technik wie Tetrachlorkohlenstoff (Feuerlöschmittel), Trichloräthylen u. a.

Schlafmittel (Hypnotika). Chloralhydrat, das älteste künstliche Schlafmittel, noch heute gebraucht; chronischer Gebrauch führt zu „Chloralismus". Toxikologisch wichtigste, moderne Schlafmittel sind Veronal und Luminal. Besonders häufig dienen beide zu Selbstmorden. Mord selten. Tödliche Gaben beider von 4 g an. Vergiftungsverlauf: Schlaf, Bewußtlosigkeit, Muskelerschlaffung, Tod durch Atmungslähmung meist erst nach Stunden. Pupillen bei Veronalvergiftung oft eng. Sektion zeigt nichts Bemerkenswertes. Nachweis: von Veronal aus Organen Reingewinnung in Kristallform. Andere Schlafmittel wie Phanodorm, Noctal, Adalin, Somnifen fanden gleichfalls zu meist erfolglosen Selbstmordversuchen Verwendung.

Aldehyde. Formaldehyd (40%ige Lösung = Formalin). Wichtiges Desinfektionsmittel. Dämpfe, eingeatmet, reizen die Schleimhäute. Flüssigkeit getrunken macht Verätzung im Magen-Darmkanal. Vergiftungen durch Verwechslung, Selbstmord. Paraldehyd. Eigentümlich riechende Flüssigkeit dient als wenig giftiges Schlafmittel. Metaldehyd. Kommt in Form weißer, fast geschmackloser Tabletten als „Meta"-Brennstoff (fester Spiritus) in den Handel. Gefährliches Gift für Kinder, die schon durch Verschlucken einer Tablette schwer vergiftet werden können. Tod durch Gehirnentzündung.

Essigsäure. Als farblose, flüssige Essigessenz (mit 80% Essigsäure) in Haushaltungen vorrätig. Selbstmord. Mord an Kindern. Tödliche Gabe 50 g. Macht, wie konzentrierte Mineralsäuren, doch meist weniger stark, Leibschmerzen, blutiges Erbrechen, blutigen Harn, Bewußtseinstrübung, Herzschwäche. Sektion zeigt Essiggeruch, Verätzung der Schleimhäute und Hämatinbildung wie durch Mineralsäuren.

Oxalsäure. Freie Oxalsäure (Zuckersäure) und ihr als Fleckenentfernungsmittel in Haushaltungen gebräuchliches Kalisalz, das Klee-(Sauerklee-)Salz, bilden farblose, in Wasser lösliche Kristalle. Selbstmord (namentlich bei Frauen) und Mord (langsam kleine Gaben), Verwechslung. Geschmack nicht unangenehm säuerlich. Tödliche Gaben 10—30 g. Vergiftungsverlauf: Schmerzen, Erbrechen, Erregung bis zu Krämpfen, oft durch rasch eintretende Herzschwäche früher Tod. Bei langsamerem Verlauf Nierenschädigung (Eiweiß im Harn) bis zur Harnverhaltung. Sektion: Verätzung im Magen-Darm-Kanal. Hämatinbildung. Kristalle von oxalsaurem Kalk namentlich in Nieren. Diese für den Nachweis wichtig.

Phenol, Lysol. Phenol (Karbolsäure), früher in wässeriger Lösung als Wunddesinfektionsmittel vielfach gebraucht, ist in Form der flüssigen Karbolsäure ein starkes Ätzgift für Haut und Schleimhäute. Tod durch Verwechslung der meist rötlich gefärbten, eigentümlich riechenden, süß schmeckenden, öligen Flüssigkeit. Ähnlich wirkt, doch schwächer und langsamer, das braun gefärbte Lysol (Kresolseifenlösung), früher namentlich als leicht zugängliches Desinfektionsmittel viel zu Selbstmorden gebraucht. Tödliche Gaben: Karbolsäure 10 g. Lysol 50 g. Vergiftungsverlauf: Brennen im Rachen und Magen. Übelkeit, Erbrechen, manchmal Krämpfe, oft rasche Lähmung von Herz und Atmung. Harn oft dunkel. Sektion: Weiße bzw. braungraue Ätzschorfe im Mund und Magen-Darmkanal. Starker, charakteristischer Geruch von Phenol und Lysol. Nachweis: Wässeriges Destillat weißer Niederschlag durch Bromwasser, Blaufärbung durch Eisenchlorid.

Salizylsäure, Aspirin. Salizylsäure und ihr Natronsalz werden in großen Gaben (bis zu 10 g täglich) als Arzneimittel gegen Gelenkrheumatismus gebraucht. Derartige Gaben können Gebärmutterblutung und Abort verursachen. Aspirin (Azetylsalizylsäure) ist in manchen Ländern (Ungarn) ein vielgebrauchtes Selbstmordmittel geworden. Tödliche Gabe: 30—40 g.

Nitrobenzol (Mirbanöl). Billiger Ersatz des ähnlich riechenden Bittermandelöls. Läusemittel. Abtreibungsmittel (s. d. Art. Innere und äußere Abtreibungsmittel). Tödliche Gabe: sehr schwankend (10—20 g). Vergiftungsverlauf: Blausucht (Gesicht, Lippen), Schwindel, Kopfschmerz, Atemnot, Bewußtseinsstörung, Tod im Koma. Bei langsamem Verlauf: Gelbsucht, Harnverhaltung. Sektion: Bittermandelölgeruch, Blut und Organe braun durch Methämoglobin.

Pikrinsäure. Die gelb gefärbte, bitterschmeckende, kristallisierte Pikrinsäure hat Verwendung gefunden zur Erzeugung künstlicher Gelbsucht (Militärdiensthinterziehung), Selbstmordmittel. Tödliche Gabe: über 10 g.

Anilin. Ölige, eigentümlich riechende Flüssigkeit. Lösungsmittel für organische Farbstoffe (zu Stempelfarbe, Lederfarbe). Azetanilid (Antifebrin) dient als Fiebermittel. Arzneiliche Vergiftung bei Azetanilid. Bei Anilin gewerbliche Vergiftungen. Selbstmorde. Tödliche Gabe: Individuell sehr verschieden. Vergiftungsverlauf ähnlich wie bei Nitrobenzol.

III. Pflanzengifte.

Opium, Morphin. Opium, getrockneter Michsaft der Mohnköpfe, braune Masse, enthält als wichtigstes Alkaloid das Morphin. Andere Präparate aus Opium: Kodein, Dionin, Heroin, Eukodal, Pantopon. Medizinale Vergiftungen, Selbstmord, Mord. Tödliche Gaben: Für Säuglinge wenige Tropfen Opiumtinktur, wenige Milligramme Morphin. Für Erwachsene: 1—2 g Opium, Dezigramme Morphin. Bei Morphinismus bzw. Opiumsucht (s. d. Art. Rauschgifte) Gewöhnung an vielfach tödliche Gabe. Akute Vergiftung: Fortschreitende Lähmung des Zentralnervensystems, Schlaf, Bewußtlosigkeit, Atemverlangsamung, Atemstillstand. Bei Kindern Krämpfe. Charakteristisch bei verlangsamter Atmung enge Pupillen. Chronische Vergiftung = Morphinismus. Sektion: Keine besonderen Veränderungen. Nachweis in Leichenteilen: Chemisch Blaufärbung durch Eisenchlorid, Violettfärbung mit Marquis' Reagens. Pharmakologisch: Für Mäuse doppelt so giftig wie für Frösche, eigentümliche Mäuseschwanzreaktion.

Kokain. Das Alkaloid der Kokablätter. Medizinale Vergiftungen bei Verwendung zur Lokalanästhesie. Selbstmorde. Tödliche Gaben: Dezigramme. Akute Vergiftung: Erregung des Zentralnervensystems, Rausch, Delirien, Krämpfe, Pupillenerweiterung, Muskelstarre, Kollaps, Atemstillstand. Chronische Vergiftung: Kokainismus (s. d. Art. Rauschgifte). Sektion: negativ. Nachweis: Chemisch mit Chlorwasser und Palladiumchlorür. Pharmakologisch: 3—4mal giftiger für Mäuse als für Frösche. Empfindungslosigkeit auf der Zunge.

Atropin, Skopolamin. Alkaloide von Tollkirsche, Stechapfel und Bilsenkraut. Vergiftung von Kindern durch Essen von Tollkirschenbeeren (tödlich von 5 Stück an). Medizinale Vergiftungen durch Asthmatee, Augentropfen, Überdosierung von Skopolamin. Selbstmord. Mord auch durch Pflanzenteile. Tödliche Gaben der Alkaloide: Zentigramme. Vergiftungsverlauf: Trockenheit im Munde, Schlingbeschwerden, Pupillenerweiterung, Sehstörungen, Rötung von Hals und Gesicht, Pulsbeschleunigung, Rausch, Delirien, Krämpfe, Atemlähmung. Sektion negativ. Nachweis: Chemisch durch Salpetersäure und Kalilauge (Violettfärbung). Pharmakologisch: Beide Alkaloide sind für Mäuse 2mal giftiger als für Frösche. Pupillenerweiterung.

Physostigmin. Alkaloid der Kalabarbohne, die in Westafrika zu Gottesurteilen dient. Arzneiliche Vergiftungen, Selbstmord.

Nikotin. Alkaloid der Tabaksblätter. Tödliche Vergiftungen durch Rauchen. Selbstmord durch Tabakauszüge, die zur Insektenbekämpfung dienen. Selbstmord auch durch Nikotin, Mord (Fall Graf Bocarmé 1850 in Belgien). Tödliche Gaben: Von Nikotin Zentigramme, Klistier mit Auszug aus 2 g Tabak. Abort bei Tabakarbeiterinnen. Akute Vergiftung: Speichelfluß, Übelkeit, Erbrechen, Durchfall, Muskelschwäche, Kopfschmerz, Ohnmacht, Krämpfe, Herzschwäche, Kollaps. Chronische Vergiftung durch Tabakrauch macht Gefäßschädigungen, Herzbeschwerden, Sehstörungen. Sektion: Tabakgeruch, sonst negativ. Nachweis: Chemisch durch Jodlösung (Roussin-Kristalle). Pharmakologisch: Für Mäuse 3mal giftiger als für Frösche. Froschwirkung charakteristisch (Beinstellung). Blutegelkontraktion.

Cytisin. Alkaloid des Goldregens. Vergiftung von Kindern durch Genuß von Blüten und Samen. Wirkung der des Nikotins ähnlich.

Coniin. Alkaloid des gefleckten Schierlings und der Hundspetersilie. Verwechslung der Blätter mit Petersilie, der Samen mit Anis, führt zu Vergiftungen. Hinrichtungsmittel im Altertum (Schierlingsbecher des Sokrates). Mord durch Coniin (Dr. Jahn, Dessau 1861). Vergiftungsverlauf: Von den Beinen aufsteigende Lähmung. Tod durch Atemlähmung bei erhaltenem Bewußtsein. Sektion negativ. Geruch nach Mäuseharn. Botanisch: Pflanzenreste. Pharmakologisch: 5mal giftiger für die Maus als für den Frosch.

Colchicin. Giftiger Bestandteil der Herbstzeitlose. Vergiftungen mit Pflanzenteilen, Tinktur oder reinem Colchicin. Arzneimittel gegen Gicht. Giftmord. Tödliche Gabe von Colchicin: Zentigramme. Vergiftungsverlauf: Wirkung tritt spät auf (Gegensatz zu anderen Pflanzengiften). Cholera-ähnlicher Brechdurchfall (wie durch Arsenik). Tod durch Atmungslähmung. Sektion negativ. Nachweis: Chemisch Salzsäure und Eisenchlorid (Grün- bzw. Rotfärbung). Pharmakologisch: Für Mäuse 500mal giftiger als für Frösche. Giftigkeit für Frösche durch Erwärmen gesteigert.

Veratrin. Das Alkaloid der zur Herstellung von Läuseessig dienenden Sabadillsamen und das ebenso wirkende Alkaloid des weißen Nieswurz (Veratrum album) haben nur geringe toxikologische Bedeutung.

Akonitin. Das Alkaloid des Sturmhuts (Aconitum Napellus) führte durch Überdosierung zu medizinalen Vergiftungen, die Pflanze selbst und ihre Teile vielfach zu Giftmorden. Tödliche Gaben des Alkaloids: Milligramme. Vergiftungsverlauf: Brennen im Munde, Kribbeln und Ameisenlaufen in den Gliedern, Kältegefühl, Pulsverlangsamung, Herz- oder Atmungstod. Sektion negativ. Nachweis: Pflanzenteile mikroskopisch. Chemisch Alkaloidreaktionen. Pharmakologisch: Peristaltik am Froschherzen.

Chinin. Alkaloid der Chinarinde, das stark bitter schmeckende Chinin ist Malariamittel, verursacht Wehen und dient als Abtreibungsmittel. Große Gaben (10—20 g) zu Selbstmord.

Strychnin. Das Alkaloid der Strychnossamen (Brechnüsse, Krähenaugen) dient als Gift für Mäuse (Mäuseweizen), wilde Kaninchen, Füchse. Arzneiliche Verwendung als Bitter- und Nervenmittel. Zu Mord und Selbstmord, trotz des sehr bitteren Geschmackes. Tödliche Gaben: Zentigramme. Vergiftungsverlauf: Schon bald Zuckungen in Muskeln, gesteigerte Reflexerregbarkeit, Muskelsteifheit, Kinnbackenkrampf, Streckkrampf. Tod nach mehreren Krampfanfällen. Sektion: Auffallende Totenstarre, Blutaustritt in den Organen. Nachweis: Chemisch durch Kaliumbichromat und Schwefelsäure (Violettfärbung). Pharmakologisch: Für Mäuse 20—30mal giftiger als für Frösche, Streckkrämpfe bei beiden Tierarten.

Cicutoxin. Giftiger Bestandteil des Wasserschierlings (Cicuta). Nur Vergiftungen durch Pflanzenteile, meist durch die knollige Wurzel. Verwechslung mit Sellerie. Giftmorde in Ostpreußen. Vergiftung: Zuckungen, Schreikrämpfe, Tod im Krampfanfall. Sektion negativ. Nachweis von Pflanzenteilen mikroskopisch. Pharmakologisch: Charakteristische Krämpfe am Frosch (Pikrotoxinstellungen).

Pikrotoxin. Gift der indischen Kokkelskörner (zum Fischfang). Kokkelskörner vereinzelt zu Mord, zufälligen Vergiftungen. Wirkung wie Cicutoxin.

Digitalis, Strophanthus, Scilla. Diese Pflanzen enthalten als Arzneimittel und Gifte wichtige Glykoside. Digitoxin (Digitalin) in den Fingerhut-(Digitalis-)blättern. Strophanthin in den afrikanischen Strophanthussamen, Scillaren in der Meerzwiebel (Scilla). Ähnlich wirkende Herzgifte sind in der Maiblume, im Goldlack und im Oleander enthalten. Meerzwiebel und ihre Präparate dienen als Rattengift, das auch für den Menschen giftig ist. Tödliche arzneiliche Vergiftungen durch Digitalisblätter, Strophanthin. Giftmorde (Digitalin: Dr. de la Pommerais, Paris 1863, Strophanthin: Dr. Richter, Bonn 1929). Vergiftungsverlauf: Übelkeit, Erbrechen, anfänglich meist Pulsverlangsamung, später Beschleunigung, Schwäche, Angstgefühl, Angstschweiß, oft plötzlicher Herzstillstand. Sektion negativ. Nachweis: Pharmakologisch: Diese Glykoside sind giftiger für Frösche als für Mäuse, z. B. Strophanthin 25mal. Systolischer Stillstand am Froschherzen.

Mutterkorn (Secale cornutum), Pilzwucherung auf Roggen. Daraus Mutterkornextrakte (Ergotin). Mutterkornalkaloide Ergotoxin und Ergotamin, im Handel als Gynergen und Clavipurin. Vergiftungen, medizinale und bei Verwendung als Abtreibungsmittel (s. d. Art. Innere und äußere A.). Tödliche Gaben hängen vom Alter der Droge ab. Schwere Vergiftung schon durch 4 g frische Droge. Vergiftungsverlauf: Akute Vergiftung: Übelkeit, krampfhaftes Würgen, Heißhunger, unstillbarer Durst, Ameisenlaufen, Kribbeln, Krämpfe, Muskelzuckungen, Gebärmutterblutungen, blutiger Harn. Chronische Vergiftung: Magendarmerscheinungen, Muskelzuckungen, Kontrakturen der Beugemuskeln, Krämpfe, brandiges Absterben der Extremitäten. Sektion: Bei chronischen Fällen Gefäßveränderungen, Blutungen in inneren Organen, Thrombosen, Gangrän. Nachweis: Mutterkorn mikroskopisch, chemisch Färbungsreaktionen.

Giftpilze. Meist Verwechslung mit eßbaren Pilzen. Tödliche Vergiftungen durch Fliegenpilz, Knollenblätterschwamm, nicht genügend ausgekochte Lorcheln.

Bakteriengifte. Zu Mord und Selbstmord benutzt: Diphtherietoxin (Dr. Patschenko Petersburg 1910), Tetanustoxin. Kulturen von Typhus-, Cholerabazillen u. a. (Dr. Heyde, Kansas City 1910, Hopf, Frankfurt 1913).

Nahrungsmittelvergiftungen. Nahrungsmittel werden giftig durch bakterielle Zersetzung (Fäulnis). Verschiedene Formen der Vergiftung, je nach Bakterienart. a) Magendarmerscheinungen (Brechdurchfall) namentlich durch Paratyphusbazillen. b) Erscheinungen am Nervensystem (atropinähnlich) bei „Botulismus" durch Bacillus botulinus.

Ätherische Öle. Wirksame Bestandteile aromatisch riechender Pflanzen, aus diesen durch Wasserdampfdestillation gewonnen. Terpentinöl. Große Mengen getrunken zu Selbstmordversuchen. Häufigste kriminelle Verwendung von ätherischen Ölen oder ihren Stammpflanzen zur Abtreibung (s. d. Art. Innere und äußere A.). Verwendung finden: Bernsteinöl, Rosmarinöl, Sadebaumöl neben Abkochungen von Zweigen des Sadebaums (Sabina), Thujon (meist in Form von Abkochungen aus Zweigen des Lebensbaums, des Rainfarns), Pulegon (aus der Poleiminze), Myristizin (meist in Form geriebener Muskatnüsse), Apiol (brauner oder grüner Extrakt aus der Petersilie in Gelatinekapseln). In Form der Pflanzenteile finden Verwendung Safran, Zweige der Eibe (Taxus), der Gartenraute. Vergiftungsverlauf: Lokale Reizung im Magen-Darm-Kanal, Gebärmutterkontraktionen, Gebärmutterblutungen, Abort, Krämpfe, Lähmungen, Nierenentzündungen, blutiger Harn. Sektion: Blutüberfüllung, Entzündung, Blutaustritte im Magen-Darm-Kanal und anderen Organen. Verfettungen. Nachweis: Im Wasserdampfdestillat charakteristischer Geruch. Physikalisch durch Refraktometer und Siedepunktsbestimmung.

Chenopodiumöl. Amerikanisches ätherisches Öl als Mittel gegen Spulwürmer. Tod durch Überdosierung, Fahrlässigkeit, Selbstmord. Vergiftung: Übelkeit, Erbrechen, Benommenheit, Bewußtlosigkeit, Krämpfe, Atemlähmung. Sektion: Blutüberfüllung der Organe, Verfettungen.

Filixextrakt. Das Extrakt aus dem Wurmfarn ist das wichtigste Bandwurmmittel. Vergiftungsfälle durch Überdosierung. Wirkung: Übelkeit, Erbrechen, Durchfälle, Krämpfe mit aufsteigender Lähmung, Gelbsucht, Sehstörungen, Lähmung von Herz und Atmung.

IV. Tiergifte.

Trichinen. Seltene Nahrungsmittelvergiftung durch Genuß von mit Trichinen infiziertem Fleisch. Diese Würmer enthalten ein Gift, das die Atmung lähmt.

Canthariden (spanische Fliegen). Diese offizinelle Käferart und ihr verwandte finden als gefährliches sexuelles Erregungsmittel Verwendung; auch zu Giftmorden. Als Arzneimittel äußerlich: Blasenbildung. Innerlich: Magen-Darm-Entzündung, Nierenentzündung, Nierenblutungen, sexuelle Erregung. Nachweis in Leichenteilen: Mikroskopisch.

Skorpione. Kindermorde durch Skorpionstich bei Chinesen.

Schlangen. In Deutschland nur eine Giftschlange: Kreuzotter. Todesfälle beim Beerensuchen. Biß in Hand und Fuß. Viele tödliche Vergiftungsfälle durch Schlangenbiß in den Tropen. Selbstmord der ägyptischen Königin Kleopatra durch den Biß einer Giftschlange.

Schrifttum:

Allgemeines und Kasuistik: Starkenstein, Rost, Pohl, Toxikologie, Berlin 1929. — Flury und Zangger, Toxikologie, Berlin 1928 .— Leschke, Vergiftungen, München 1933. — Lewin, Gifte und Vergiftungen, Berlin 1929. — Derselbe, Gifte in der Weltgeschichte, Berlin 1920. — v. Hofmann-Haberda, Lehrb. d. gerichtl. Medizin, 11. Aufl., Berlin 1927. — Lochte, Ziemke, Müller-Heß, Hey, Wiethold, Gerichtl. Medizin, Berlin 1930. — Sammlung von Vergiftungsfällen, 1—4. Berlin 1930—33.

Giftnachweis: Brüning, Chemische Untersuchungsmethoden, dieses Handwörterbuch der Kriminologie, S. 207. — Gadamer, Chemische Toxikologie, 2. Aufl., Göttingen 1924. — Fühner, Nachweis und Bestimmung von Giften auf biolog. Wege, Berlin 1911.

Hermann Fühner.

Verhaftung s. Untersuchungshaft, Festnahme, Verwahrung (polizeiliche).

Verkehrspolizei.

1. Rechtsquellen. Die Verkehrspolizei ist ein Ausfluß der Polizeigewalt. Sie stützt sich materiell auf das allgemeine Polizeirecht der Länder. Die Polizei-Generaldelegation, nach Suarez „Die nötigen Anstalten zur Erhaltung der öffentlichen Ruhe, Sicherheit und Ordnung sowie zur Abwendung der dem Publikum und dessen einzelnen Mitgliedern bevorstehenden Gefahren zu treffen, ist das Amt der Polizei", aus dem § 10 II 17 des Preußischen Allgemeinen Landrechts ist ihrem Gegenstande nach wohl in allen deutschen Ländern der Polizeigewalt materiell zu Grunde gelegt. Sie ist für Preußen in § 14 PolVerwG. vom 1. VI. 1931 in anderer Fassung ohne Änderung ihres Sinnes übernommen worden. Hierzu sagt die Begründung des Gesetzes: „Der Entwurf schlägt vor, die praktisch in jeder Beziehung bewährte Begriffsbestimmung des § 10 II 17 ALR. sachlich unverändert, nur im Wortlaut etwas modernisiert, gesetzlich festzulegen. Die Worte: „nach ihrem Ermessen" sind mit Rücksicht auf die Rechtsprechung eingefügt, um das Opportunitätsprinzip für die Polizeibehörde unzweideutig festzulegen. Danach ist also Verkehrspolizei Aufrechterhaltung der Ordnung und Sicherheit und Abwehr von Gefahren. Maßnahmen der Verkehrspolizei haben einzusetzen, wenn sie die Polizei nach ihrem Ermessen für erforderlich hält. Das Ermessen ist ein pflichtmäßiges. Je nach den wechselnden Tatbeständen ergibt sich eine untere und obere Ermessensgrenze, innerhalb deren die Polizei einschreiten muß, wenn dieses Einschreiten nach pflichtmäßigem Ermessen geboten ist.

Im Rahmen dieser Grenzen kann die Verkehrspolizei die Polizeiverordnung oder die polizeiliche Verfügung anwenden. Soweit die Verkehrspolizei in Polizeiverordnungen bestimmte Tatbestände unter Strafe stellt, ist sie selbst bei der Verfolgung von Übertretungen ihrer Verordnungen gebunden. Derartige Polizeiverordnungen richten sich — wie alle Polizeiverordnungen — im Rahmen ihrer räumlichen und zeitlichen Begrenzung an alle Personen. Darüber hinaus hat die Verkehrspolizei das für den einzelnen Fall gegen die einzelne Person oder einen beschränkten Personenkreis wirksame Mittel der polizeilichen Verfügung, die sich gerade im Rahmen dieses Polizeizweiges vielfach auch in Zeichen von Polizeibeamten, deren Bedeutung als bekannt vorausgesetzt und deren Kenntnis verlangt wird, ausdrückt. Die polizeilichen Verfügungen können sowohl im Rahmen des Allgemeinauftrages der Verkehrspolizei liegende Handlungen der Verkehrsteilnehmer erzwingen als auch solche, deren Befolgung durch Polizeiverordnung oder andere Reichs- und Landesgesetze verlangt wird und deren Nichtbefolgung unter Strafe gestellt ist.

Damit sind als weitere Rechtsquellen für die Tätigkeit der Verkehrspolizei die auf dem Gebiete des Verkehrs erlassenen Reichs- und Landesgesetze gekennzeichnet. Unter diesen Reichs- und Landesgesetzen ist insbesondere das Reichsgesetz über den Verkehr mit Kraftfahrzeugen und das Luftverkehrsgesetz zu nennen. Beide Gesetze sind Rahmengesetze und überlassen den Hauptinhalt der einzelnen Bestimmungen den zu ihnen gehörigen Reichsrechtsverordnungen, die auf diese Weise ohne Inanspruchnahme des schwerfälligen Gesetzgebungsapparates ständig der Zeitentwicklung angepaßt werden können und angepaßt werden. Die Reichsverfassung legt im Art. 7, 19 die Zuständigkeit des Reiches für die Gesetzgebung auf dem Gebiete des Verkehrs von

Kraftfahrzeugen zu Lande, zu Wasser und in der Luft fest. Von dieser dem konkurrierenden Gesetzgebungsrecht des Reiches zuzurechnenden Befugnis hat das Reich auf dem Gebiete des Kraft- und Luftverkehrs Gebrauch gemacht. Damit ist auf diesen Gebieten für die Landesgesetzgebung kein Raum mehr. Die neue Reichs-Straßenverkehrs-Ordnung vom 28. V. 1934 (RGBl. S. 457) regelt in Ausführung des Ges. über den Verkehr mit Kraftfahrzeugen den gesamten Straßenverkehr durch die Länder erschöpfend. Sie läßt für Polizeiverordnungen der Verkehrspolizei nur da Raum, wo sie es ausdrücklich bestimmt.

Der Eisenbahnverkehr ist nicht Sache der Verkehrspolizei im engeren Sinne. Seine verkehrspolizeiliche Behandlung liegt in Händen der Eisenbahnverwaltung. Nur soweit Kleinbahnverkehr (also auch Straßenbahn) in Frage kommt, sind die auf diese bezüglichen Landesgesetze Rechtsquellen für die Verkehrspolizei. Die für den Verkehr auf Binnenwasserstraßen erlassenen Polizeiverordnungen stützen sich auf die Rechtsquellen der sonstigen Verkehrspolizei.

Neben diesen rechtsetzenden Zuständigkeiten hat die Verkehrspolizei wie die übrige Polizei nach der Strafprozeßordnung die Aufgabe, strafbaren Handlungen nachzuforschen und alle keinen Aufschub duldenden Handlungen vorzunehmen, um die Aufklärung der Tat herbeizuführen. Auf diesem Gebiet wird also nicht nur das spezielle Verkehrspolizei-Strafrecht, sondern auch das allgemeine Strafrecht zur Rechtsquelle für die Verkehrspolizei. Das spezielle Verkehrsstrafrecht ist in den vorangeführten Reichs- und Landesgesetzen enthalten.

2. Begriff und formelle Zuständigkeiten. Nach dem zu 1. Gesagten ist Verkehrspolizei in weiterem Sinne die Sorge für die Ordnung, Sicherheit und Leichtigkeit des Verkehrs auf öffentlichen Straßen, zu Lande, zu Wasser und in der Luft. Im engeren und gebräuchlichen Sinne versteht man unter Verkehrspolizei nur die Verkehrspolizei zu Lande; man bezeichnet die Verkehrspolizei der Luft als Luftpolizei (Luftaufsicht), die Verkehrspolizei zu Wasser als Wasserpolizei. Die beiden letzten Polizeiarten unterliegen mutatis mutandis den gleichen Voraussetzungen für ihre Tätigkeit wie die Verkehrspolizei in engerem Sinne. Sie stützen sich lediglich auf eine speziellere Gesetzgebung. Sie können für die Betrachtung im Folgenden ausscheiden; ihre Tätigkeit liegt auf ihrem Sondergebiet parallel.

In formeller Hinsicht kann man die Tätigkeit der Verkehrspolizei einteilen in Verwaltungspolizei, Exekutivpolizei und strafverfolgende Polizei. Der Verwaltungsverkehrspolizei liegt die Rechtsetzung ob und in engerem Sinne die bürokratische Ausführung der Gesetze mit ihrem weitverzweigten Form- und Formularwesen. Das Gebiet der Exekutiv-Verkehrspolizei ist die unmittelbare Regelung und Beaufsichtigung des Verkehrs, das der strafverfolgenden Verkehrspolizei die Untersuchung und Aufklärung von Verkehrsdelikten.

In tatsächlicher Hinsicht werden diese Tätigkeiten mit etwas überschneidender Zuständigkeit ausgeübt a) durch die Verwaltungspolizei, b) durch die Schutzpolizei, c) durch die Kriminalpolizei, d) durch die Landjägerei.

Die Verwaltungspolizei ist zuständig für den Erlaß von Polizeiverordnungen unter Mitwirkung der die praktische Erfahrung tragenden Schutzpolizei. Sie besorgt das Zulassungswesen für Kraftfahrzeugführer und Kraftfahrzeuge, spricht die Verbote für die weitere Inbetriebnahme von Fahrzeugen aus, entzieht die Fahrerlaubnis für Kraftfahrzeugführer und verbietet ungeeigneten Personen das Führen anderer Fahrzeuge und führerscheinfreier Kraftfahrzeuge, sie beaufsichtigt das Droschkenwesen und den Kraftlinienverkehr innerhalb und außerhalb der Gemeindebezirke, sie erläßt an die für die Unterhaltung der Wege und die Aufstellung von Verkehrszeichen verpflichteten Personen oder Körperschaften die notwendigen Anordnungen und verfügt die Aufstellung und Einziehung von Verkehrsschildern aller Art.

Die Schutzpolizei (s. d. Art.) stellt das Auge der Verwaltungspolizei auf der Straße dar. Sie hat auf Grund ihres besonderen Sachverständnisses und ihrer besonderen Erfahrung Vorschläge zu machen, die zu vielfachen Anordnungen der Verwaltungspolizei führen. Vor allem aber greift sie bei drohender Gefahr überall unmittelbar in den Ablauf des Verkehrs durch Anordnungen an Ort und Stelle (Verkehrsregelung) ein, sie ist ferner bei Verfolgung von Verkehrsdelikten (Untersuchung von Verkehrsunfällen, bei denen der Verdacht fahrlässiger Körperverletzung oder fahrlässiger Tötung vorliegt) das meist frühzeitig an Ort und Stelle befindliche Hilfsorgan der Kriminalpolizei oder der heute vielfach in größeren Orten eingesetzten besonderen Unfallkommandos.

Die Kriminalpolizei (s. d.) — in Großstädten durch besondere Verkehrsdezernate vertreten — untersucht Verkehrsunfälle, bei denen der Verdacht der fahrlässigen Körperverletzung oder der fahrlässigen Tötung vorliegt. Die Landjägerei (s. d.) schließlich übt auf dem Lande die Tätigkeit der Schutz- und

Kriminalpolizei aus, soweit nicht an Stelle der letzten Landeskriminalpolizei hier tätig werden kann.

3. Die sachlichen Aufgaben der Verkehrspolizei. Die Verkehrspolizei greift in das gesamte Lebensgebiet des Verkehrs ein, Gegenstand ihres Aufgabenkreises sind a) die Führer von Fahrzeugen aller Art, b) die Fahrzeuge aller Art, c) die Fußgänger, d) die öffentlichen Wege, Straßen und Plätze mit ihren Fahr- und Gehbahnen, e) die Verkehrseinrichtungen aller Art, welche auf diesen Fahr- und Gehbahnen zu verkehrspolizeilichen Zwecken aufgestellt oder angebracht sind. f) der Fahrverkehr.

a) Die Führer von Fahrzeugen aller Art. An die Führer von Fahrzeugen muß die Verkehrspolizei mannigfache Anforderungen stellen. Ziel der Beobachtung der Führer von Fahrzeugen ist die Ausscheidung solcher Personen aus dem Verkehr, die durch körperliche, geistige oder sittliche Mängel die übrigen Verkehrsteilnehmer dauernd gefährden. Körperliche Mängel sind solche, die zur sicheren Führung der betreffenden Fahrzeugart ungeeignet machen. Geistige Mängel haben Verständnislosigkeit für die Rechtsordnung zur Folge. Sittliche Mängel sind bei solchen Personen vorhanden, die infolge sittlicher Schwäche (Trunkenheit, Roheit) oder infolge mangelnden Willens zur Befolgung der Rechtsordnung eine dauernde Gefahr darstellen. Soweit das Kraftfahrzeug in Frage kommt, werden alle diese Eigenschaften vor Erteilung des Führerscheins geprüft. Zusätzlich wird hier auch noch die technische Fähigkeit (Fahrkunst) und die Kenntnis der Verkehrsregeln gefordert. Bei Führern anderer Fahrzeuge kann die Verkehrspolizei erst einschreiten, wenn sich einer der vorbezeichneten Mängel amtlich herausstellt.

b) Fahrzeuge aller Art. Bei den Fahrzeugen sorgt die Verkehrspolizei für einen verkehrssicheren Zustand. Fahrzeuge, die infolge ihrer Bauart, ihres Alters oder eines sonstigen Mangels den Verkehr gefährden können, müssen aus dem Verkehr entfernt werden. Darüber hinaus unterliegt die Inbetriebnahme von Kraftfahrzeugen auf öffentlichen Straßen, Wegen und Plätzen einem bis ins einzelne gehenden Zulassungsverfahren. Dieses Zulassungsverfahren soll der Verkehrspolizei die Entscheidung über die Verkehrssicherheit durch Beibringung von Gutachten technischer Sachverständiger erleichtern. Neben dem Fahrzeug selbst unterliegt die Ausrüstung der Fahrzeuge mit den für die Sicherheit des Verkehrs wichtigen Ausrüstungsteilen der ständigen Aufsicht der Verkehrspolizei. Bremsen, Geräte für das Abgeben von Warnungssignalen (Hupen, Pfeifen u. a.), Fahrzeuganhänger, Kuppelungsvorrichtungen, Beleuchtung u. a. müssen betriebssicher sein und in ihrer technischen Ausgestaltung bestimmten, meist im einzelnen festgelegten Sicherheitsvorschriften entsprechen. Hier gehören in den Aufgabenkreis der Verkehrspolizei im Rahmen der Ausführung der Reichsgesetze auch Aufgaben, die nicht mehr polizeilichen Gesichtspunkten entsprechen, wie die Überwachung der Bereifung, die im wesentlichen dem Schutz der Wege gegen vorzeitige Zerstörung dient.

c) Fußgänger. Den Fußgängern gegenüber ist die Aufgabe der Verkehrspolizei eine doppelte. In erster Linie soll der Fußgänger vor den Gefahren geschützt werden, die ihm durch den Verkehr drohen. Im zunehmenden Maße aber wird auch der Fußgänger zu einer Gefahrenquelle für den Verkehr und muß daher auch solchen Vorschriften unterworfen werden, die die Verkehrspolizei überwacht, welche nicht nur seinem Schutz, sondern dem Schutz des übrigen Verkehrs dienen. Denn gerade das Bestreben der Schonung eines verkehrswidrig handelnden Fußgängers führt oft zu schweren Verkehrsunfällen und macht dann den Fußgänger allein oder mitschuldig am Verkehrsdelikt.

d) Überwachung der öffentlichen Wege. Der Zustand der Wege, auf denen der Verkehr stattfindet, ist wesentlich für seine Sicherheit. Damit wird die Überwachung des Personenkreises, der für den verkehrssicheren Zustand der Wege zu sorgen hat, Aufgabe der Verkehrspolizei. Die verantwortlichen Persönlichkeiten sind überwiegend Organe öffentlich-rechtlicher Körperschaften.

e) Verkehrseinrichtungen aller Art. Um auf den Verkehr Einfluß ausüben zu können, bedient sich die Verkehrspolizei zahlreicher verschiedenartiger Zeichen und Sicherungsvorrichtungen, die neuerdings unter dem nicht ganz glücklichen, viel mit den Regelungszeichen der Polizeibeamten zu verwechselnden Namen „Verkehrszeichen" zusammengefaßt sind. Sie werden in mehrere Gruppen eingeteilt.

I. Die Warnzeichen, das sind die dreieckigen rotumrandeten Schilder, die den Verkehr vor ihm drohenden Gefahren warnen.

II. Die Gebots- und Verbotszeichen, die in Polizeiverordnungen niedergelegte Ge- und Verbote bekanntgeben, wie Sperrungen, Geschwindigkeitsbeschränkungen, Straßenbeschränkungen, Parkverbote, Richtungsverbote u. a.

III. Hinweiszeichen, die auf besondere Einrichtungen, wie Parkplätze, Hilfsposten, auf den Namen der Ortschaften (Ortstafeln) oder auch die Richtung einer Straße (Wegweiser) oder schließlich auf die Verkehrsbedeutung (Hauptverkehrsstraße, Straße 1. Ordnung) hinweisen.

f) Der Fahrverkehr. Alle vorbezeichneten Aufgaben dienen der letzten, der Hauptaufgabe der Verkehrspolizei der Regelung und Überwachung des Fahrverkehrs. Innerhalb des Rahmens der sonst von der Verkehrspolizei für notwendig erachteten Beschränkungen und besonderen, örtlich verschieden angewandten Vorschriften gelten einige wichtige allgemeine Regeln: Rechts ausweichen, links Überholen! Abbiegen nach rechts in kurzem Bogen, nach links in weitem Bogen! Überholen der Straßenbahn rechts, an Haltestellen nur in Schrittgeschwindigkeit und bei entsprechendem Abstand! Herabsetzen der Geschwindigkeit oder Anhalten da, wo die Übersicht über die Fahrbahn behindert ist! Die wesentlichste und kriminologisch wichtigste Vorschrift lautet: „Jeder Teilnehmer am Verkehr hat sich so zu verhalten, daß er keinen Anderern schädigt oder mehr, als den Umständen nach unvermeidbar, behindert oder belästigt (§ 25 RStraßenVerkOrdn.). Hier ist also eine vom Kasuistischen freie Generalklausel geschaffen, die dem Verkehrsteilnehmer die Verantwortung für ein verkehrsgerechtes Verhalten auferlegt.

4. Wesen und Inhalt der Verkehrspolizei. Das Wesen der Verkehrspolizei erschöpft sich in der Erziehung der Verkehrsteilnehmer zu verkehrsgerechtem Verhalten. Diese Erziehung trägt alle Merkmale einer echten Erziehung, beginnend von der Belehrung über die Ermahnung und Verwarnung, schließlich zur Bestrafung übergehend. Dieses erzieherische Wesen tritt bei der Verkehrspolizei viel schärfer in den Vordergrund als bei vielen anderen Polizeiarten. Das liegt daran, daß die Tatsache der aus dem Verkehr hervorgehenden Gefahren allen Verkehrsteilnehmern an sich klar ist, daß aber die Faktoren, die zu Unfällen und damit zu Delikten führen, nicht richtig erkannt werden. Die Verursachung der Gefahren ist überwiegend auf Erziehungsfehler zurückzuführen. Damit tritt die kriminologische Bedeutung der Verkehrspolizei hervor. Denn kommt man den Gründen der Fehl-Erziehung — im Sinn einer an sich richtigen, ihr Ziel nicht erreichenden Erziehung — auf die Spur, so erfaßt man damit auch bereits die kriminologischen Wurzeln des dem Verkehrsunfall häufig zu Grunde liegenden Verkehrsdelikts. Die Fehl-Erziehung auf dem Verkehrsgebiet kann alle psychischen Grundlagen sonstiger Fehl-Erziehung haben. Gleichgültigkeit, Unfähigkeit zur inneren Aufnahme, Zerstreutheit, Unaufmerksamkeit, Unkenntnis sind die häufigsten Eigenschaften der Objekte der Erziehung. Nicht selten sind aber auch Rücksichtslosigkeit, die sich bis zur Brutalität steigern kann, mangelnder Gemeinsinn, grundsätzliche Ablehnung jeder Art behördlicher Vorschriften die Hindernisse, an denen die Erziehungsarbeit der Verkehrspolizei abprallt. Da neben den am Verkehr beteiligten Personen auch die Eigenschaften und Fehlerquellen der von ihnen geführten Fahrzeuge für die Beurteilung des Verkehrs und seiner Unfallquellen in Frage kommen, ist der weitere Inhalt verkehrspolizeilicher Tätigkeit Erkenntnis der technischen, äußeren Zusammenhänge im Verkehr. Die Fähigkeit zur Entscheidung, was vom Menschen und was vom Fahrzeug im Verkehr gefordert werden kann, die Fähigkeit zur Entscheidung darüber, welche Verkehrsfehler und Gefahrenquellen vom Menschen und welche vom Fahrzeug ausgehen, ist das Wesen der Verkehrspolizei.

Eine Auswertung der Berliner Unfallverkehrsstatistik ergibt nach Professor Ach im Jahre 1928 folgende Unfallursachen: Fahrzeug 3,8%, Fahrer 68,7%, Fußgänger 21,2%, Fahrbahn 3,8%, sonstige Ursachen 2,5%. Bei dieser Statistik muß beachtet werden, daß das günstige Abschneiden der Fußgänger auf die weitgehend durchgeführte Verkehrserziehung der Berliner Verkehrsteilnehmer zurückzuführen ist. Der Anteil der Fußgänger wird sich an anderen Orten stark zu Ungunsten der Fußgänger verschieben. Feststehend und durch viele andere Statistiken erwiesen ist, daß der Anteil der Fahrzeuge als Unfallursache (Fehler im Material) außerordentlich gering ist. Oberingenieur Wehr in Berlin unterscheidet (nach eigener Angabe in der Reihenfolge willkürlich) folgende Unfall-Verursachungsgruppen: 1. Unfälle, die durch innere Mängel des Fahrzeugs, und zwar a) solche, die durch Ermüdung des Materials (Überalterung), b) solche, die durch mangelhafte Pflege und Wartung und unsachgemäße Behandlung, Unkenntnis der Materie oder Nachlässigkeit des Fahrers entstehen. 2. Unfälle, die durch einen Mangel in der Person des Führers entstehen, und zwar a) solche, die auf körperliche Mängel (schlechte Augen, schlechtes Gehör, übergroße Nervosität), b) solche, die durch Übermüdung, c) solche, die durch übermäßigen Alkoholgenuß, d) solche, die durch Leichtsinn, e) solche, die auf übertriebenen Sport zurückzuführen sind. 3. Unfälle, die bei unvorschriftsmäßiger Ausbildung des Fahrers außerhalb des Rahmens einer Fahrschule entstehen. 4. Unfälle, die auf mangelhafte Verkehrsregelung in den Straßen der Großstadt zurückzuführen sind. 5. Unfälle, die auf schlechte Beschaffenheit der Straßen, vorzugsweise der Landstraßen, besonders auch beim Übergang von guten auf schlechte Straßen und auf vereiste Straßen bzw. nasse Asphaltstraßen zurückzuführen sind. 6. Unfälle, die auf das verkehrstechnisch falsche Verhalten der Straßenpassanten und anderer Fuhrwerke zurückzuführen sind. 7. Unfälle, die ohne ausgesprochene Schuld auf beiden Seiten auf eine Verkettung unglücklicher Zufälle zurückzuführen sind (Zeitschrift „Der Motorwagen", 20. II. 1929, Nr. 5). Ohne zu dieser Gruppierung Stellung zu nehmen, zeigt die Aufführung die Vielseitigkeit der Richtungen, in denen sich die Nachforschungen der Verkehrspolizei bei der Ergründung von Verkehrsunfällen bewegen müssen, wobei es reizvoll ist, daß auch ihr eigenes Verhalten selbstverständlich in diese Prüfung eingeschlossen werden muß.

5. Das Verkehrsdelikt. Es wurde bereits ausgeführt, daß eine Kriminologie des Verkehrsdeliktes nicht abgehandelt werden kann, ohne eine Kenntnis des gesamten Aufgabenkreises der Verkehrspolizei voranzuschicken. Verkehrsdelikte sind ihrer äußeren Qualität nach überwiegend Fahrlässigkeitsdelikte. Anschläge auf Kraftfahrzeuge oder Eisenbahntransporte können hier als nicht hierher gehörend ausgeschieden werden. Auch der Fahrzeugdiebstahl gehört nicht in das Gebiet des Verkehrsdelikts, obgleich er in seiner Durchführung sehr häufig eine Anzahl von Verkehrsdelikten zur Folge hat. Aber hier wird besonders klar, daß der Vorsatz des Täters nur selten (Angriff auf Leben oder Gesundheit eines Verfolgers) auf die Herbeiführung des strafbaren Erfolges gerichtet ist, sondern daß gegebenenfalls dolus eventualis hier vorliegen kann. Es ändert aber nichts daran, daß das eigentliche Verkehrsdelikt, nämlich die Körperverletzung und die Tötung, eben fahrlässige Körperverletzung oder fahrlässige Tötung sind. (Eine Anzahl von Formaldelikten wie Führen eines Fahrzeuges, ohne im Besitz eines Führerscheins zu sein, oder Führen eines nicht zugelassenen Fahrzeuges sind nach dem Kraftverkehrsgesetz Vergehen auf Grund des gegen sie festgesetzten Strafrahmens. Ohne verkehrspolizeiliche Bedeutung ist auch eine bestimmte Gruppe strafbarer Handlungen, die hier neben der Sache liegen, wie: Kraftfahrzeugdiebstahl, Verwendung von Kraftfahrzeugen zu gemeinen Verbrechen u. a., vgl. d. Art. Kraftwagen.) Gerade weil es sich beim Verkehrsdelikt stets darum handelt, nachzuweisen, ob Fahrlässigkeit oder Nichtfahrlässigkeit vorliegt, schiebt sich zwischen den Richter und den Täter der gesamte Komplex der polizeilichen Präventivnormen, die das Wesen der Verkehrspolizei ausmachen. Der Täter hat nachzuweisen, daß er sie befolgt hat, um seine Bestrafung zu vermeiden. Der Staatsanwalt hat zu prüfen und zu beweisen, welche verkehrspolizeilichen Normen verletzt sind, weil die Verletzung dieser Normen allein die Kausalitätskette bis zum strafbaren Erfolg begründen kann. Damit erhält die verkehrspolizeiliche Norm gegenüber allen anderen polzeilichen Normen eine ganz besondere, für alle Verkehrsbeteiligten schwerwiegende Note. Die Nichtbefolgung einer derartigen Norm kann das Kettenglied in der Kausalitätskette sein, das für die Verurteilung ausschlaggebend ist. Das Verkehrsdelikt steht seinem Wesen nach als ein reines Erfolgsdelikt außerhalb der kriminologischen Betrachtung aller übrigen Delikte. Denn es kann bei einer großen Anzahl von Tätern die kriminelle — das ist hier fahrlässige — Veranlagung Jahre, ja ihr Leben lang vorhanden sein, ohne daß es jemals zu einem strafbaren Erfolge kommt. Es kann auf der anderen Seite bei einem anderen Täter ohne diese Einstellung durch eine Verkettung subjektiv ungünstiger Umstände die kriminelle Einstellung nur ein einziges Mal vorgelegen haben. Mit anderen Worten spielen beim Verkehrsdelikt Glück und Pech des Täters eine Rolle.

Alle diese Umstände erfordern eine besonders gründliche Untersuchung hinsichtlich der Person des Täters, hinsichtlich seiner Einstellung zur Allgemeinheit, seiner Lebensführung, seiner Charaktereigenschaften usw. Hier muß die Kriminologie des Verkehrsdeliktes dem Wesen der Verkehrspolizei folgen und zunächst einmal feststellen, welchen Typ der Täter im Verkehrsleben darstellt. Diese Prüfung kann bereits in der Voruntersuchung oder in der polizeilichen Untersuchung vorgenommen werden. Die Mittel der Polizei eignen sich infolge der Verflechtung ihrer Organisation mit dem bürgerlichen Leben zu dieser Untersuchung besonders gut. Denn gerade im Zusammenhang mit der Kriminologie anderer Delikte muß hier der soziologischen Schichtung des Täters im Verkehrsdelikt ein besonderes Augenmerk zugewendet werden. Das Verkehrsdelikt entspringt keiner eigentlichen verbrecherischen Veranlagung, da fast ausschließlich der Erfolg nicht gewollt ist. Parallelen zur Veranlagung sonstiger krimineller Täter finden sich nur in der Einstellung zur Außerachtlassung der Rechtsordnung, deren Bruch hier aber — wie bereits ausgeführt — lediglich die kausalen Kettenglieder betrifft. Der Wille zur Körperverletzung oder Tötung fehlt. An seine Stelle treten eine Anzahl bereits geschilderter innerer Charaktereigenschaften des Täters. Typisch ist, daß die Strafe für das Verkehrsdelikt in der überwiegenden Zahl der Fälle Nichtvorbestrafte treffen wird. Hier muß bereits die kriminalsoziologische Unterscheidung eintreten. Der Typ des gewalttätigen, brutalen Täters, in dessen Vorleben sich Anzeichen durch Vorstrafen oder auf Grund sonstiger Ermittlungen finden, kann schonungsloserer Beurteilung unterliegen. Der andere Typ aber, bei dem mehr oder weniger persönliches Pech eine Rolle spielt, bedarf genauerer Betrachtung. Vielfach stellt sich heraus, daß derartige Täter persönliche Mängel hinsichtlich ihrer Entschlußfähigkeit oder hinsichtlich ihrer Schreckhaftigkeit haben, die ihnen selbst unbekannt waren. Gerade im Zusammenhang damit, daß derartige Personen vielfach nicht nur durchschnittlich ordentliche, sondern gelegentlich sogar besonders wertvolle Mitglieder der menschlichen Gesellschaft sind, ist nicht etwa außergewöhnliche Milde, wohl aber außergewöhnliche Sorgsamkeit in der Ergründung aller nur möglichen subjektiven Mängel erforderlich. Denn Aufgabe der strafverfolgenden Polizei wie des öffentlichen Anklägers ist auch hier — und hier ganz besonders —, die entlastenden Momente neben den belastenden Momenten herauszuarbeiten.

6. Der Tatort. Die äußere Feststellung der Faktoren, die zum Unfall und damit zum Verkehrsdelikt geführt haben, ist der sonstigen kriminalpolizeilichen Tätigkeit stark verwandt. Am Unfallort (als Tatort) werden mit allen Mitteln der Kriminaltechnik vorhandene Spuren festgehalten sowie vorgefundene körperliche Gegenstände sichergestellt. Auch hier unterscheidet sich die Tätigkeit am Tatort häufig sehr stark von der Tätigkeit an anderen Tatorten, weil nämlich sehr schnell eine Verschiebung und Verwischung der Spuren eintreten kann. Die Verkehrspolizei hat nämlich die vordringliche Aufgabe, den Verkehr aufrecht zu halten, und wird infolgedessen sehr häufig selber nach oberflächlicher skizzenmäßiger Tatortsaufnahme die Spuren des Unfalls, d. h. die betroffenen Fahrzeuge, fortschaffen müssen. Dieser Umstand erschwert die Ermittlungen. Er bringt es mit sich, daß beim Eintreffen sachverständiger Sonderbeamter der Kriminalpolizei diese Spuren verschwunden sind. Es ist von großer Wichtigkeit, daß bei schweren Unfällen und damit verbundenen schweren Verkehrsdelikten möglichst bald amtlich anerkannte Sachverständige oder die besonderen Unfallkommandos am Tatort zur Stelle sind. Dadurch wird die Untersuchung des Unfalls außerordentlich gefördert. Denn die Feststellungen des Sachverständigen gewinnen erheblich an Wert, wenn er nicht nur die Spuren an den betroffenen Fahrzeugen nachträglich und nach deren Abtransport beurteilt. Wichtig für die Rekonstruktion des Unfalles ist vielmehr die Stellung der Fahrzeuge unmittelbar nach dem Unfall.

7. Zeugen- und Zeugenwert. Mangels vorhandener einwandfreier Spuren spielt im Verkehrsstrafprozeß die Zeugenaussage in Verbindung mit der Aussage des Sachverständigen eine besondere Rolle. Besonders schwierig ist hier die Eingruppierung des Zeugen nach seiner Urteilsfähigkeit. Es ist das eins der Hauptprobleme bei der Untersuchung von Verkehrsunfällen und der an sie geknüpften strafbaren Tatbestände. Denn im Verkehr betrachtet sich meist jeder als besonders sachverständig, bildet sich aus Teilmerkmalen bereits ein Urteil, das in der überwiegenden Zahl der Fälle durch Sympathieen oder Antipathieen beeinflußt ist. Versuche mit geistig hochwertigem und nach seiner Vorbildung sachverständigem Zeugenmaterial an Hand von Filmaufnahmen haben interessante Ergebnisse gezeitigt. Ein Unfall wurde künstlich herbeigeführt und gleichzeitig von mehreren Blickpunkten aus aufgenommen. Das Ergebnis waren stets widersprechende Zeugenaussagen, bei denen keiner der Zeugen den wahren Schuldigen erkannte. (Dieser war ein Kraftfahrzeugführer, der infolge rücksichtslosen Überquerens einer Kreuzung mehrere andere Verkehrsteilnehmer zwang, plötzliche Ausweichbewegungen zu machen, und sie dadurch in Zusammenstöße hineintrieb. Dieser Fahrzeugführer und sein Fahrzeug selbst blieben unbeschädigt; sie wurden, da das Fahrzeug nicht anhielt, überhaupt nicht beachtet). Selbst eine richtige Darstellung der Teilvorgänge wird nur von einem ganz kleinen Teil der Zeugen gegeben. Niemals kommt dabei eine völlig klare Rekonstruktion des Unfallherganges zu stande. Dieser wertvolle Versuch zwingt zum Nachdenken über die Gründe des Versagens des Zeugen. Sie beruhen auf der außerordentlich kurzen Zeit des Unfallherganges. Sie beruhen ferner darauf, daß der Zeuge meist nur den eigentlichen Unfall, nicht aber die kurz vorhergehenden Phasen beobachtete und daß die Verarbeitung im Gedächtnis des Zeugen durch die nachfolgenden Vorgänge meist erschwert wird.

Man muß die Zeugengruppen in ihrer Einstellung zu den Unfallbeteiligten von Anfang an trennen. Je nachdem, ob es Fußgänger, Kraftfahrzeugführer, Pferdefahrzeuglenker, Straßenbahnführer oder Radfahrer sind, werden sie vielfach von Anfang an eine vorgefaßte Meinung haben, die sich aus ihrer

Gruppenzugehörigkeit zu den einzelnen Verkehrsteilnehmern ergibt. Diese Aussagen auf das rechte Maß zurückzuführen, ist für die untersuchende Polizei, für den Staatsanwalt und den Richter eine außerordentlich schwere Aufgabe.

Gerade weil es sich aber beim Verkehrsdelikt um die Feststellung handelt, ob eine Summe von Ordnungsnormen verkehrspolizeilicher Art befolgt oder übertreten sind, kommt es auf eindeutige Feststellung an. Es hat sich als zweckmäßig erwiesen, über jede einzelne Frage möglichst Zeugen verschiedener Beobachtungspunkte zu hören. Es ist wichtig, die Zeugen nicht sämtlich aus Gruppen von Zuschauern zu entnehmen, die bereits über den Hergang des Unfalls diskutieren. Hier hat sehr häufig eine unbewußte Beeinflussung stattgefunden.

8. Das Verkehrsstrafverfahren. Das Strafverfahren in Verkehrssachen unterscheidet sich grundsätzlich von jedem anderen Strafverfahren. Die oben zitierte Allgemeinbestimmung, daß jeder Teilnehmer im Verkehr sich so verhalten muß, daß er keinen Anderen schädigt, würde das Verkehrsdelikt des Führers eines Fahrzeuges an sich zu einem reinen Erfolgsdelikt stempeln. Denn e contrario müßte gefolgert werden, daß immer, wenn ein strafbarer Erfolg eingetreten ist, der Führer jene Norm übertreten hat. Das ist natürlich nicht der Fall, sondern es tritt Straffreiheit ein, wenn die Faktoren, die zu dem strafbaren Tatbestande geführt haben, ohne Schuld, d. i. ohne Fahrlässigkeit des Führers, wirksam geworden sind. Wenn auch strafprozessual dem Führer nachgewiesen werden muß, daß er fahrlässig gehandelt hat, so läuft in der Praxis das Verfahren häufig parallel dem Verfahren beim Zivilprozeß in Kraftfahrsachen. Der Führer wird nämlich das Bestreben haben, von sich aus nachzuweisen, daß höhere Gewalt oder — wie es in den zivilrechtlichen Haftpflichtparagraphen des Kraftverkehrsgesetzes heißt — ein unabwendbares Ereignis vorgelegen hat. Dabei ergibt sich die Schwierigkeit, daß die Feststellung der Ursachen allein nicht genügt. Denn an sie — und schon das stößt auf große Schwierigkeiten — schließt sich die Prüfung, ob die Ursachen fahrlässig herbeigeführt sind oder nicht. Aus den im Absatz „Das Wesen der Verkehrspolizei" aufgeführten Gruppen von Unfallursachen ergibt sich die außerordentliche Vielseitigkeit der vorzunehmenden Prüfungen. Die Beteiligten werden versuchen, die Schuld auf einander gegenseitig abzuwälzen. Die höchstrichterliche Rechtsprechung, die bei der Ergründung der Schuldfrage, d. h. der Zurechnung, eine Hauptrolle spielt, geht in ihren Anforderungen an die Fahrzeugführer sehr weit. Im Schrifttum hat sich der Begriff der Überspannung der Anforderung an die Sorgfaltspflicht des Kraftfahrzeugführers herausgebildet.

Das zeigt sich in der Tatsache, daß man in Kreisen der berufsmäßigen und sportlich tätigen Fahrzeugführer in vollem Umfang von einer übergroßen Härte der Rechtsprechung überzeugt ist. Dieses Urteil kann naturgemäß nicht im Verhalten der Rechtsprechung begründet sein. Es ist vielmehr begründet in der Schwierigkeit der Grenzfindung zwischen dem subjektiven Verschulden und dem objektiven Vorliegen eines schuldfreien, wohl am besten als technischen Tatbestand zu bezeichnenden Verursachungsgrundes. Ereignisse, die sich immer in wenigen Sekunden oder noch kürzerer Zeit abgespielt haben, sind im Verfahren zu sezieren und müssen in dicken Aktenbündeln analysiert und in stundenlangen Verhandlungen gewissermaßen im Zeitlupentempo verbreitert werden. Widersprechende Zeugenaussagen und — was bedauerlich ist — widersprechende Meinungen der Sachverständigen sollen dem Richter, der überwiegend nicht sachverständig sein kann, zu einem richtigen Urteil verhelfen. Sie sind leider nur zu häufig geeignet, ihn zu verwirren. Überdenkt man diese tatsächlichen Verfahrensschwierigkeiten, so ist es erfreulich, daß die höchsten Gerichte in der Rechtsprechung eine große Anzahl von auslegenden Rechtssätzen bereits geprägt haben. Denn die hier zur Rede stehende Norm angewendet auf die Fahrgeschwindigkeit der Kraftfahrzeuge ist ihrem Charakter nach eine Bestimmung, die erst durch die Rechtsprechung Leben und Bedeutung erhalten kann, wie etwa die zivilrechtlichen Bestimmungen über Treu und Glauben oder — was hier nahe liegt — der Allgemeinauftrag der Polizei. Und das verhältnismäßig junge Alter des Verkehrs ist wohl vor allem schuld daran, daß die von der höchstrichterlichen Rechtsprechung herausgearbeiteten Rechtssätze noch nicht völlig den Erfordernissen des Verkehrs entsprechen können und andererseits noch nicht genügend Eingang in den Kreis der Fahrzeugführer gefunden haben. Denn in die Rechtsfindung hinein schiebt sich ein für die Fahrzeugführer stets ungünstig wirkendes, an sich gerechtes Moment. Das ist das Bestreben, die Gesamttendenz der Verkehrsgesetzgebung im Schutze des seiner Natur nach schwachen und schutzbedürftigen Fußgängers zu suchen. Die Richtigkeit dieser Tendenz kann ernstlich nicht bestritten werden. Sie darf aber nicht dahin führen, den Fußgänger als Unfallfaktor, und zwar als schuldhaften Unfallfaktor, völlig auszuschließen. Es zeigen sich neuerdings in der Rechtsprechung des Reichsgesetzes Ansätze in dieser Richtung.

Es ist aber nicht die Rechtsprechung, sondern das Gesetz, das diese Schwierigkeiten hervorruft. Das Bild wird nämlich ein völlig anderes da, wo bestimmten Verkehrsmitteln ein besonderer strafrechtlicher Schutz zur Seite steht. Hier wird die Verfahrensrichtung völlig geändert; gemeint ist der Schutz, den die schienengebundenen Fahrzeuge auf Grund der §§ 315, 316 RStGB. (Transportgefährdung) genießen. Kriminologisch gesehen bedeutet das, daß nicht mehr nur der Täter strafbar ist, der einen strafbaren Erfolg herbeigeführt hat, sondern es genügt die begründete Besorgnis, daß der bestimmungsmäßige Gebrauch der Bahn einen Schaden erleidet. Auch hier ist nach § 316 Fahrlässigkeit strafbar. Eine ganze Anzahl von Tätern, die in Ansehung der Gefährdung anderer als Eisenbahntransporte straflos ausgehen, machen sich hier strafbar. Dadurch erhält diese Bestimmung eine mehr präventive Wirkung als die auf Verkehrsdelikte angewendeten verkehrspolizeilichen Normen, die häufig im Strafprozeß ein besonderes Gewicht erhalten, wenn mit ihrer Verletzung ein weiterer strafbarer Erfolg, nämlich fahrlässige Körperverletzung oder fahrlässige Tötung, eingetreten ist. Wohl aus diesem Grunde sind Bestrebungen im Gange, die strafrechtlichen Bestimmungen über Transportgefährdung auch auf andere Transporte, also Kraftwagen und gegebenenfalls Fuhrwerke, auszudehnen.

Im Entlastungsbeweis spielt die sogenannte „Schrecksekunde" eine zunehmende Rolle. Während der Wirksamkeit dieser Schrecksekunde wird dem Täter der Schutz des § 51 RStGB. zugebilligt. Über die Schrecksekunde besteht eine nicht umfangreiche Literatur. Hier wird die Bezeichnung Schrecksekunde insofern als irreführend hingestellt, als die Dauer der Schreckzeit verschieden ist. Je nach der Veranlagung des Täters ist nämlich der Zeitraum, während dem er in seiner freien Willensbestimmung beeinträchtigt wird, verschieden. Das objektive Längenmaß der Schrecksekunde richtet sich also nach den subjektiven Merkmalen der Eigenschaften der vom Schrecken in ihrer Handlungsfähigkeit gelähmten Person. Lubrich veröffentlicht in seinen „Experimentellen Untersuchungen zum Problem der sogenannten Schrecksekunde" (Archiv für die gesamte Psychologie, Bd. 84, Akademische Verlagsgesellschaft Leipzig, 1932) hierüber Versuchszahlen. Er unterscheidet — wie auch die übrige Literatur — zwischen der Schreckzeit und der Reaktionszeit. Während der von Lubrich im Auftrage des Psychologischen Instituts der Universität Göttingen beim Polizeiinstitut für Technik und Verkehr, Berlin, durchgeführten Versuche stellte sich heraus, daß der Reaktionszeit eine besondere Bedeutung zukommt. Die Reaktionszeit ist die individuelle Fähigkeit, einen Entschluß zu fassen und ihn in die Tat umzusetzen. Auf die Untersuchungen im Verkehrsprozeß übertragen also z. B. die Fähigkeit, den Entschluß zum Bremsen zu fassen und die Bremsen zu betätigen. Diesem Vorgang ist die eigentliche Schrecksekunde (Schreckzeit) vorgeschaltet, während der eben die Entschlußkraft ausgeschaltet ist. Der Schreckzeit geht wiederum eine subjektiv verschieden lange Zeit voraus, nämlich die Fähigkeit, mit dem Auge ein Ereignis zu erfassen, das Bild gedanklich zu verarbeiten und nun erst einen Entschluß zu fassen. Es ist klar, daß der Schreck entsteht durch die gedankliche Erfassung des subjektiv gefährlich und damit schreckhaft wirkenden Bildes. Der Vollständigkeit halber muß hinzugefügt werden, daß sich den vorstehend geschilderten Phasen noch eine rein technische Phase anschließt, nämlich die Zeit vom Einsetzen der Bremswirkung bis zum Stillstand des Fahrzeuges (Bremsweg).

Das Ergebnis dieser Untersuchungen ist schwerwiegend für die Rechtsfindung. Es zeigt sich, daß im einzelnen Fall zahlreiche schwer differenzierbare Momente gewürdigt werden müssen. Man muß feststellen, daß der Verkehrsstrafprozeß erst in den Anfängen einer noch nicht übersehbaren Entwicklung steckt, bei der sich das kriminologische Problem in einer deutlich sichtbaren Konkurrenz zum physio-psychologischen Problem befindet.

So spielt denn zur Zeit der verkehrspolizeiliche Gesichtspunkt im Verkehrsstrafprozeß als Auskunfts- und Aushilfsmittel eine erhebliche Rolle. Bieten doch die konkreten Regeln, die Eigentätigkeit und Gesetz der Obhut der Verkehrspolizei anvertrauen, die einzigen beweisbaren Anhaltspunkte für die Schuldhaftigkeit, die als Glieder der Kausalkette verwertbar sind. Damit hat die Verkehrspolizei, ihr Aufgabenkreis und ihr inneres Wesen für die Aburteilung von Verkehrsdelikten eine entscheidende kriminologische Bedeutung.

Schrifttum:

Müller, Straßenverkehrsrecht, Kommentar, Berlin 1935. — Eras-Bösling, Reichsgaragenordnung, Kommentar, Berlin 1932. — Volkmann, Kommentar, Berlin 1932. — K. Volkmann, Die Straßenverkehrsordnungen nebst den einschlägigen Nebenbestimmungen, Berlin 1929. —

Paetsch-Langenscheidt, Vorschriften über Verkehrseinrichtungen, Berlin 1930. — Giese-Paetsch, Polizei und Verkehr, Berlin 1926. — Kleinschmidt-Schickerling, Der Verkehrsunfall, Berlin 1930.

Zeitschriften: Verkehrstechnik, Zbl. f. d. ges. Landverk. und Straßenbau, 52 Hefte, Berlin. — Verkehrswarte, Organ der Deutschen Verkehrswacht, E. V., Berlin. — Verkehrsrechtliche Rundschau, Berlin-Schöneberg. — Das Recht des Kraftfahrers, Berlin. — Die Polizei, Berlin.

Über die Schrecksekunde: Lubrich, Experimentelle Untersuchungen zum Problem der sogenannten Schrecksekunde. Arch. f. d. ges. Psychologie, Bd. 84, Leipzig 1932. — Tramm, Die Bedeutung der Reaktionszeit, Industrielle Psychotechnik 1929, Heft 10. — Prof. Dr. Karl Marbe, Die gerichtspsychologische Begutachtung von Autounfällen, Leipzig 1932.

Gustav Langenscheidt.

Verleumdung s. Lüge und Pathologisches Lügen.

Vermißte und unbekannte Tote.

Die beiden Materien „Vermißte" und „unbekannte Tote" sind untrennbar mit einander verbunden, denn erfahrungsgemäß sind immer eine gewisse Anzahl Vermißter unter den unbekannten Toten und auch umgekehrt zu finden.

1. Vermißte. Der Begriff „vermißt" ist keineswegs mit „verschwunden" gleichzusetzen. Ein Verschwundener braucht durchaus noch nicht im amtlichen Sinne als „vermißt" zu betrachten sein; so würde jemand, der nach Begehung einer strafbaren Handlung verschwunden ist, zunächst nicht als „vermißt", sondern als „flüchtiger Rechtsbrecher" anzusprechen sein. Hat er dagegen Selbstmordabsichten schriftlich oder mündlich geäußert, so ist seine Behandlung als „Vermißter" schon aus dem Grunde geboten, als er vielleicht unter den „unbekannten Toten" zu finden wäre. Auch die Personen, die aus zivilrechtlichen Gründen verschwinden und sich deshalb absichtlich verborgen halten (Entziehung der Unterhaltspflicht usw.), sind nicht „Vermißte", es sei denn, daß sie den Freitod suchen wollen.

Im allgemeinen gelten folgende Personen im amtlichen Sinne als vermißt:

Diejenigen, deren Verschwinden die Annahme begründet, daß eine an ihnen begangene Straftat, ein Unfall, eine plötzlich eingetretene Hilflosigkeit oder ein selbstgewählter Tod als Ursache des Verschwindens in Frage kommen;

diejenigen, deren Aufenthaltsort auf Grund gesetzlicher Befugnisse durch andere Personen bestimmt wird, sofern sie sich ohne Erlaubnis und ohne Wissen ihres gesetzlichen Vertreters aus der ihnen zugewiesenen Wohnung entfernt haben und ihr Verbleib nicht bekannt ist;

diejenigen, die nachweislich durch Unglücksfall oder Selbstmord in Gebirgen, Gewässern, Waldungen usw. umgekommen, deren Leichen aber nicht zu finden sind.

Ausgehend von dem Standpunkte, daß diejenigen, die nach den Bestimmungen des Bürgerlichen Gesetzbuches „geschäftsfähig" sind, selbst ihren Aufenthalt bestimmen dürfen, sind Vermißte im allgemeinen lediglich zu ermitteln. Ausnahmen bilden

a) die Minderjährigen und
b) die entmündigten Volljährigen (vgl. §§ 1626 u. 1896 BGB.).

Da bei beiden Arten derjenige, der die elterliche Gewalt ausübt, den Aufenthalt zu bestimmen hat, müssen oder können diese Vermißte nach Ermittlung in polizeiliche Verwahrung genommen werden. Dieselbe Maßnahme kann bei den Verschwundenen getroffen werden, welche die ernste Absicht haben, Selbstmord zu verüben (§§ 14, 15 des Polizeiverwaltungsgesetzes vom 1. VI. 1931).

Die Bearbeitung der Vermißten- und der Leichensachen unbekannter Personen ist insonderheit durch den Erlaß des preußischen Ministers des Innern vom 27. X. 1925 — MinBl. vom 4. XI. 1925, Nr. 47, S. 1154ff. — geregelt.

Zuständig für die Bearbeitung der Vermißtensachen ist die Ortspolizeibehörde, aus deren Bereich der Vermißte verschwunden ist. Sie ergreift sofort diejenigen Maßnahmen, welche zur Ermittlung der vermißten Person führen könnten und je nach Lage des Falles ganz verschieden sind.

Die Aufnahme der Vermißtenanzeige geschieht auf einem bestimmten Vordruck (LKP. 2); genaue Beantwortung sämtlicher in der Anzeige enthaltenen Fragen ist unerläßlich. Insbesondere muß die Beschreibung der Person und der Kleidungsstücke so genau sein, daß ein Wiedererkennen des Vermißten, selbst wenn er als Leiche gefunden wird, ohne weiteres möglich ist. Der aufnehmende Beamte wird sich hierbei nicht lediglich auf Entgegennahme der von dem Anzeigenden gegebenen vielfach mangelhaften Beschreibung beschränken, sondern diese durch Nachfrage bei geeigneten Auskunftspersonen ergänzen.

Die Ermittlungen nach dem Verbleib der vermißten Person werden in zweierlei Richtungen hin vorgenommen, und zwar im bürotechnischen Sinne (durch Notierungen, Ausschreiben, Polizeifunksprüche usw.) und im kriminalpolizeilichen Sinne (durch Vornahme von Nachfragen bei Verwandten, Bekannten, in Berufs-, Vereins- und Parteikreisen, in bestimmten Lokalen, Pensionaten, Asylen, Herbergen u. a.). Ergibt sich im Laufe der Ermittlungen ein begründeter Verdacht, daß die verschwundene Person etwa das Opfer eines Verbrechens geworden sein könnte, benachrichtigt die Ortspolizeibehörde sofort sowohl die in Frage kommende Landeskriminalpolizeistelle als die zuständige Staatsanwaltschaft durch Übersendung einer entsprechenden Anzeige. Die Weiterbearbeitung der Angelegenheit erfolgt dann nicht mehr vom Gesichtspunkte des Vermißtseins, sondern von dem des Verbrechens aus.

Die Vermißtenanzeige (Formular LKP. 2) verbleibt grundsätzlich bei der für die Bearbeitung zuständigen Ortspolizeibehörde. Sind die örtlichen Ermittlungen ergebnislos geblieben, macht die Ortspolizeibehörde — spätestens nach Ablauf einer Woche — eine entsprechende Mitteilung an die zuständige Landeskriminalpolizeistelle in Form eines Auszuges aus der Anzeige (Vordruck LKP. 3). Diese leitet das Formular der zuständigen Nachrichtensammelstelle zu, welche an Hand einer von ihr innerhalb ihres Bezirks zu führenden Kartei der „unbekannten Leichen" feststellt, ob der Vermißte etwa schon als „unbekannte Leiche" gemeldet ist. Bejahendenfalls veranlaßt sie sofort im Einvernehmen mit der für die Auffindung der Leiche zuständigen Behörde das Notwendige, wobei in erster Linie die Angehörigen ermittelt und benachrichtigt werden. Verneinendenfalls legt die Nachrichtensammelstelle eine Vermißtenkarte (Vordruck LKP. 5) an, die der von ihr zu führenden Vermißtenkartei einverleibt wird, und übersendet den erwähnten Vordruck LKP. 3 nunmehr der dem Preußischen Landeskriminalamt unterstehenden Landeszentrale für Vermißte und unbekannte Tote in Berlin, welche auf diese Art von sämtlichen preußischen Ortspolizeibehörden ihr Material erhält. Ihr Wirkungskreis ist aber nicht lediglich auf Preußen beschränkt, sondern sie befaßt sich auch mit der Bearbeitung der in Frage kommenden Materien nicht nur von ganz Deutschland, sondern auch der anderen europäischen und sogar überseeischen Länder.

Bei der Landeszentrale werden, abgesehen von ihrer sonstigen Tätigkeit, verschiedene Karteien, insbesondere die Vermißtenkartei und die Kartei der unbekannten Toten geführt. Von jeder vermißt gemeldeten Person wird nach erfolglosem Vergleich mit der Kartei der unbekannten Toten eine Vermißtenkarte (Vordruck LKP. 5) — gelb — und von jeder Leiche einer unbekannten Person nach negativer Vergleichsarbeit mit der Vermißtenkartei eine Leichenkarte (Vordruck LKP. 5) — grün — angelegt, die den betreffenden Karteien einverleibt werden.

Als erledigt wird eine Vermißtensache grundsätzlich erst dann betrachtet, wenn die betreffende Person tatsächlich entweder lebend oder tot — ohne Rücksicht auf die Länge der Zeit — ermittelt worden ist.

Nach Erledigung werden die Vermißtenkarten sowohl bei den Nachrichtensammelstellen als bei der Landeszentrale entnommen und sämtliche veranlaßten Fahndungsmaßnahmen zurückgezogen.

2. Unbekannte Tote. Bei Auffindung eines unbekannten Toten wird in erster Linie festgestellt, ob etwa fremdes Verschulden am Tode vorliegen kann. Bejahendenfalls wird sofort die zuständige Mordkommission in Anspruch genommen, die die weitere Bearbeitung der Angelegenheit übernimmt. Im Verneinungsfalle werden umgehend die zuständige Staatsanwaltschaft benachrichtigt und die zur Feststellung der Persönlichkeit notwendigen Maßnahmen getroffen, zu denen außer einer eingehenden Durchsuchung der Kleider usw. u. a. Lichtbildaufnahmen, Fertigung von Fingerabdrücken, Anlegung von sogenannten Kleiderkarten und häufig auch Ausschreiben gehören.

Zuständig für die Bearbeitung ist die Ortspolizeibehörde des Auffindungsortes, die über die Auffindung der Leiche einen eingehenden Bericht auf einem bestimmten Vordruck (LKP. 8) erstattet, der bei der Ortspolizeibehörde bleibt. Falls sich die Persönlichkeit der Leiche nicht feststellen läßt, sendet die Ortspolizeibehörde genau wie bei den Vermißtensachen einen Auszug (Vordruck LKP. 3 der zuständigen Landeskriminalpolizeistelle ein, die diesen der zuständigen Nachrichtensammelstelle weiterleitet. An Hand der genauen Beschreibung der Leiche und der Kleider stellt die Nachrichtensammelstelle jetzt durch Vergleich mit den Vermißtenkarten fest, ob es sich bezüglich der Leiche etwa um die eines Vermißten handelt. Im Bejahungsfalle erfolgt sofort die Verständigung der für das Verschwinden zuständigen Ortspolizeibehörde. Verneinendenfalls wird eine Leichenkarte angelegt und diese der Leichenkartei einverleibt. Gleichzeitig wird das Formular LKP. 3 — wie bei den Vermißtenangelegenheiten — der Landeszentrale in Berlin eingereicht. Hier erfolgt nun der Vergleich mit ihrer Vermißtenkartei und die weitere Handhabung so, wie schon unter „Vermißte“ erwähnt.

Nach einwandfreier Feststellung des Toten werden die Leichenkarten sowohl bei der Nachrichtensammelstelle als bei der Landeszentrale entnommen und sämtliche zur Ermittlung der Persönlichkeit getroffenen Maßnahmen zurückgezogen.

Hans Bender.

Vermittlungsschwindel.

Vermittlungsschwindel ist ein übliches Kennwort für betrügerische Handlungen geworden, die im Zusammenhang mit den verschiedenartigsten Vermittlungen auf dem Gebiete des Handels begangen werden. So wie im Handel, anders als bei der produktiven Wirtschaft, besonders häufig die unlautere Ausnutzung der Volksgenossen erfolgt, da beim Handel hierzu erleichterte Voraussetzungen bestehen, so ist auf dem Gebiete des Handels bei allen Vermittlungsgeschäften wiederum die Möglichkeit zu unlauteren Geschäften besonders groß und wird in einem auffälligen Maße ausgenutzt. Deshalb besteht gegen alle Vermittlungsgeschäfte in weitesten Kreisen der Bevölkerung von vorn herein großes Mißtrauen und für die strafwürdigen Handlungen hat sich der Begriff Vermittlungsschwindel eingebürgert.

1. Unter den Vermittlungsgeschäften gibt es eine ganze Reihe von typischen Geschäften, bei denen immer wieder schwindelhafte Handlungen versucht werden. Am markantesten ist der Heiratsvermittlungsschwindel (vgl. den Art. 1, 661). Bei ihm handelt es sich vor allem darum, daß bei der Vermittlung von Ehen seitens der Vermittler ohne Leistung nur die vorauszuzahlende Provision erstrebt wird. Nach dieser Zahlung wird dann in der Regel eine weitere Tätigkeit überhaupt eingestellt oder es werden zwecklose Verbindungen hergestellt, deren Aussichtslosigkeit den Vermittlern von vorn herein bekannt ist. Damit ist zugleich das Kennzeichnende für den gesamten Vermittlungsschwindel aufgezeigt, nämlich das Erstreben einer Provision ohne eine ernstliche und aussichtsreiche vermittelnde Tätigkeit der Vermittler. Während bei einem sachlich arbeitenden Vermittler hinreichende Beziehungen bestehen, um einem suchenden Volksgenossen die gewünschten wirtschaftlichen Beziehungen oder Leistungen zu vermitteln, sind bei dem unreell arbeitenden Vermittler derartige Verbindungen überhaupt nicht vorhanden und er arbeitet unter Vorspiegelung derselben, lediglich damit der Suchende unter gutgläubiger Annahme der Richtigkeit solcher Vorspiegelungen die von dem Vermittler geforderten Zahlungen an voraussichtlichen Kosten, an Provisionsvorschüssen, u. dgl. leistet. Beim Heiratsschwindel ist die vorherige Zahlung noch damit begründet, daß an sich die Forderung als unsittlich nicht einklagbar ist und deshalb der Vermittelnde scheinbar zu seiner eigenen Sicherheit Vorauszahlung verlangen kann. In allen anderen Fällen dagegen ist die vorherige Zahlungsforderung meist schon ein bedenkliches Zeichen für das ehrliche Wollen des Vermittlers.

2. In gleicher Weise wie beim Heiratsvermittlungsschwindel ist auch bei dem nächstgroßen Gebiete des Vermittlungsschwindels, dem Darlehns-, Hypotheken- und Kreditvermittlungsschwindel, die Erzielung von Vermittlungsgeldern ohne erforderliche Leistung das Wesentliche. Unendlich groß ist die Zahl der Kreditsuchenden, denn für die mannigfachsten Zwecke des Wirtschaftslebens werden Geldmittel gebraucht, sei es als bares Darlehen, sei es als Hypothek. Der Kreis der Geldsucher ist dabei ganz verschiedenartig zusammengesetzt und umfaßt alle Kreise des Volkes. Es ist nun selbstverständlich, daß große Wirtschaftsunternehmungen oder wirtschaftlich sehr gesicherte oder beziehungsreiche Personen niemals Geldvermittler in Anspruch zu nehmen brauchen, da sie unmittelbar an die Geldgeber, insbesondere die Bankinstitute, herantreten können. Anders allerdings bei den wirtschaftlich schwächer gestellten Volksgenossen, die für ein kleines Besitztum eine zweite oder drittrangige Hypothek brauchen oder die für die Ausstattung der Tochter, die Ausbildung des Sohnes oder etwaige Lebensbedürfnisse Geld benötigen oder die sich eine größere Anschaffung machen wollen, deren Kosten ihre laufenden Einnahmen übersteigen, sie alle wenden sich in vielen Fällen an Vermittler. Teils treten sie direkt an Vermittler heran, teils melden sich diese auf Anzeigen in Zeitungen.

Hier beginnt dann regelmäßig der Leidensweg all derer, die einem unreellen Vermittler in die Hand fallen. Die Geldbesorgung wird als eine Kleinigkeit bezeichnet, es werden Listen vorgelegt, nach denen der Vermittler zahlreichen Volksgenossen bereits Geldgeber vermittelt hat, die sich bei näherem Nachprüfen allerdings als fingiert oder übertrieben herausstellen, und schließlich wird eine Bearbeitungsgebühr als Vorauszahlung verlangt. Diese wird damit begründet, daß eine Bearbeitung der Unterlagen erfolgen müsse, Korrespondenz zu führen sei, u. dgl. m. Als erstes legt also der Geldsuchende einmal Geld auf den Tisch des Vermittlers. Ein Vorschlag des Geldsuchenden, die Gebühren und Provision doch von dem später vermittelten Gelde abzuziehen, wird in all diesen Fällen regelmäßig zurückgewiesen, da der unreelle Vermittler ja von vorn herein gar nicht ernsthaft an die Geldvermittlung denkt. Häufig verlangt der Vermittler über diese Vorauszahlung hinaus noch die Unterschrift unter einen Vermittlungsschein, der von dem Geldsuchenden zumeist nicht durchgelesen wird, in dem dieser sich aber noch zu weiteren Leistungen verpflichtet, die regelmäßig für anderweite, freilich erfolglose Vermittlungstätigkeiten vor der Geldgabe fällig werden.

Die Tätigkeit üben solche Vermittler danach in der Weise aus, daß sie dem Geldsuchenden entweder eine Anzahl von Geldgebern nennen, die bei näherem Zusehen gar kein Geld zu vergeben haben oder aus einer Zeitung entnommen sind, aus der der Geldsuchende diesen Geldgeber ebenso gut selbst hätte finden können, oder die selbst wiederum nur Vermittler, aber nicht Geldgeber sind. In letzterem Falle beginnt dann ein neues betrügerisches Geschäft gegenüber dem Geldsuchenden, indem auch der neue Vermittler zunächst Vorschußzahlungen verlangt, ehe er tätig wird, ohne aber im Ergebnis irgend eine Beziehung herzustellen. Nur allzu häufig stehen diese verschiedenen Vermittler in einem betrügerischen Zusammenhange und haben von vorn herein vor, das Opfer, das in ihre Netze gegangen ist, durch Hin- und Herschicken gemeinsam um sein Geld zu bringen. Vielfach besteht die Tätigkeit des Vermittlers auch lediglich darin, daß er den Geldsuchenden veranlaßt, ein Inserat aufzugeben, und zwar nach seinem Vorschlag in einem sogenannten Finanzblatt, das tatsächlich eine ganz unbedeutende Zeitung ohne Abonnentenkreis ist und das von ihm alsdann an alle möglichen Geldgeber geschickt wird, die es allerdings in der Regel mangels Ansehen einfach in den Papierkorb werfen. Da ein Erfolg des Inserates weder versprochen noch garantiert wurde, kann der Geldsuchende sich an den Herausgeber des Blattes, dem er für das Inserat einen ungewöhnlichen Preis hat zahlen müssen, nicht halten.

Ganz ähnlich ist das Vorgehen bei der Besorgung von Hypotheken oder Bankkrediten, bei welchen eingehende Unterlagen über die Sicherheit vorzulegen sind. Werden die von dem Vermittler geforderten Unterlagen überhaupt vorgelegt, so geschieht das von den unreellen Vermittlern zumeist in der Weise, daß sie wahllos die Anträge an alle möglichen Geldinstitute geben, gleichgültig, ob nach den Unterlagen oder nach den Bedingungen der Institute überhaupt eine Möglichkeit für die Geldgewährung besteht. Darauf kommt es ihm auch nicht an, vielmehr lediglich auf die mit dieser Versendung beweisbar zum Ausdruck gebrachte scheinbare Tätigkeit.

3. Neben den Vermittlern von Geld treten besonders solche von Grundstücken hervor. Landsuchende oder Leute, die Land oder Grundstücke verkaufen wollen, benutzen in weitem Umfange die Tätigkeit von Vermittlern, da auch hier die Herstellung der Verbindung von Käufer und Verkäufer sehr schwierig ist. Gerade bei den wirtschaftlich schwächeren Volksgenossen ist die Inanspruchnahme von Vermittlern mangels hinreichender Beziehungen vielfach notwendig. Unreelle Vermittler nutzen die suchenden Volksgenossen auch hier aus, indem sie, ohne daß sie Interessenten an der Hand haben, sich Vorschußzahlungen geben lassen, obgleich sie von vorn herein keine oder nur zwecklose Arbeit leisten wollen. Im letzteren Falle wenden sie sich wahllos ebenfalls wieder an alle möglichen kapitalkräftigen Leute mit den vorliegenden Angeboten, damit sie mit den ablehnenden Bescheiden eine Tätigkeit nachweisen können. Hierin lediglich besteht das mehr oder weniger große Geschick der Vermittler, denn dadurch verwischen sie am besten ihre strafwürdigen Handlungen und sichern sich möglichst lange vor dem Erkanntwerden.

4. Neben diesen besonders häufigen Arten des Vermittlungsschwindels spielte früher noch eine große Rolle der Arbeitsvermittlungsschwindel. Da gerade hierbei aber mit dem wertvollsten Volksgute, der Arbeitskraft, Mißbrauch getrieben und die Existenz zahlloser arbeitender Volksgenossen gefährdet wurde, ist die private Arbeitsvermittlung verboten und die Arbeitsvermittlung in staatliche Obhut genommen worden. Durch die Einrichtung der Arbeitsämter ist deshalb der Arbeitsvermittlungsschwindel endgültig beseitigt worden.

5. Neben diesen hauptsächlichen Gebieten der Vermittlungstätigkeit gibt es noch eine Reihe von Fällen, in denen Vermittler tätig sind. Gewöhnlich sind die Vermittler dann aber nicht selbständige Gewerbetreibende, sondern arbeiten als Angestellte irgend eines Unternehmens und vermitteln für dieses Geschäfte. In diesen Fällen wird, wenn unlautere Machenschaften vorliegen, nicht im eigentlichen Sinne von Vermittlungsschwindel gesprochen, da hier gewöhnlich nicht der Vermittler in seinem Interesse, sondern in dem des betreffenden Unternehmens gehandelt hat.

6. Der Vermittlungsschwindel ist strafrechtlich fast regelmäßig als Betrug anzusprechen und ohne weiteres erfaßbar. Schwierigkeiten bestehen lediglich darin, den Nach-

weis für die von vorn herein bestehende Absicht, ohne Tätigkeit einen Vermögensvorteil zu erwerben, zu führen. Wenn aber seitens der Geschädigten sofort Anzeige erstattet wird, so wird die Zahl der dadurch bekannt werdenden Fälle regelmäßig im einzelnen Falle den Nachweis ermöglichen oder zum mindesten erleichtern. Ebenso wie es Pflicht der Strafverfolgungsbehörden ist, mit allem Nachdruck jeden Vermittlungsschwindel zu verfolgen, ebenso muß deshalb im Interesse einer wirksamen Bekämpfung jeder einzelne Volksgenosse dem durch eigenes Erleben oder anderweit ein Fall des Vermittlungsschwindels bekannt wird, ohne Scham offen diesen zur Kenntnis der Behörden bringen. Dadurch erst kann die Verhinderung eines volkswirtschaftlichen Raubbaues, wie ihn der Vermittlungsschwindel bedeutet, verhindert werden.

Karl Krug.

Vernehmungstechnik.

I. Das Wesen der Vernehmung.

1. Vernehmung und Aussage. Wir verstehen unter der Vernehmung die Tätigkeit eines behördlichen Organes des Strafverfahrens zur Ermittlung und zum Beweise streiterheblicher Tatsachen durch die Aussage und das Verhalten einer Auskunftsperson. Die älteste Betrachtungsweise hat Aussage wie Vernehmung zunächst nur unter dem Gesichtspunkt ihrer rechtlichen Ordnung gemäß den gestaltenden Grundsätzen des Strafverfahrens erfaßt und in der Vernehmung wie in der Aussage nur juristische Probleme erblickt. In der nächsten Stufe wird die Aussage als psychische Leistung und Verhörsprodukt mit Rücksicht auf ihre Fehlerquellen erfaßt (W. Stern). Dabei treten aber die Aussageleistungen des Vernommenen in den Vordergrund, während die Leistungen und Fehler des Vernehmenden nicht recht zur Geltung kommen. Die jüngste, aus dem Wissenszweig der Kriminalbiologie entspringende biologische Methode betrachtet Vernehmung wie Aussage als ein wechselseitiges Erlebnis der Persönlichkeit des Vernehmenden und des Vernommenen. Damit tritt nicht bloß der Aussageinhalt, sondern das Prozeßverhalten beider Teile, mag es bewußt oder unbewußt erfolgen, in den Vordergrund. Die Vernehmungsleistung wie die Aussageleistung werden jede für sich und im Wechselspiel als eine Ganzheit von Trieb-, Gefühls-, Verstandes- und Willensäußerungen erfaßt. Derart wird die Wiederbelebung der in der Aussage wiedergegebenen Wahrnehmung angeregt, und wir haben es auf beiden Seiten mit einem emotionalen Verhalten zu tun, dessen Gehalt nicht bloß aus den Vernehmungsanforderungen und dem Aussageinhalt, sondern auch aus den Ausdruckssymptomen des Erlebens wie Mimik, Tonfall, Gestik und Auftreten beider Teile erkannt werden kann. Damit wird auch das Erlebnisinteresse an der Bekundung beachtet; es wird das Emotionale beider Teilnehmer am Erlebnis beachtet. Jede Aussage ist schon an und für sich eine bewußt oder unbewußt „gefühlsbetonte Bekundung"; die Symptomatik des Schuld-, Lüge- und Wahrheitsgefühls ist bedeutungsvoll. Die Wechselseitigkeit des Erlebens aber tritt nicht nur bei der Fragestellung, dem sogenannten Verhör, sondern auch beim zusammenhängenden „Bericht" des Vernommenen hervor; die Aussage ist bei der Vernehmung im Vorverfahren an das Organ der Strafverfolgung oder des Gerichtes adressiert; bei der Vernehmung in der Hauptverhandlung dagegen nicht bloß an den Vorsitzenden und an die Beisitzer des Gerichtes, sondern auch an die Gegenpartei und vermöge der Öffentlichkeit an die anwesenden Zuhörer und an die Presseöffentlichkeit überhaupt. Daß aber die durch Fragen zur Ergänzung und Aufklärung des Berichtes hervorgerufenen Antworten ein wechselseitiges Erlebnis sind, ergibt sich von selbst. Nach der durch die neueren psychologischen und psychiatrischen Forschungen sich entwickelnden „Persönlichkeitslehre" (s. „Persönlichkeitsaufbau") ist schließlich jedes Erlebnis der Ausfluß der individuellen Persönlichkeitsartung, ihre Aktualisierung unter dem Umwelteinfluß (Lenz); daraus ergibt sich die Notwendigkeit, sowohl die Persönlichkeit des Vernehmenden wie des Vernommenen als der personellen Träger ihrer Leistungen als auch den Einfluß der „Vernehmungsadresse" heranzuziehen. Dies ist bei der Vernehmung des Beschuldigten in weiterem Umfang möglich als bei der Zeugenvernehmung, bei der die Persönlichkeit nur für kurze Zeit in das Blickfeld des Vernehmenden tritt. Doch wird bei der Vernehmung jugendlicher Zeugen eine besondere Technik immer mehr als erforderlich erachtet.

2. Biologische Vernehmungstechnik. Die Vernehmung hat nach der biologischen Methode eine Doppelaufgabe zu erfüllen. Sie zerfällt in die Vernehmung zur Sache und in die Vernehmung zur Person des Vernommenen. Diese letztere wiederum sucht sowohl die individuelle Artung des des Beschuldigten und des Zeugen zur Zeit der Vernehmung, die Tatpersönlichkeit und die Vernehmungspersönlichkeit

zur Erkenntnis zu bringen. Aus dieser Auffassung der Vernehmung ergibt sich die biologische Vernehmungstechnik als die mitunter im Gesetz oder in Ministerialverordnungen festgelegte, sonst aus den Ergebnissen der Kriminologie sowie der Erfahrung des Vernehmenden geschöpfte Kunst der bestmöglichen Gestaltung der Vernehmung unter Verwertung der Persönlichkeit des Vernehmenden wie des Vernommenen. Diese Technik hat infolge der Wechselseitigkeit des Erlebnisses sowohl die Einzeleinstellung des Vernehmenden wie die des Vernommenen als auch die wechselseitige Einwirkung beider zum Gegenstande.

3. Prozeßeinstellung des Vernehmenden. Die Aufgaben des Vernehmenden gestalten sich nach seiner Prozeßrolle und der Prozeßlage. Zunächst sind die Persönlichkeiten der Strafverfolgung (Staatsanwalt, Polizei, Landjäger, Gendarmerie) in erster Linie auf die Ermittlung des Schuldigen und der Beweismittel seiner Schuld eingestellt. Den Verfolgungsorganen ist die Taktik des überraschenden, vorwiegend auf die belastenden Momente eingestellten ersten Angriffes und der Erlangung eines Geständnisses eigentümlich; dabei spielt noch die individuelle Artung der Persönlichkeit des Vernehmenden, sein beruflicher Ehrgeiz, seine Arbeitsbelastung, seine Aussichten auf Beförderung und seine Rücksichtnahme auf das Urteil der vorgesetzten Behörde über seine Leistungen eine Rolle. Die richterlichen Organe der Vernehmung (Amtsrichter, Untersuchungsrichter, Vorsitzender in der Hauptverhandlung) dagegen sind durch die Prozeßaufgaben der Überprüfung und Entscheidung zu einer mehr unparteiischen Einstellung im Vergleich zum Staatsanwalt und den übrigen Verfolgungsorganen genötigt (RStPO. § 136). Es kommt eine vertiefte und erweiterte Erhebung der entlastenden Umstände, insbesondere die Aufnahme der vom Beschuldigten angebotenen Unschuldsbeweise (z. B. des Alibibeweises) neben den Schuldbeweisen paritätisch in Betracht; die Technik des richterlichen Vernehmenden ist in ihrer Eigenart mehr als die des Polizeiorganes gesetzlich gebunden.

Neben dieser verschiedenen Organeinstellung des Vernehmenden kommt noch seine Einstellung nach der Prozeßlage in Betracht. Ob es zunächst nur auf die polizeiliche Entdeckung des vermutlichen Täters und auf die Sammlung der Verdachtsgründe oder ob es auf die allseitige und gründliche Ermittlung der für und gegen den Beschuldigten sprechenden Umstände durch den Richter ankommt, dies beeinflußt die Technik der Vernehmung. Die Vernehmungstechnik erfordert Menschenkenntnis und Menschenbehandlungstechnik. Die Erfüllung der im folgenden aufgestellten Anforderungen an eine kunstgerechte Vernehmung ist nicht in jeder Prozeßlage die gleiche; Art und Maß der Anforderungen an die Technik hängen von der Art und Schwere der begangenen Tat in ihrer Bedeutung für die öffentliche Sicherheit, für die Rechtspflege, von der Beweislage, von dem leugnenden oder geständigen Verhalten des Beschuldigten und schließlich auch von der Stellungnahme der öffentlichen Meinung, insbesondere der periodischen Presse, zum Einzelfall ab. Die Überbelastung der vernehmenden Organe legt eine Raschheit in der Behandlung der einzelnen Vernehmung nahe, die nicht immer den Gefahren des Justizirrtums zu entgehen vermag; dazu kommt, daß eine Zeit lang die Leichtlebigkeit und politische Zerfahrenheit das Sicherheitsgefühl aller Prozeßorgane erschüttert hat und daß gerade der Eid, infolge des geringen Respektes vor einer solchen Beteuerung, eine starke Werteinbuße zu erleiden drohte. Schließlich kann nicht verkannt werden, daß die Verdunkelungs- und die Verteidigungstechnik des Schuldigen immer raffinierter werden. Daher bedarf die Vernehmungstechnik eines gründlichen und eingehenden Studiums durch alle verantwortungsbewußten Prozeßorgane.

4. Prozeßeinstellung des Vernommenen. Sie wird durch die Prozeßrolle des Vernommenen und seine Prozeßlage zur Zeit der Vernehmung bestimmt. Die Aussage vor den Verfolgungsorganen der Staatsanwaltschaft, der Polizei und den übrigen Sicherheitsorganen wird vom Zeugen unter dem Druck der gesetzlichen Pflicht zur wahren Aussage, die erzwungen werden kann, abgelegt. Beim schuldigen Verdächtigen, gegen den kein äußerer Zwang zulässig ist, wirken das Schuldgefühl, die Furcht vor Entdeckung seiner Täterschaft und vor dem Strafvollzug und den Straffolgen für seine Ehre und sein Fortkommen ein; sie lassen seine Aussage als einerseits durch den inneren Gewissensdruck und andererseits durch den Druck des Selbsterhaltungstriebes im entgegengesetzten Sinn belastet erscheinen; beim Unschuldigen wirken Verdächtigung und Haft an sich beängstigend. Die Vernehmungstechnik darf ferner nicht außer acht lassen, daß nur die erste Vernehmung wegen der Erlebnisneuheit der Vernehmung, wegen der Nähe zum Taterlebnis und der affektiven Erlebnisdichte eine unmittelbare Wiedergabe des Geschehens ermöglicht, während alle späteren Angaben derselben Person weniger Reproduktionen des Erlebnisses als vielmehr Wiederholungen der früheren Aus-

sagen bedeuten; dazu kommen Abänderungen und Ergänzungen, welche beim Zeugen oder Beschuldigten infolge der Beeinflussung durch die Presse, durch andere Zeugen oder gar Mitbeschuldigte entstanden sind. So hat jede spätere Aussage bereits eine Entwicklungsgeschichte hinter sich (Plaut). So ist das Schwergewicht auf die erste Vernehmung des Zeugen zu legen, weil dabei begangene Fehler schwer wieder gut gemacht werden können; die Furcht vor dem vielleicht gefährlichen Abweichen im Aussageinhalt und die Gefahr der Verfolgung wegen fahrlässigen Falscheides oder wegen Meineides in Deutschland, wegen falscher unbeeideter oder beeideter Aussage in Österreich, binden bei den späteren Vernehmungen an die erste Aussage. Die Aussagetechnik hat ferner nicht zu übersehen, daß jede Niederschrift (Protokoll) nicht eine Wiedergabe der Aussage selbst, sondern bereits eine in die Juristensprache übertragene Darstellung des erheblichen Aussageinhaltes durch den vernehmenden Berichterstatter ist.

II. Die biologische Vernehmungstechnik im allgemeinen.

1. Allgemeine Anforderungen an den Vernehmenden. Die Vernehmung im Strafverfahren fordert Menschenkenntnis, lebhaftes Interesse, vorsichtige Menschenbehandlung und vor allem Geduld, so lehrt H. Groß. Sie hat auf einem umfassenden Wissen zu ruhen, das jedoch die Kenntnis der Grenzen eigener Fähigkeiten nicht übersieht und erforderlichenfalls einen Sachverständigen zuzuziehen sich nicht scheut. Immer soll die Vernehmung vom Hintergrunde der Autorität ausgehen, ohne doch in aufdringliche Ichbetonung überzugehen. Allzu starke Autoritätsbetonung wirkt auf beeinflußbare Personen suggestiv und der Vernehmende hört nur das, was er dem Vernommenen nahelegt und dieser als erwünscht vermutet; sie ruft umgekehrt bei selbständigen Naturen eher eine gegensätzliche Einstellung zur Wahrheitsermittlung hervor. Zu geringe Wahrung der Autorität gibt den Vernehmenden der Phantasie, der Irreführung oder gar dem Hohne des Vernommenen preis. Tatkräftig aber nicht grob, weder höhnend noch aufbrausend soll der Vernehmende auch gegenüber dem Unverstand oder der Bosheit des Vernommenen auftreten. Auch beim Unverständigen und Ungebildeten soll die Kränkung des Selbstwertgefühls und die Verängstigung vermieden werden; Angst lähmt das Gedächtnis und stachelt die Phantasie an. Dennoch ist nicht jede Gefühlserregung auszuschalten; unter Umständen kann, wie noch ausgeführt werden wird, die Förderung des Gewissenskonfliktes durch Appell an das Gewissen zum reumütigen Geständnis führen. In Jugendgerichtssachen ist bereits die Auswahl der zur Vernehmung Jugendlicher geeigneten Personen gesetzlich geregelt. So ist die Bearbeitung der Jugendsachen bei jeder Staatsanwaltschaft tunlichst in den Händen bestimmter (besonders befähigter) Beamten zu vereinigen (§ 21 RJugGerG. und § 28 ÖJugGerG.). Die Gesetzgebung hat durch die tunlichste Übertragung des Richteramtes an den Vormundschaftsrichter und die erweiterte Heranziehung von Schöffen oder Fachschöffen als Jugendrichter dafür vorgesorgt, daß das Verständnis für die jugendliche Eigenart des Beschuldigten gewährleistet ist (RJugGerG. §§ 17ff., ÖJugGerG. §§ 15ff.). Insbesondere dürfen nach dem ÖJugGerG. zu Strafrichtern in Jugendsachen nur Richter bestellt werden, die sich durch pädagogisches Verständnis auszeichnen; sie sollen vorher in Vormundschaftssachen tätig gewesen sein und womöglich in Psychologie, Psychiatrie oder Pädagogik wissenschaftlichen Unterricht genossen haben; jedem Schöffengericht in Jugendsachen muß eine im Lehrberufe und soll eine in der Jugendfürsorge tätige Person angehören (§§ 22, 27). Für die Vernehmung von Kindern und Jugendlichen in Sexualsachen ist besondere Vorbildung nötig (vgl. III b 2).

2. Vorbereitung der Vernehmung. Jede Vernehmung, mag sie im Vorverfahren oder in der Hauptverhandlung erfolgen, erfordert eine Vorbereitung. Sie besteht im aufmerksamen Studium der Vorakten, insbesondere der Anzeige des Verletzten, der Polizei- und Sicherheitsbehörden, der Vernehmungs- und Augenscheinsprotokolle und der Gutachten. Lassen frühere Vernehmungen bereits eine bestimmte Verteidigungstaktik erkennen, so bedarf es mitunter eines förmlichen Vernehmungsplanes. In dessen Vordergrund steht die Vermutung von Tat und Täter. Aus den Ergebnissen der Ermittlungen soll der Vernehmende ein Bild des Ablaufes der Tat in allen Einzelheiten nach Zeit, Ort und Umwelt zu gewinnen trachten; daran reiht sich die Tätervermutung, die alle Anzeichen (Indizien s. d.) für und wider die Vermutung zu berücksichtigen hat. Hierbei müssen alle erfahrungsgemäß möglichen Varianten durchgegangen werden. Tat- und Tätervermutung sollen nach jeder Vernehmung und nach den Ergebnissen jeder Beweisaufnahme immer wieder auf ihr Zutreffen geprüft und erforderlichenfalls richtiggestellt oder fallengelassen werden. Es kommt viel darauf an, daß solche Vermutungen nicht zu früh aufgestellt und nicht hartnäckig wider die Beweislage festgehalten werden.

3. Seelischer Kontakt mit dem Vernommenen. Bereits bei Beginn der Vernehmung und insbesondere während deren Verlauf hat der Vernehmende Einfühlung in das Verstandes-, Gemüts- und Willensleben des Vernommenen zu gewinnen. Die seelische Distanz, die durch die wechselseitige Fremdheit bei Beginn besteht, soll sich in die Resonanz des wechselseitigen Verständnisses verwandeln. Dies u. a. durch das wechselseitige „Ins-Auge-Blicken", durch das Anpassen der Fragen an die Intellekts- und Bildungsstufe wie an den Dialekt des Vernommenen. Die Beschönigung der Tat ist dann, wenn einmal die begriffswesentlichen Merkmale des Tatbestandes ermittelt sind, zu dulden. Immer muß der Vernommene unter der Beobachtung und Lenkung seiner Aufmerksamkeit und seines Interesses durch den Vernehmenden stehen.

4. Erfassung des Aussagetyps. Die Strafprozeßordnungen Deutschlands und Österreichs (RStPO. § 136, ÖStPO. § 199) schreiben bereits für die erste gerichtliche Vernehmung die „Ermittlung der persönlichen Verhältnisse" vor. Die Jugendgerichtsgesetzgebung betont die Pflicht, die Lebensverhältnisse sowie alle Umstände zu erforschen, die zur Beurteilung der körperlichen und geistigen Eigenart dienen können; in zweifelhaften Fällen soll der Jugendliche ärztlich untersucht werden (RJugGerG. § 31, ÖJugGerG. § 32). Hier ergibt sich die Zweckmäßigkeit von „kriminalbiologischen Erhebungsblättern", von denen bei der Beschuldigtenvernehmung die Rede sein soll.

Die Aussagegestalt soll nach Aufnahme der „Personalien" während der Sachvernehmung ermittelt werden. Bei der bisher üblichen Vernehmungstechnik steht das Wort des Vernommenen zu sehr im Vordergrund, während die Erfassung der Symptomatik des Verhaltens vernachlässigt wird. Gerade aber die Beobachtung der beweglichen Gestalt der Aussage in Mimik, Tonfall und Gestik, in der der Vernommene vor Gericht zielbewußt, echt oder unecht erscheint, ist aufschlußreich. Die Art, wie der Vernommene eintritt, wie er herumsieht, wie er zuhört, welche Mittel er anwendet, um den Eindruck der Wahrhaftigkeit zu erwecken, wie er selbst fragt oder sich fragen läßt, dies alles zusammen begründet den Gesamteindruck der Aussage. Die Symptomatik der „gefühlsbetonten" Bekundung (vgl. I 1) kann Worte ersetzen und widerlegen; sie ist vielfach ausdrucksfähiger und nachhaltiger als das Gesprochene. Freilich läuft gerade der mimische Vorgang viel schneller ab und muß rasch erfaßt werden. Ist der Aussagetyp ermittelt, so hat der Vernehmende das ihm entsprechende Verhalten zu beobachten. Der Vernommene kann sich offen, verhalten oder verschlossen zeigen; in letzterem Falle muß der Vernehmende den Grund der Verschlossenheit zu ermitteln und zu überwinden trachten. Ist der Vernommene schweigsam, so muß er durch Fragen angeregt, ist er redselig, so muß er auf die Angabe des Wesentlichen beschränkt werden. Ist das Temperament leicht erregbar, so muß jeder Angriff auf das Selbstwertgefühl vermieden werden; ist die Erregbarkeit stumpf, so kann ein kräftigerer Appell an die Pflicht und die Leistungsfähigkeit nachhelfen. Die Stimmung als Gesamtergebnis der Gefühlsabläufe kann in ihrem heiteren, indifferenten oder traurigen Ausdruck kaum beeinflußt werden; nur das Tempo der Erregbarkeit in seinem raschen Wechsel oder in seinem Verharren oder in seinen schwingenden Übergängen muß ausgenützt werden. Ist der Bewegungsausdruck steif oder verhalten, so muß er durch Besserung der Stimmung gelockert, ist er fahrig, so muß er gehemmt werden. Die Artung der Phantasie kommt in der trockenen oder renommierenden oder gar phantastischen Wiedergabe zum Ausdruck. Besonders bei Feststellung von Erinnerungslücken muß deren Ausgestaltung durch die Phantasie vermieden werden. Viel kommt darauf an, wie die Freiheit der Aussage beschaffen ist; sie kann unter Gewissens-, Sorgen-, Strafdruck stehen; sie kann tat- und strafabgefunden sein. Die Befreiung vom Druck ist beim Zeugen eher anzustreben, beim Schuldigen eher zu vermeiden. Schwierigkeiten bereitet die Konzentration der Aufmerksamkeit auf das Wesentliche, wenn der Vernommene leicht abgelenkt, ideenflüchtig oder ideengebunden ist; hier muß mit Geduld und Ausdauer immer auf den Aussagegegenstand zurückgekommen und die Gebundenheit durch wiederkehrende Ideengänge gelöst werden. Die Erinnerung zeigt sich in den Typen des gut, schwer, mit Lücken oder Fehlern Erinnernden; hier kann der Vernehmende durch die Anleitung zum Zurückversetzen in die Wahrnehmungssituation eine gefühlsbegleitete Erinnerung und damit eine getreue Wiedergabe des Erlebnisses erzielen.

5. Erfassung der Persönlichkeit. Die biologische Vernehmungstechnik geht von der Grundanschauung aus, daß die konkrete Aussage nicht bloß vom Aussagetyp, sondern vermöge ihres Ursprunges auch vom Persönlichkeitstyp abhängt, die auseinander gehalten werden müssen (Seelig). Damit wird ein Problem aufgeworfen, dessen Lösung erst in Angriff genommen ist; doch können bereits einige Erkenntnisse der Persönlichkeitslehre

als verwertbar betrachtet werden. Leichter feststellbar ist der Unterschied zwischen dem „Introverten“ und dem „Extroverten“ (Jung). Die nach innen gewendete Auskunftsperson zeigt eine größere Neigung zur phantastischen Beeinflussung und individuellen Gestaltung ihrer Wahrnehmung und Aussage, die nach außen gewendete Persönlichkeit dagegen eine größere Neigung zur realen Wahrnehmung und Aussage gemäß der gegenständlichen Außenwelt (Jung). Daran reiht sich die Unterscheidung zwischen dem Menschen mit gespaltenem, gegensätzlichem Temperament und dem mit schwingendem, sich anpassendem Temperament (Kretschmer). Dem schizothymen Menschen mit seinem zäh verharrenden oder jäh springenden Temperament, den man an seiner biologischen Affinität zum schmalwüchsigen oder athletischen Körperbautyp erkennt, werden wir eine Neigung zur Spaltung der Aufmerksamkeit und zur Bevorzugung der Einzelbeobachtung und Einzelwiedergabe annehmen können; beim zyklothymen Menschen dagegen, der eine Affinität zum gedrungenen (pyknischen) Körperbautyp besitzt, werden wir eine Neigung zur zusammenfassenden Beobachtung und Wiedergabe sowie zur größeren Nachhaltigkeit des Eindrucks (Perseveration) vermuten (Scholl). Hinsichtlich der Neigung zur Art der Fragebeantwortung haben experimentelle Untersuchungen aber gezeigt, daß gerade der Mensch mit gedrungenem Körperbau die Detailantworten bevorzugt (W. Enke). Dies wird damit erklärt, daß es dem Schmalwüchsigen infolge seiner Abspaltungsneigung leichter fällt, die Einzelheiten zu vernachlässigen, während der gedrungene Mensch nichts vom Erinnerungskomplex wegzulassen vermag (Kretschmer). Von Bedeutung wäre es schließlich, festzustellen, ob die „eidetische“ Anlage beim Vernommenen vorliegt, bei der die optischen Anschauungsbilder länger andauern und daher das visuelle Bild in seinen Einzelheiten leichter reproduziert werden kann. Bei dem heutigen Stande der Ausbildung in der Vernehmungstechnik empfiehlt sich allerdings die Zuziehung eines kriminalbiologischen oder psychiatrischen Sachverständigen zur Ermittlung dieser Persönlichkeitstypen; bei der Polizeidirektion in Wien beurteilt diese ein fachmännisch ausgebildetes Organ der „Kriminalbiologischen Station“.

6. Prüfung der Aussage. Eine Prüfung der Aussage ist stets geboten, weil sie von vorn herein weder blindlings als wahr hingenommen noch sofort als unwahr erkannt werden kann. Vorauszuschicken ist, daß jede Aussage nicht bloß eine Reproduktion der Wahrnehmung der erheblichen Tatsachen, sondern zugleich eine geistige Verarbeitung nach der Intelligenz, Bildung und dem Prozeßinteresse des Vernommenen darstellt. Der Vernehmende hat daher zunächst das Wahrgenommene von dem Verarbeiteten zu scheiden und sich ein selbständiges, anschauliches Bild des Vorganges zu verschaffen. Daran schließt sich die Prüfung auf Fehlerquellen. Für sie hat die moderne Aussageforschung bereits wertvolle Erkenntnisse zu Tage gefördert (s. d. Art. „Zeugenaussage“). Man beginnt mit der Prüfung der Wahrnehmungsfähigkeit, wobei individuelle Sinnesfehler des Vernommenen, seine berufliche Begabung, seine Affekterregbarkeit zur Zeit der Wahrnehmung zu beachten sind. Daran reiht sich die Prüfung der individuellen Einprägungsfähigkeit für das Wahrgenommene und schließlich die der individuellen Reproduktionsfähigkeit. Es sei aus der Fülle dessen, worauf zu achten ist, nur das praktisch Wichtigste hervorgehoben. Bei der Prüfung der Wahrnehmung durch Augen- und Ohrenzeugen wäre zu ermitteln, ob der visuelle, auditive, eidetische (bildbewahrende) Typ der Wahrnehmungsweise vorliegt. Bei der Bewertung der richtigen Entfernungsschätzung ist Vorsicht am Platze; der Bauer z. B. kann nach der Uhr nur die Entfernungen von seinem Hause zur Kirche, zum Wirtshaus und zur nächsten Eisenbahnstation richtig angeben; alle Fragen nach anderen Entfernungen beantwortet er zwar immer sofort, aber auch immer falsch (H. Groß). Bei der Vernehmung des Verletzten wieder sind dessen Empfänglichkeit für Schreck- und Schmerzgefühle, das Hereinspielen von phantastischen und illusionären Ergänzungen infolge eines Erinnerungsverlustes zu beachten. Bei der Prüfung der Erinnerung des Tatzeugen soll ermittelt werden, ob sie auch den „Vergangenheitsindex“ besitzt, d. h. ob sie mit dem Merkmale auftaucht, daß die zu Grunde liegende Wahrnehmung gerade zur kritischen Zeit und am kritischen Ort gemacht wurde. Die Anregung der Erinnerung erfolgt durch das Aufsuchen der Verbindungsglieder zwischen den einzelnen Erinnerungselementen; erforderlich ist oft die Anleitung zum gedanklichen Zurückversetzen und noch besser die Verbringung der Auskunftsperson auf den Tatort zur gleichen Tageszeit. Die Sicherheit und Genauigkeit der Erinnerung soll im Protokoll erwähnt werden.

Während der ganzen Aussagetätigkeit ist insbesondere in der Hauptverhandlung die Urteilsvorsicht — ob der Vernommene überstürzt oder überlegt aussagt — und das Verantwortungsgefühl gegenüber der Rechtspflege und gegenüber seinem Gewissen zu prüfen. Daran reiht sich die Prüfung der Selbständigkeit der Aussage, d. h. darauf, ob der Vernommene unter fremdem Einfluß, insbesondere einer intellektuellen oder emotionalen insbesondere sexuellen Hörigkeit aussagt. Die Einflüsse der Familie, der Verwandtschaft, Schwägerschaft, der Gemeinde-, Landes-, Staatsangehörigkeit und Parteizugehörigkeit sind zu beachten; die Beeinflussung während des Wartens auf dem Korridor oder im Zeugenzimmer und insbesondere durch die Presse sollte tunlichst verhindert werden. Unter der Suggestion ist die Erscheinung zu verstehen, bei der ein Phantasieerlebnis ohne neu hinzukommende oder ohne ausreichende Ursache in ein inhaltsgleiches Ernsterlebnis übergeht; es sind sowohl die Empfindungs-, Urteils-, Gefühls- wie Strebungssuggestion zu beachten (Seelig). Die Prüfung der Wahrheit einer Aussage kann nur an der Hand von Motiven und Symptomen der Wahrhaftigkeit oder der Lüge erfolgen, wie sie bei der Beschuldigtenvernehmung geschildert werden sollen. Die Lügenhaftigkeit (s. d. Art. „Lüge") als eine erhöhte Bereitschaft kann nicht nur aus dem Mangel an Lügehemmungen, sondern auch aus der geringen Intelligenz und geringen Emotionalität entspringen. Je mehr allerdings die Lüge sich im Vorleben des Vernommenen, insbesondere in seinem Prozeßverhalten nachweisen läßt, je mehr antisoziale Charakterzüge überhaupt hervorkommen, desto eher kann auf Lügenhaftigkeit geschlossen werden (M. Zillig). Doch beraubt der Nachweis einer Lüge den Vernommenen noch nicht jeder Glaubwürdigkeit; davon soll bei der Vernehmungstechnik gegenüber dem Beschuldigten noch näher die Rede sein. Die Prüfung des Aussageinhaltes wird bei der Sonderdarstellung der Zeugen- und Beschuldigtenvernehmung behandelt werden.

III. a) Die Zeugenvernehmung.

1. Wesen der Zeugenaussage. Vernehmung und Aussage erhalten beim Zeugen prozessuale Eigenart dadurch, daß er zur Aussage und zur Wahrheit unter Eid rechtlich verpflichtet ist und mit Zwangsmitteln zur Erfüllung seiner Pflicht angehalten werden kann. Die Prozeßordnungen in Deutschland und Österreich haben die ungerechtfertigte Zeugnis- oder Eidverweigerung mit Geld- und Arreststrafen bedroht (RStPO. § 70, ÖStPO. § 160). Äußerer Zwang zur Wahrheitsbekundung ist zulässig und geboten. Es läßt die ÖStPO. (§§ 165, 247) der Vernehmung zur Sache eine Ermahnung an den Zeugen vorangehen, „auf die an ihn zu richtenden Fragen nach seinem besten Wissen und Gewissen die reine Wahrheit anzugeben, nichts zu verschweigen und seine Aussage so abzulegen, daß er sie erforderlichenfalls eidlich bekräftigen könne". Die Zeugenaussage wird unter Gewissens-, Eides- und Strafdruck gesetzt. Dazu kommt noch, daß die Vernehmung des Zeugen in der Hauptverhandlung unter der Kontrolle nicht nur des vernehmenden Vorsitzenden, sondern auch der gerichtlichen Beisitzer (Richter und Schöffen), des Prozeßgegners und seines Vertreters sowie der anwesenden Zuhörer und der Presseöffentlichkeit steht. Dieser legale Druck kann in der Technik der Vernehmung ausgewertet werden. Die Erforschung der materiellen Wahrheit im Strafverfahren führt zunächst zur Forderung, daß die Vernehmung der Zeugen, insbesondere der Augen- und Ohrenzeugen, möglichst frühzeitig nach der Tat erfolge. Die erste „Grundvernehmung" liegt in den Händen der Staatsanwaltschaft und der Sicherheitsbehörden in Deutschland, in den Händen der Polizeibehörden und der Gendarmerie in Österreich; der Staatsanwalt kann dort selbst vernehmen, hier nur den sicherheitsbehördlichen Vernehmungen beiwohnen. Diese erste Vernehmung ist um so bedeutungsvoller für das ganze Verfahren, weil Fehler infolge der protokollarischen Festlegung des Aussageinhaltes erfahrungsgemäß nicht mehr oder nur schwer berichtigt werden können.

2. Gesetzlicher Gang der Vernehmung. Er ist für die gerichtliche Vernehmung in den Strafprozeßordnungen geregelt. Am Beginn der Vernehmung steht die Fragestellung über die sogenannten Personalien; Fragen über solche Umstände, welche die Glaubwürdigkeit der Zeugen in der vorliegenden Sache betreffen, insbesondere über seine Beziehungen zum Beschuldigten oder Verletzten sollen im allgemeinen nur vorgelegt werden, wenn eine besondere Veranlassung zum Zweifel an der Glaubwürdigkeit des Zeugen besteht (§ 68 RStPO.); in Österreich kann der Zeuge, wenn es nach den besonderen Umständen des Falles unumgänglich notwendig ist, auch darüber befragt werden, ob er schon einmal in einer strafgerichtlichen Untersuchung gestanden und welche Ergebnisse dieselbe hatte (ÖStPO. § 166). Fragen nach Tatsachen, die dem Zeugen, seinem Verlobten, seinem Ehegatten oder einer Person, die im Sinne von § 52 Abs. 1 Nr. 3 RStPO. sein Angehöriger ist, zur Unehre gereichen können, sollen nur gestellt werden, wenn es unerläßlich ist (§ 68a RStPO.); der Zeuge soll nach Vorstrafen nur gefragt werden, wenn ihre Feststellung notwendig ist, um über das Vorliegen der Voraussetzungen des § 60 Nr. 2, 3 RStPO. zu entscheiden oder um seine Glaubwürdigkeit zu beurteilen (§ 68a Abs. 2 RStPO.). Daran reiht sich

die Prüfung der Vernehmungsfähigkeit des Zeugen (ÖStPO. § 151) und die Prüfung des Rechtes zur Zeugnisverweigerung (RStPO. §§ 52, 53, ÖStPO. § 153) sowie der Befreiungsgründe (ÖStPO. § 152). Daran schließt sich die Mitteilung des Gegenstandes der Untersuchung und der Person des Beschuldigten (RStPO. § 69, ÖStPO. § 167). Der Zeuge ist zunächst zu einer zusammenhängenden „Darstellung" oder „Erzählung" zu veranlassen und insbesondere aufzufordern, den Grund seines Wissens anzugeben, um das Zeugnis vom Hörensagen oder eine bloße Kombination zu erkennen (ÖJustMinErl. vom 12. IV. 1904 Zl. 7673). Der ÖJustMinErl. vom 1. II. 1907 Zl. 2801 betont, daß die Erhebung des Wissensgrundes auch ein Prüfstein für die Glaubwürdigkeit sein kann, weil sie dem Zeugen die Einsicht vermitteln kann, daß seine Behauptungen nicht haltbar sind, und er damit von sich aus zu einer Richtigstellung gelangt. Die ÖStPO. § 167 verpflichtet den Vernehmenden, Fragen, durch welche ihm Tatumstände vorgehalten werden, die erst durch seine Antwort festgestellt werden sollen, möglichst zu vermeiden und wenn unvermeidlich im Protokoll ersichtlich zu machen. Bei der ausnahmsweisen Beeidigung im Vorverfahren und bei zwingend vorgeschriebener Beeidigung in der Hauptverhandlung ist die Eidesnotwendigkeit bzw. -fähigkeit vorweg zu prüfen (RStPO. §§ 59ff., ÖStPO. §§ 169, 170). Die Vernehmung im Vorverfahren erfolgt ohne Beisein der Parteien und Parteienvertreter sowie des Beschuldigten oder anderer Zeugen (RStPO. § 59, ÖStPO. § 162). Die Vernehmung durch den Vorsitzenden aber in der Hauptverhandlung vollzieht sich in Gegenwart und unter Kontrolle des Gerichtes, der Parteien und ihrer Vertreter sowie in Anwesenheit der bereits vernommenen Zeugen, was eine veränderte Adresse der Vernehmung bedeutet. (RStPO. § 238, ÖStPO. § 247). Bei dieser Vernehmung ist die Verlesung von Protokollen über frühere Vernehmungen des erschienenen Zeugen zulässig, wenn dieser erklärt, daß er sich einer Tatsache nicht mehr erinnere, oder zur Behebung eines Widerspruches mit früheren Aussagen, wenn dieser nicht auf andere Weise ohne Unterbrechung der Hauptverhandlung festgestellt oder behoben werden kann (RStPO. § 253, ÖStPO. § 252 Z. 2) oder wenn der erschienene Zeuge unberechtigt die Aussage verweigert (ÖStPO. § 252 Z. 3).

3. Biologische Technik. Sie fordert zunächst, daß der Vernehmung des Zeugen die nötige Zeit gewidmet wird, um nicht bloß eine Reproduktion des Aussageerlebnisses, sondern auch das Herauskommen der Zeugenpersönlichkeit zu gewährleisten. Der Vernehmende muß sich ferner darüber klar werden, welche Anforderungen er an die Intelligenz und Bildung des Zeugen im allgemeinen, an die Wahrnehmungs-, Einprägungs-, Erinnerungs- und Ausdrucksfähigkeit insbesondere stellen kann; in diesem Belange ist jedes ungeduldige und drängende Verhalten mit der Gefahr der Verschüttung oder Verfälschung des Zeugnisses verbunden.

Das erste Problem des Vernehmenden ist es, die Aussage zu einem emotionalen Erlebnis des Vernommenen zu gestalten, d. h. nicht nur eine verstandesmäßige Erinnerung zu erzielen, sondern die Gefühle wieder zu beleben, die seinerzeit beim Augen- und Ohrenzeugen der Tat oder der sonst erheblichen Tatsachen vorherrschte. Deshalb ist der Zeuge zu einer anschaulichen Schilderung des Herganges zu veranlassen, wobei die emotionalen Ausdrucksmittel und deren Deutung zu beachten sind. Beim Zeugen kann die Technik der Symptomentwicklung, die wir bei der allgemeinen Vernehmungstechnik kennen gelernt haben, wertvolle Dienste leisten. Beim Zeugen ist die beim legalen Staatsbürger auftretende spontane Unterstützung der Behörden bei der Suche nach dem Schuldigen derart zu benützen und zu unterstützen, daß der Vergeltungs- und der aus ihm entspringende Entdeckungstrieb wieder belebt wird; jedoch ist auch die Möglichkeit der Wiederbelebung der Gefühle, die aus Freundschaft, Feindschaft, Neid oder bloßer Sensationssucht entstehen, nicht außer acht zu lassen.

Das zweite Problem der biologischen Zeugenvernehmung ist die Ermittlung der Persönlichkeit aus ihren hauptsächlichsten Persönlichkeitszügen, d. h. ihren Neigungen funktionaler und materialer Art in dem Maße, wie dies eben während der Sachvernehmung möglich ist; es sei denn, daß eine gesonderte Nachprüfung der Glaubwürdigkeit geboten ist. Auch beim Zeugen wirken Rassen-, Volks-, Staats- und Standeszugehörigkeit beeinflussend auf Form und Inhalt der Aussage. Dabei müssen schon bei Ermittlung der sogenannten Personalien des Zeugen dem Vernehmenden die typischen Eigenschaften des männlichen oder weiblichen, des kindlichen, jugendlichen, erwachsenen oder greisenhaften Zeugen und die Angehörigkeit des Zeugen zum gleichen Beruf, zum gleichen oder gegnerischen Parteigetriebe, in dem der Beschuldigte steht, beim Vernehmenden ins Bewußtsein treten und verwertet werden. Nur beispielsweise sei darauf hingewiesen, daß der weibliche Zeuge oft bessere Wahrnehmungsfähigkeit für das Detail, aber auch Neigung zur Erinnerungsfälschung aus seiner Emotionalität mitbringt; daß die Beschränkung auf das Tatsächliche ihm schwer fällt, weil er durch Sympathie- oder Antipathie-, Liebes- und Sexualerlebnisse beeinflußt wird. Auf die Frage nach dem Grunde des Wissens, die nicht selten mit einem Augenniederschlag, mit Achselzucken oder leerem Wortschwall beantwortet wird, kann wegen der weiblichen Scham nicht verzichtet werden; es wäre vielleicht bei Sexualdelikten am besten, wenn die Vernehmung des weiblichen Belastungszeugen durch einen weiblichen Richter erfolgte. Hinsichtlich der Vernehmung kindlicher und jugendlicher Zeugen wird auf die Sonderdarstellung verwiesen; bei Greisen sind die allgemeine Interesselosigkeit, die Ichsucht und die gesteigerte Reizbarkeit wie Ermüdbarkeit vom Vernehmenden durch Geduld, Kürzung der Vernehmung und Vermeidung von Reizanlässen zu bekämpfen. Wie den Kindern ist auch den Greisen das lange Warten vor der Vernehmung zu ersparen. Berufs- oder Parteizugehörigkeit kann den Zeugen zu einer „kameradschaftlichen" oder „genossenschaftlichen" Aussage verleiten; Aussagen von Lehrern über die Persönlichkeitsartung von Kindern können beim Massenunterricht kaum individualisierend sein, weil erfahrungsgemäß ein verläßliches Urteil nur bei „auffälligen" Schülern im günstigen oder ungünstigen Sinn gebildet wird. Die Beantwortung der Fragen, die in der sogenannten „Schulauskunft" verlangt wird, kann zuverlässig nur auf Grund des Urteils aller Lehrer des betreffenden Schülers erfolgen. Die Vernehmung des Landjägers (in Österreich Gendarmen) unter Diensteid unterliegt der Gefahr, daß die Aussage zu sehr von dem Bestreben getragen wird, die Autorität der Amtsperson zu wahren, alles unpersönlich vorzubringen, vom Inhalt des Berichtes an den Vorgesetzten oder des Protokolls über die erste Vernehmung in keinem Punkte abzuweichen. Es hat der Vernehmende der Gefahr einer unlebendigen Aussage durch Detailfragen zu begegnen und gegenüber dem Standesbewußtsein und dem beruflichen Zusammenhalt die Wahrheitspflicht zu betonen. Der Nachbar schließlich ist ein gefährlicher Zeuge, wenn er sich nur als Ausgang oder Durchgang von Gerücht und Klatsch gibt oder seine Aussage unergiebig ist, weil er es mit niemandem verderben will. Hier ist die Erkenntnis dieser Tendenz dem „Nachbarzeugen" nicht zu verschweigen. Beim Alibizeugen kommt besonders sein persönliches Verhältnis zum Verdächtigen durch Verwandtschaft, Schwägerschaft, Ehe, Liebesverhältnis, Freundschaft, Aussicht auf Vorteil oder Gefahr eines Nachteils, die er vom Ausgang des Prozesses zu erwarten hat, in Betracht.

4. Erfassung und Behandlung der Aussagetypen. Es ist zunächst die Aussageweise des Zeugen nach dem Aussagetyp zu beurteilen, dem der Zeuge nahe kommt. Der wertvolle Augen- und Ohrenzeuge ist zur möglichst reinen Wiedergabe seiner Wahrnehmungen anzuhalten. In diesem Belange neigt gerade der intelligente und gebildete Zeuge, der seine Aussage mit Sicherheit, Folgerichtigkeit und Gewandtheit vorträgt, zur Mitteilung der eigenen gefühlsmäßigen Einstellung zur Tat; deshalb ist gerade dieser Zeugentyp zu einer nüchternen und sachlichen Darstellung des Sachverhaltes schwerer zu bestimmen. Beim ungebildeten Zeugen stößt der Vernehmende auf die geminderte Fähigkeit, Wesentliches und Unwesentliches zu unterscheiden, auf die Sucht, das gerade zufällig in die Erinnerung Tretende vorzubringen, auf das Abspringen oder Abgleiten vom Gegenstande der Vernehmung, auf die leichte Fremd- und Autosuggestibilität bei der Vernehmung selbst; die Aussage des unintelligenten Zeugen muß daher häufig durch Fragen unterbrochen und zur Beschränkung auf das Wesentliche, zur Vollständigkeit, Folgerichtigkeit und Selbständigkeit der Aussage geführt werden. Der ungebildete Zeuge vermag vielleicht das Beobachtete gut wahrzunehmen, nicht aber es in seinen Wissens- und Erfahrungsschatz einzugliedern. Es ist ihm die Wiedergabe des Materials in der ihm gewohnten ländlichen oder dialektischen Ausdrucksweise zu gestatten; die Eingliederung in den allgemeinen Wissens- und Erfahrungsschatz erfolgt dann erst durch den Vernehmenden bei der Abfassung des Protokolls. Beim sicheren Zeugen, der prompt, deutlich, lebhaft und hartnäckig aussagt, ist besonderes Augenmerk auf den Grund des Wissens und die Einstellung zum Beschuldigten zu richten. Die Sicherheit kann auch aus Kritiklosigkeit, aus Kompensation der inneren Unsicherheit zur Wahrung des guten Eindrucks oder gar aus dem Streben, nur eine Wiederholung einer bereits früher abgegebenen Aussage zu geben, entspringen. Der unsichere Zeuge dagegen macht einen scheuen, schüchternen Eindruck, blickt zu Boden, räuspert sich, spricht leise, verschluckt Worte, läßt den Sinn der Aussage nicht erkennen, macht längere Pausen zwischen den einzelnen Bekundungen. Bei ihm ist festzustellen, ob diese Unsicherheit ein Symptom mangelhafter Wahrnehmungsfähigkeit, schwacher Erinnerungskraft, ungeübten Ausdrucks oder eine Übersteigerung des Verantwortlichkeitsgefühls oder gar der Lüge ist. Der vorsichtige Zeuge (Rechtsanwalt, Beamte, Religionsdiener u. A.), der gehemmt, durch die Absicht nichts zu

verschweigen und nichts hinzuzufügen, aussagt, widerstrebt einer zusammenhängenden Darstellung und möchte lieber nur auf Fragen antworten. Ihm gegenüber ist jedes Drängen zu genaueren Angaben aussichtslos, weil damit nur der seelische Abstand zwischen Vernehmenden und Vernommenen und die Vorsicht vergrößert wird. Beim ängstlichen Zeugen wirkt die Furcht vor der Bloßstellung durch Unwissenheit, mangelnde Schlagfertigkeit oder das Versagen der Erinnerung hemmend ein; diese Einstellung ist bei der Vernehmung von Frauen und Mädchen häufiger zu beobachten; sie ist am Anfang der Aussage am stärksten, läßt aber bei aufklärender Beruhigung nach und kann bei einiger Geduld meist überwunden werden. Beim Zeugen, der sich bald und immer wieder berichtigt, ist zu prüfen, ob die erste oder die berichtigte Aussage der Wahrheit entspricht. Beim geltungsbedürftigen Zeugen steht das Interesse an der eigenen Person (Eitelkeit, Überheblichkeit, Unbescheidenheit im Auftreten) im Vordergrund. Ihm dient die Vernehmung hauptsächlich dazu, sich und seine Leistungen insbesondere in der Hauptverhandlung zur Schau zu stellen. Während der Ängstliche die Aussage überhaupt gerne vermieden hätte, will der Geltungsbedürftige geradezu vernommen werden, mag er auch nichts Wesentliches anzugeben haben. Die geltungssüchtige Aussage erkennt man an dem selbstbewußten Vorbringen, an der Langatmigkeit, an ihrer Durchsetzung mit Werturteilen und an der betonten Ichhaftigkeit der ganzen Aussage. Er wird am leichtesten dazu verleitet, auf Kosten der Wahrheit zu einer positiven Aussage zu gelangen oder bei seiner Aussage zu verharren, obgleich ihr die übrigen Beweismittel widerstreiten. Diesem gefährlichen Zeugen gegenüber hat der Vernehmende aus der Reserve herauszutreten und ihm klar zu machen, daß er im Dienste der Wahrheitsfindung steht und seine Persönlichkeit gar nicht interessiert; worauf er allerdings bald das Interesse an der ganzen Aussage verliert. Der uninteressierte Zeuge, der infolge Mangels an gutem Willen zur Anstrengung des Gedächtnisses überhaupt nichts weiß, am liebsten unklar oder wortkarg mit ja oder nein antwortet, ist meist unverwendbar und nur selten durch Ermahnung an seine Pflicht zur Aufgabe seiner geistigen Trägheit zu bestimmen. Dies gelingt am ehesten noch, wenn er nur vorschützt, uninteressiert zu sein, um weder zu Gunsten noch zu Ungunsten des Beschuldigten auszusagen. Der befangene Zeuge ist jener, der durch seine Prozeßsituation bedrückt wird, der am liebsten mit dem Gericht und mit der Sache nichts zu tun hätte, der sich beobachtet und kritisiert fühlt, mit dem Vernehmenden eigentlich in keinen Kontakt treten will, um auch nur den Schein des Beteiligtseins zu vermeiden. Ist das Motiv der Befangenheit nur die Scheu vor Aufdeckung seines Innenlebens, so kann die Wahrheit immer noch, allerdings mitunter durch Schluß aus dem Verschwiegenen ermittelt werden. Der spontane Zeuge ist jener, der in seinem Bericht oder auch später ungefragt und zwanglos seine Eindrücke wiedergibt. Auch hier ist das Motiv zu erforschen und insbesondere zu ermitteln, ob nicht einseitige Parteinahme für oder gegen den Beschuldigten ihn zur spontanen Äußerung drängt.

5. Erfassung und Behandlung des Zeugentyps. Die Beurteilung der Zeugenaussage hängt letzten Endes vom Heranziehen der Persönlichkeit ab. Nach der RStPO. § 68 sind nur erforderlichenfalls an den Zeugen Fragen über die Glaubwürdigkeit zu stellen. Der Richter ist auf den Eindruck angewiesen, den der Zeuge während der relativ kurzen Zeit der Vernehmung im Vorverfahren macht; schärfer tritt die Persönlichkeitsstruktur in der Hauptverhandlung während der Vernehmung durch den Vorsitzenden und während des Kreuzverhörs hervor; hier kann gründlicher vorgegangen werden. Es gibt aber Beweislagen, in denen die Erforschung der gesamten Persönlichkeit schon im Vorverfahren unbedingt geboten ist. Dies insbesondere, wenn dem einzigen belastenden Kronzeugen, der — wie in Sittlichkeitsprozessen — zugleich der Verletzte ist, ein leugnender Angeklagter gegenübersteht, der alle Symptome der wahrheitsgemäßen Aussage zeigt. Hier drängt die Zwitterstellung des Verletzten als Nebenkläger und als Zeuge zur Erforschung seiner Persönlichkeit. Es kann aber auch sein, daß die Symptomatik der Wahrheit, von der bei der Beschuldigtenvernehmung näher die Rede sein wird, beim Zeugen unecht (vorgetäuscht) ist und das geschilderte Erlebnis überhaupt nicht stattgefunden hat. Daran ist zu denken, wenn es sich um eine Persönlichkeit mit der Verstellungsgabe der phantastischen Veranlagung, Lügenhaftigkeit, Verschlagenheit, und auch eines ausgeprägten Einfühlungsvermögens in die vorgetäuschte Persönlichkeit handelt. Doch kann es auch sein, daß nur die starke Einwärtswendung des Sonderlings Symptome der Lüge vortäuscht und trotzdem der bekundete Vorgang stattgefunden hat (C. Leonhardt). Es sollte der Aussagetyp auf die Persönlichkeitsartung bezogen werden, d. h. eine charakterologische Prüfung der Glaubwürdigkeit, in zweifelhaften Fällen unter Zuziehung von psychologischen, psychiatrischen

oder kriminologischen Sachverständigen stattfinden.

Nach RStPO. § 239 kann die Vernehmung der vom Staatsanwalt und dem Angeklagten benannten Zeugen in der Hauptverhandlung der Staatsanwaltschaft und dem Verteidiger auf deren übereinstimmenden Antrag vom Vorsitzenden überlassen werden. Eine analoge Bestimmung fehlt in der Österreichischen Strafprozeßordnung. Dieses „Kreuzverhör" bedeutet eine Vernehmung durch einen Parteiinteressenten zur Feststellung der seiner Prozeßrolle günstigen Tatumstände; sie ist oft nichts mehr als eine Wiederholung der bereits vor der gerichtlichen Vernehmung erfolgten Vorvernehmung durch die interessierte Partei; sie gewinnt an Beweiswert, weil die Aussage in Gegenwart des interessierten Prozeßgegners erfolgt und von ihm nachgeprüft wird; dem Vorsitzenden kommen nicht nur die zur „weiteren Aufklärung der Sache", sondern auch zur Prüfung der Glaubwürdigkeit (RStPO. § 68) erforderlichen Fragestellungen zu. Zur Erforschung der Persönlichkeit des Zeugen ist das Kreuzverhör wegen der Einseitigkeit der Fragestellung schlecht geeignet (Lenz); es spielt ohnehin in der Praxis eine verschwindende Rolle.

Wird das Zeugnis aus Gründen, die in der RStPO. §§ 52, 53, 55 und ÖStPO. § 152 nicht anerkannt sind, verweigert und dennoch erzwungen, so soll der Vernehmende den angegebenen Befangenheitsgrad sich vor Augen halten und im Protokoll hervorheben. Sagt eine zur Entschlagung vom Zeugnis befugte Person dennoch aus, so ist der Grund, weshalb sie auf ihr Recht verzichtet hat oder warum sie ihren Verzicht widerrufen hat (RStPO. § 52), zu ermitteln. Das Zeugnis desjenigen, dem die Ablegung des Zeugnisses oder die Beantwortung einer Frage unmittelbaren oder bedeutenden Vermögensnachteil nach sich ziehen oder ihm selbst oder einem seiner Angehörigen Schande bringen (ÖStPO. § 153) oder die Gefahr strafgerichtlicher Verfolgung zuziehen würde (RStPO. § 55) sollte nur dann gefordert werden, wenn kein anderes Auskunftsmittel zur Verfügung steht. Ebenso steht es mit der unbeeidigten Vernehmung von Personen, die zur Zeugnisverweigerung berechtigt sind (RStPO. § 63).

6. Der Eideszwang. Jedes Zeugnis muß, abgesehen von den gesetzlichen Ausnahmen (RStPO. §§ 60 ff., ÖStPO. §§ 247, 453), in der Hauptverhandlung beeidet werden.

7. Die Prüfung des Aussageinhaltes. Sie muß schon während der „Vernehmung im Zusammenhang" nach RStPO. § 69 oder während der „zusammenhängenden Erzählung" nach ÖStPO. § 167 einsetzen. Während dieser ist eine doppelte geistige Tätigkeit des Vernehmenden nötig, die Prüfung des Inhaltes der Aussage einerseits und die Ermittlung des Aussagetyps, wenn möglich auch des Persönlichkeitstyps andererseits. Die Technik der inhaltlichen Prüfung besteht im Vergleich mit früheren Aussagen, z. B. der im Vorverfahren im Gegensatz zu der in der Hauptverhandlung abgegebenen; stärkeren Ermittlungswert hat der Vorhalt des Widerspruches mit der Aussage anderer Zeugen, weil sie zur Überprüfung der eigenen Aussage anreizt. Doch führt der Vorhalt des Widerspruches mit der Beschuldigtenaussage den Zeugen mitunter deshalb zur Versteifung seines Verhaltens und zum Festhalten an der ersten Aussage, weil er dem Umstande der Anklageerhebung oder gar der Verhaftung eine ihr nicht zukommende Bestätigung der Richtigkeit seiner Aussage beimißt.

In Österreich ist die Gegenüberstellung von Zeugen unter einander und dieser mit dem Beschuldigten zur Anerkennung oder zur Behebung des Widerstreites ihrer Aussagen schon im Vorverfahren, wenn sie vom Untersuchungsrichter für notwendig erachtet wird, sonst erst in der Hauptverhandlung zugelassen. Die Gegenüberstellung soll in der Regel nicht zwischen mehr als zwei Personen zugleich geschehen. Die Gegenübergestellten sind über jeden einzelnen Umstand, hinsichtlich dessen ihre Aussagen von einander abweichen, besonders zu vernehmen und die beiderseitigen Antworten zu Protokoll zu bringen. In der Hauptverhandlung kann der Vorsitzende Zeugen, deren Aussagen von einander abweichen, einander gegenüberstellen (ÖStPO. §§ 168, 248). In Deutschland findet die Gegenüberstellung im vorbereitenden Verfahren nur dann statt, wenn es für das weitere Verfahren geboten erscheint (§ 58 Abs. 2 RStPO.). Die Technik der Gegenüberstellung hat darauf zu achten, daß der Zweck der wechselseitigen Einwirkung entgegengesetzter Aussagen erreicht wird durch die vollständige Wiedergabe der widersprechenden Aussagen, durch die Bereitstellung der erforderlichen Zeit, so daß die beiden Widersacher an einander geraten (Hellwig) und die Symbolik der Lüge oder der Wahrheit bei den Aussagegegnern heraustritt.

Die Gegenüberstellung des Zeugen und des ihn als Täter erkennenden Zeugen hat in der Technik insoweit eine Verbesserung erfahren, als die früher allgemein übliche Einzelkonfrontation doch aufgegeben und die Wahlkonfrontation bevorzugt wird. Dem Zeugen wird dann die Aufgabe gestellt, aus mehreren Personen gleichen Alters, Geschlechtes und sozialer Stellung den Beschuldigten wiederzuerkennen. Damit wird die Gefahr vermieden, daß die Einzelgegenüberstellung auf den unsicheren oder unvorsichtigen Zeugen, insbesondere den Jugendlichen, suggestiv zu Gunsten der Identität wirkt. Die Wiedererkennung kann auch dann überzeugend sein, wenn der Zeuge nicht im stande ist, vor der Gegenüberstellung ein Signalement anzugeben, oder falsche Signalementangaben macht, weil im Gedächtnis nur der Gesamteindruck der Gestalt, nicht aber die Einzelheiten wie Haarfarbe, Kleidung u. a. festgehalten werden. Fragen nach Erkennungsmerkmalen vor der Gegenüberstellung sind daher als verwirrend zu vermeiden (Seelig; anderer Meinung Hellwig). In Österreich ist die vorherige Aufforderung des Zeugen zur Angabe der unterscheidenden Merkmale vorgeschrieben (§ 168 ÖStPO.). Das Gleiche gilt für die Agnoszierung von Gegenständen.

III. b) Die Vernehmung kindlicher und jugendlicher Zeugen.

1. Die Bewertung der kindlichen und jugendlichen Aussage. Grundsätzlich sind Kinder (bis zum vollendeten 14. Lebensjahr) befähigt, im Strafverfahren als Zeugen herangezogen zu werden. Die gerichtlichen Erfahrungen wie die Forschungen der Wiener Psychologen-Schule (Karl und Charlotte Bühler) und die Untersuchungen im psychologischen Seminar von Marbe durch Maria Zillig (Würzburg) haben gezeigt, daß Kinder oft zuverlässigere Beobachter sind als Erwachsene, weil für sie vieles noch neu ist; sie sehen sich solche Dinge genau an, während der Erwachsene oft nach flüchtigem Hinsehen zu wissen glaubt, um was es sich handelt. Kinder sind gerade Erwachsenen gegenüber von erstaunlicher Kritikfähigkeit. Während das Kind zwischen dem 2. und 4. Lebensjahr seine Deutung der Lebensvorgänge nicht den Wahrnehmungen entnimmt, sondern seine eigenen Eindrücke auf die objektive Welt überträgt, beginnt bereits in der Entwicklungsstufe vom 5. bis zum 8. Lebensjahr die Abwendung von der „fiktiven Deutung zur realen Erklärung". Es sind daher die Forderungen nach Ausschluß von Kindern unter einem bestimmten Alter vom gerichtlichen Zeugnis (W. Stern, Lipmann) abzulehnen (H. Groß). Es ist vielmehr in jedem Einzelfall zu prüfen, ob das Kind im Hinblick auf den konkreten Aussagegegenstand die Fähigkeit zur Wahrnehmung, gedächtnismäßigen Bewahrung und sprachlichen Wiedergabe besitzt; die Entscheidung ist dann aber nur für den konkreten zur Aufklärung bedürftigen Aussagegegenstand zu treffen. Um diese Frage zu lösen, wird meist die Zuziehung von psychologischen oder psychiatrischen Sachverständigen erferderlich sein; diese haben bei der Beantwortung nicht nur den Aussagetyp und dessen individuelle Variation, sondern insbesondere die Entwicklungsstufe der Persönlichkeit festzustellen. Gerade während der Pubertätszeit kommt die Unausgeglichenheit der jugendlichen Persönlichkeit und die Schwierigkeit der Anpassung ihrer Phantasiewelt an die Wirklichkeitswelt zum Ausdruck. Die Gefahr liegt bei solchen Zeugen in der Umdeutung des Wahrgenommenen im Sinne des jugendlichen Seelenlebens, in der Verdrehung, Übertreibung und Vergröberung des Erlebnisses und insbesondere in der Versteifung auf eine einmal gemachte Aussage; derart kommt der Jugendliche von einer Notlüge, die er zur Anwendung befürchteter Strafe gemacht hat, nicht mehr los; deshalb muß auf den Ursprung der Aussage zurückgegangen werden. Die Wiedergabe des Wahrgenommenen leidet unter der Ungewandtheit, den zutreffenden sprachlichen Ausdruck zu finden, und in der Verbindung eines anderen Sinnes mit herkömmlichen Begriffen. Die Persönlichkeit des ersten eine Auskunft Heischenden übt auf junge Zeugen einen autoritären Einfluß, wenn es die Eltern, der Lehrer, der Landjäger, der Staatsanwalt oder der Richter sind; vielfach wird auf eindringliche Fragen eine dem Vernehmenden vermutungsweise genehme oder geradezu von diesem angedeutete Antwort gegeben. Deshalb sind Suggestivfragen bei Kindern und Jugendlichen schlechterdings auszuschließen (s. d. Art. Suggestion). Die Gefahr einer Verfälschung der Aussage des Kindes liegt in dessen Reaktion gegen die erduldeten Hemmungen ihres Wollens und Handelns durch Eltern, Lehrer oder Mitschüler (Franziska Baumgartner), diese passive Resistenz kann sogar in Haß und Verfolgungssucht gegenüber der mißliebigen Autoritätsperson umschlagen. Das lügnerische Verhalten ist dann eine Reaktion gegen fortdauernde Freiheitsbeschränkungen und Minderungen des jugendlichen Selbstbewußtseins und die Aussagefälschung gelangt nicht zum Bewußtsein des Vernommenen.

Ein besonderes Kapitel bilden die gerade in der gerichtlichen Praxis häufiger vorkommenden Belastungen von Lehrpersonen durch ihre Schüler mit Sexualerlebnissen. Hier zeigt sich oft, daß Kinder und Jugendliche ungenügende oder falsche Vorstellungen vom Wesen des Sexualerlebens überhaupt besitzen, daß ihre jugendliche Sehnsucht nach einem Sexualerlebnis, insbesondere der Zärtlichkeit und der Liebeszuneigung des angeschwärmten Lehrers mit der Realität verwechselt wird; so kommt es zu falschen Deutungen an sich harmloser Vorgänge („Entharmlosungen"). In einigen Fällen weiß zwar das Kind, daß ihm eine Zärtlichkeit erwiesen wird, weiß aber nicht, ob die Zärtlichkeit des Erwachsenen einen gewollt sexuellen Charakter besitzt. In anderen Fällen kann der kindliche oder jugendliche Zeuge bereits die harmlosen Berührungen als solche erkennen, aber er verkennt die Situation. Ein Umfassen der Schulter wird als Umarmung oder gar als Berührung der Brüste gedeutet; setzt sich der Lehrer zur Schülerin in die Bank, so heißt es, er habe sich an den Beinen der Schülerin zu schaffen gemacht. Dazu kommt, daß infolge ungenügender Kenntnis des Körperbaues die Berührungen falsch lokalisiert werden. Besonders beeinflußt ist der Jugendliche durch die phantastische Ausgestaltung des angeblichen Sexualerlebnisses im Klatsch der Mitschüler und der Altersgenossen und in der Presseberichterstattung. Schließlich ist nicht zu übersehen, wie stark der Eindruck ist, den die Verhaftung des angeblichen Täters auf Jugendliche ausübt; dadurch lassen sie sich in ihren Aussagen leicht zu Ungunsten des Beschuldigten beeinflussen.

2. Die Vernehmung. Die Technik der Vernehmung kindlicher oder jugendlicher Zeugen in Sexualprozessen war in der Haupt-VO. d. sächsischen Justizministeriums vom 28. III. 1922 samt Ergänzungs- und AusführungsVO. vom 9. VII. 1923 und in der VO. des Innenministeriums vom 6. V. 1922, und in der VO. des Justizministeriums vom 3. I. 1928 über die Vernehmung Jugendlicher überhaupt behandelt worden. Auch sind Gesichtspunkte für eine Schulauskunft über Kinder als Zeugen und Beschuldigte in einer „Anlage" sowie Anweisungen über den Gang der Vernehmung in einem „Merkblatt für Kriminalhelfer" aufgestellt worden. Preußen war mit der allgemeinen Verfügung des Justizministeriums vom 23. II. 1927 über die Vernehmung Jugendlicher (PrJMBl. 1927 S. 53) und mit dem Runderlaß vom 16. VIII. 1928 über die polizeiliche Vernehmung von Kindern und Jugendlichen nachgefolgt. Die allgemeine Verfügung des Reichsministers der Justiz vom 13. IV. 1935 betr. Richtlinien für das Strafverfahren (Amtl. Sonderveröffentlichungen der deutschen Justiz Nr. 7 — R. v. Decker's Verlag, H. Schenck, Berlin W 9) gibt unter Nr. 25 Anweisungen für die Vernehmung von Jugendlichen. An dieser Stelle können nur die leitenden Grundsätze des Verfahrens herausgegriffen werden. Voranzuschicken ist, daß die Einstellung des Vernehmden gerade bei Kindern und Jugendlichen darauf gerichtet sein muß, durch ruhigen, sachlichen und gütigen Ernst das Vertrauen des Vernommenen zu gewinnen. Gerade bei diesen Zeugen muß der Vernehmende zuhören können, Geduld behalten, selbst bei abschweifenden oder offenbar lügnerischen Erzählungen. Er darf nicht jede unwahre Aussage als eine Lüge (s. d.) betrachten und noch weniger bei der in der Entwicklung begriffenen Persönlichkeit des Jugendlichen ihn als schlechterdings lügenhaft behandeln. Die Phantasiefähigkeit, Suggestibilität und Lügenhaftigkeit ist besonders zu prüfen (Seelig). Der Vernehmende soll den anderen „reden lassen" und nicht nach einzelnen im Verhör festgelegten Fragen abhören; nicht den Beschuldigten, und schon gar nicht den Jugendlichen, trifft die Last des Beweises seiner eigenen Unschuld oder gar die Pflicht, die Person des wahren Schuldigen nachzuweisen. Zur Vernehmung soll nur eine psychologisch und insbesondere sexualpsychologisch ausgebildete und praktisch erfahrene Persönlichkeit herangezogen werden, so daß bei der Staatsanwaltschaft wie bei der Polizei hierfür eine geeignete Persönlichkeit dauernd bestellt wird. Erforderlichenfalls sind bei der polizeilichen Vernehmung Kriminalhelfer beizuziehen. Ist dies nicht tunlich, so wäre es vorsichtig, wenn das mit der Vernehmung betraute Exekutivorgan (Schutzmann, Landjäger, Wachmann, Gendarm) bei strafbaren Handlungen aus dem Sexualbereich des angeblich betroffenen Opfers zunächst nur Identität des angeblichen Täters, Ort und Zeit der Tat feststellt, aber die übrigen Tatbestandserhebungen dem Staatsanwalt und dem Gericht überläßt. Doch soll der Sachverhalt tunlichst bereits im Vorverfahren durch richterliche Vernehmung geklärt werden, so daß die „erste Vernehmung" zur Sache, von der infolge ihres gestaltenden Einflusses so viel abhängt, einwandfrei erfolgt. In der Hauptverhandlung sollte das Kind überhaupt nicht mehr oder, wenn der Persönlichkeitseindruck zur Überführung erforderlich ist, nur in aller Kürze sozusagen „repetierend" vernommen werden. Bei jeder Vernehmung ist dafür zu sorgen, daß Jugendliche nicht lang auf ihre Vernehmung warten müssen oder gar mit anderen vorgeladenen Zeugen im Wartezimmer sich besprechen können. Soweit ist den Vorsichtsmaßregeln der deutschen Ministerialverordnungen zuzustimmen (vgl. Nr. 203 Abs. 3 der obengen. VO. des Reichsjustizministers vom 13. IV. 1935); es muß jedoch ein Vorbehalt gemacht werden gegenüber der Anschauung des Thüringischen Merkblattes, daß die Bestimmungen der RStPO. über die Vernehmung von Beschuldigten (§ 136) und Zeugen (§ 69) durch den Richter schlechterdings und ohne Vorbehalt für den Polizeibeamten maßgebend sind. Dies ist aus dem Wortlaut der Bestimmungen nicht zu erweisen und liegt auch nicht im

Gesetz gegen den
unlauteren Wettbewerb

vom 7. Juni 1909, in der Fassung vom 9. März 1932

Kurzer Kommentar für Praxis und Studium

9., durchgearbeitete und wesentlich ergänzte Auflage von Dr. **Alexander Elster**, Berlin

Taschenformat. 394 Seiten. 1932. Durch Nachträge ergänzt bis Mitte 1935. geb. RM. 6.75

(Guttentagsche Sammlung Deutscher Reichsgesetze, Nr. 37.)

Die um mehr als die Hälfte des Umfanges erweiterte neunte Auflage gibt den neuesten Stand der Rechtsprechung wieder und bringt auch eine eingehende Kommentierung der durch Verordnung vom 9. März 1932 geänderten und neugeschaffenen Bestimmungen über Ausverkauf, Werkspionage (Geheimnisverrat), Einigungsämter, Einheitspreisgeschäfte und Zugabewesen. Trotz der bei einem Kurzkommentar gebotenen knappen Fassung der Erläuterungen sind alle wichtigen und neuen Fragen eingehend und selbständig erörtert. „Der Kommentar ist ein Musterbeispiel der Kommentierungskunst. Er ersetzt fast die großen Kommentare von Finger und Rosenthal.“ (Mitteilungen des Preußischen Richtervereins.)

Reichs-Straßenverkehrsordnung

mit Ausführungsbestimmungen und eingehenden Erläuterungen von Dr. **Kurt Volkmann**, Rechtsanwalt in Düsseldorf, und Zeichnungen von Oberbaurat Hellmuth in Düsseldorf.

Zweite Auflage. Taschenformat. 316 Seiten. 1935. Geb. RM. 5.60

(Guttentagsche Sammlung Deutscher Reichsgesetze, Nr. 175.)

Getreu dem Geiste der neuen Verkehrsordnung, aber doch unter Heranziehung der bisherigen Rechtsprechung und anknüpfend an die Erfahrungen der Verkehrspraxis sind hier alle Rechtsfragen behandelt, die die Fülle des Straßenverkehrs mit sich bringt. — Das Verhalten von Auto, Kraftrad, Schienenbahn, Fuhrwerk, Radfahrer und Fußgänger unter sich und zu einander wird an Hand der gesetzlichen Vorschriften eingehend erläutert. Die wichtigsten Fahrgebote sind durch Zeichnungen veranschaulicht. Muster und Formulare ergänzen die Darstellung. — Die amtlichen Verkehrszeichen sind in farbiger Wiedergabe beigefügt.

Sachliche Beweise bei der Klärung von Todesfällen

Von Dr. **B. Kenyeres**, Professor der gerichtlichen Medizin an der Universität Budapest.

Mit 83 Abbildungen. Groß-Oktav. V, 216 Seiten. 1935. Geb. RM. 12.—

Der Verfasser, der als Professor der gerichtlichen Medizin, als Gerichtsarzt und als Prosektor der hauptstädtischen Polizei in Budapest seit mehr als 40 Jahren im Dienste steht, hat seine vielfachen Erfahrungen, die er in einer großen Anzahl von Fällen durch Teilnahme an Tatortsbesichtigungen und Leichenuntersuchungen gesammelt hat, für das Ermittlungsverfahren bei der Klärung von Todesfällen zusammengestellt.

Ein ganz besonderes Gewicht wird in diesem Buch auf die sachlichen Beweise, die sich bei der Tatortsbesichtigung und bei der äußeren Untersuchung der Leiche ergeben, gelegt mit dem besonderen Bestreben, durch gesteigerte Heranziehung der Hilfswissenschaften der Rechtspflege und durch ein zielbewußtes planmäßiges Vorgehen beim Sammeln und Verwerten der sachlichen Beweise, einen erhöhten Erfolg zu sichern.

Die sieben goldenen „W“, die sieben Fragen, die den Augen der Teilnehmer des Verfahrens vorschweben sollten: Wer? Was? Wo? Womit? Warum? Wie? und Wann? — sind einzeln ausführlich ausgearbeitet.

Walter de Gruyter & Co., Berlin W 35, Woyrschstr. 13

(ehemalige Genthiner Str. 38.)

LIPPERT & CO. G.M.B.H., NAUMBURG (SAALE)

FSC
www.fsc.org
MIX
Papier | Fördert gute Waldnutzung
FSC® C083411

Kolibri 360 GmbH
Ferdinand-Jühlke-Straße 7
99095 Erfurt, Deutschland
produktsicherheit@kolibri360.de